건강한 삶을 위한
파크골프 마케팅
Park Golf Marketing

김선규 지음

도서출판 베이스플랜

건강한 삶을 위한
파크골프 마케팅
Park Golf Marketing

펴 낸 날 2025년 7월 22일

지 은 이 김선규

펴 낸 곳 베이스플랜

주   소 대전광역시 동구 선화로 193-3

전   화 042-256-4833

값 25,000원

ISBN 979-1-19762-315-8

본 책자의 저작권은 저자 김선규에게 있으며,
사전 동의 없이 무단으로 복제·변경·배포할 수 없습니다.

머리말

최근 국내 스포츠 시장에서 가장 주목받는 생활체육 중 하나는 단연 파크골프입니다. 파크골프는 남녀노소 누구나 쉽게 접근할 수 있는 저강도·고효율의 스포츠로, 고령화 사회와 건강 100세라는 시대적 흐름 속에서 빠르게 확산되고 있습니다. 단순한 취미를 넘어 건강한 삶, 지역 공동체, 관광, 그리고 산업적 생태환경과도 연결되며 그 영향력은 확대되고 있습니다.

『파크골프 마케팅』은 이러한 변화의 흐름 속에서 파크골프 산업을 마케팅 관점에서 이론과 실제를 한권의 책으로 펴냈습니다. 단순히 스포츠 마케팅의 하위 영역으로 파크골프를 다루는 것이 아니라, 파크골프라는 고유한 스포츠가 갖고 있는 문화적 가치, 시장 잠재력, 소비자 특성, 지역사회 기여도 등을 통합적으로 분석하고, 실질적인 마케팅으로 이어지는 전략을 제시하였습니다.

본서는 총 12강으로, 1강은 파크골프의 정의와 유래를 통해 스포츠로서의 본질을 이해하고, 2강과 3강에서는 산업의 구조와 시장 동향을 구체적으로 분석하였습니다. 4강부터 6강까지는 스포츠 마케팅 이론, 소비자 분석, SWOT/PEST와 같은 환경 분석을 통해 이론과 실무적 기초를 다루었습니다. 7강~10강까지는 브랜드 전략, 4P 기반 전략, 디지털 마케팅, 커뮤니티 기반 전략 등 실제 현장에서 활용 가능한 전략들을 다루었으며, 11강과 12강에서는 지역사회 및 기업 협력 측면에서 파크골프의 확장성과 지속가능성을 담았습니다.

특히 이 책은

- 학문과 실무의 균형을 맞춘 이론서입니다. 이론적 토대를 바탕으로 실질적인 사례와 전략을 제시하였습니다.
- 소비자 중심의 접근 방법을 적용하였습니다. 파크골프 이용자들의 동기, 행동, 만족도 등을 분석함으로써 실질적 마케팅 전략 수립이 가능하도록 구성하였습니다.
- 지역사회 및 산업 생태계 관점으로 기술하였습니다. 파크골프가 단순한 스포츠를 넘어 지역경제, 관광, 복지정책, 고령 친화 사회 전략 등과 어떻게 연결되는지를 적시하였습니다.

이 책은 파크골프 산업에 종사하는 마케터와 실무자뿐만 아니라, 스포츠마케팅 전공 학생, 지역문화와 관광산업을 연계하려는 기획자, 지방자치단체 정책 담당자에게 유익한 지침서가 될 것입니다.

이 책을 통해 파크골프가 단지 '쉬운 스포츠'가 아닌 '마케팅과 지역혁신의 장'으로 거듭나길 기대합니다. 아울러 이 분야가 보다 많은 연구와 실천으로 이어지기를 희망하며, 지속해서 현장의 목소리를 반영한 후속 개정이 이루어질 수 있기를 기대합니다.

끝으로, 이 책이 출판되기까지 도와주시고 감수해 주신 하나파크 골프클럽 서인호 고문님과 엑스포파크골프클럽 임규준 회장님께 감사드립니다.

2025년 여름
지은이 김선규

목 차 | CONTENTS

파크골프 마케팅

제1강. 파크골프의 이해
제1절 파크골프의 정의 및 유래 / 7
제2절 스포츠로서의 특성과 규칙 / 14
제3절 대중스포츠로서의 확산 배경 / 23

제2강. 파크골프 산업의 구조와 생태계
제1절 파크골프 관련 산업 구성요소 / 28
제2절 파크골프 시장 규모와 성장 추이 / 34
제3절 파크골프 협회와 조직 구조 / 40

제3강. 파크골프 시장 동향 분석
제1절 국내 파크골프 인구 및 참여율 / 45
제2절 지역별 시설 및 보급 현황 / 49
제3절 해외 주요 국가의 파크골프 사례 / 56

제4강. 스포츠마케팅 이론의 기초
제1절 스포츠마케팅 개념과 목적 / 61
제2절 일반 마케팅과의 차이점 / 68
제3절 스포츠 소비자 행동과 몰입 / 72

제5강. 파크골프 소비자 분석
제1절 소비자 세분화 전략 / 81
제2절 참여 동기 및 이용 행태 분석 / 86
제3절 파크골프 이용자의 만족도 및
      요구 분석 / 93

제6강. 파크골프 마케팅 환경 분석
제1절 파크골프 마케팅 SWOT 분석 / 99
제2절 파크골프 PEST 분석 / 103
제3절 경쟁 레저 스포츠와의 비교 / 107

제7강. 파크골프 브랜드 전략
제1절 브랜드 아이덴티티 구축 / 111
제2절 파크골프 브랜드 네이밍 및
      BI 사례 / 117
제3절 브랜드 충성도 형성과 유지 전략 / 121

제8강. 4P 기반 파크골프 마케팅 전략
제1절 제품(Product)-프로그램 및
      서비스 디자인 / 125
제2절 가격(Price)-요금정책과 접근성 / 130
제3절 유통(Place)-인프라 배치와
      지역 전략 / 134
제4절 촉진(Promotion)-홍보 채널과
      콘텐츠 / 138

제9강. 디지털 마케팅과 콘텐츠 전략
제1절 SNS(인스타그램, 유튜브)
      마케팅 사례 / 142
제2절 웹사이트 및 앱 기반 서비스 구축 / 147
제3절 참여형 콘텐츠(챌린지, 리뷰 등)
      활용 전략 / 152

목 차 | CONTENTS

파크골프 마케팅

제10강. 이벤트 및 커뮤니티 마케팅
제1절 파크골프 대회 기획 및 운영 사례 / 157
제2절 체험행사 및 로컬 페스티벌 연계 / 162
제3절 동호회 및 커뮤니티 기반 마케팅 / 166

제11강. 파크골프와 지역사회 연계 전략
제1절 지자체 협업 모델 사례 / 170
제2절 지역관광과의 융합(스포츠 관광) / 174
제3절 ESG 관점에서의 지역 기여 방안 / 179

제12강. 지자체 및 기업 협력 간 스폰서십 전략
제1절 기업 브랜드와 파크골프의 콜라보 사례 / 183
제2절 스폰서십 기획과 ROI 분석 / 188
제3절 공공기관 및 민간기업의 참여 유치 전략 / 193

부록
- 파크골프 용어집 / 197
- 파크골프 규칙 / 199
- 2025 전국 파크골프장 현황 / 224
- 자격증 취득 절차 / 251

제1강
파크골프의 이해

제1절 파크골프의 정의 및 유래

1. 파크골프의 정의

파크골프(Park Golf)는 '공원(Park)'과 '골프(Golf)'의 합성어로, 이름 그대로 공원에서 즐길 수 있도록 고안된 새로운 형태의 골프 스포츠이다. 기존 골프의 기본적인 룰과 형태를 유지하면서도, 경기장 크기, 사용 장비, 비용, 경기 시간 등 여러 요소를 간소화함으로써 남녀노소 누구나 쉽게 접근하고 즐길 수

그림 1. 파크골프 하나클럽

있도록 설계된 생활 밀착형 스포츠라 할 수 있다.
파크골프는 전통 골프와 유사하게 클럽으로 공을 쳐서 홀에 넣는 방식이지만, 공의 크기가 더 크고, 클럽은 하나만 사용하며, 경기장도 일반 골프장보다 훨씬 작다. 또한, 골프보다 경기 시간도 짧고 비용 부담도 낮아 상대적으로 접근성이 매우 뛰어난 것이 특징이다.
특히 도심 공원, 하천변, 유휴지 등 생활 공간 인근에 조성될 수 있는 유연한 인프라 환경 덕분에 파크골프는 기존의 고급 스포츠로 인식되던 골프와는 전혀 다른 방향으로 발전하였다.

일상에서 누구나 즐길 수 있는 건강한 여가 활동으로 자리 잡은 것이다.

현대 사회는 고령화, 여가 시간 증가, 건강에 대한 관심 확대 등 다양한 사회적 변화 속에 있다. 이러한 시대적 흐름에 맞춰, 파크골프는 단순한 레저스포츠를 넘어 지역 사회의 커뮤니티 활성화, 세대 간 교류, 지속 가능한 건강 관리 수단으로 주목받고 있다.

그림 2. 파크골프 하나클럽

2. 파크골프의 유래

파크골프는 1983년 일본 홋카이도(Hokkaido) 토치카 지방의 마쿠베츠 공원내 7홀에서 처음 시작되었다. 마쿠베츠 공원은 홋카이도 남부의 소도시로, 인구 고령화가 빠르게 진행되고 있는 전형적인 농촌 지역이었다. 당시 지방자치단체는 급증하는 노인 인구의 건강 증진과 사회 참여를 장려하기 위한 정책 수단으로 '새로운 형태의 스포츠'를 고민하고 있었다.

그림 3. 알파부동산개발, 2024.07.05. https://blog.naver.com/ptalpha/

기존의 골프는 일정 수준 이상의 체력, 고가의 장비, 넓은 공간, 긴 시간, 비싼 이용료 등 다양한 제약이 있어 누구나 즐기기엔 한계가 있었다. 이러한 한계를 극복하고자, "모두를 위한 골프", 즉 고령자도 쉽게 즐길 수 있고, 장비와 규칙이 간단하며, 저렴하고 안전하게 공원에서 즐길 수 있는 새로운 스포츠로써 파크골프가 구상되었다.

마쿠베츠정 관계자들과 지역 체육 지도자들은 초기 파크골프의 규칙을 정립하고, 클럽과 공을 단순화시켜 표준화된 장비를 제작했으며, 공원형 경기장을 설계하여 시범 운영을 시작했다. 그리고 빠르게 인기를 얻은 이 스포츠는 주변 도시와 지자체로 확산되었고, 마침내 일본 전국 규모의 파크골프 협회(JPGA, Japan Park Golf Association)가 설립되어 체계적인 보급과 경기 규칙의 통일화가 이루어졌다.

1990년대 들어 일본 전역에는 수천 개의 파크골프장이 들어섰고, 공식 대회와 동호회 활동도 활발히 이루어지기 시작했다. 특히 지역 고령자 커뮤니티에서 파크골프는 단순한 스포츠를 넘어 '삶의 활력소'로 기능하며, 사회적 소외를 줄이고 건강한 고령화(Healthy Aging)에 기여하는 대표적인 생활체육으로 자리 잡게 되었다.

3. 우리나라의 도입과 확산

우리나라에서는 2000년대 초반을 기점으로 파크골프가 본격적으로 도입되기 시작하였다. 초기에는 일본과의 교류가 있는 지자체를 중심으로 몇몇 시범 시설이 설치되었으며, 이후 그 이용 편의성과 건강 증진 효과가 입소문을 타면서 점차 확산되었다.

특히, 2010년 이후 고령화 사회로의 진입과 국민 건강에 대한 관심 증대, 그리고 지자체의 유휴지 활용 정책이 맞물리면서 파크골프장은 전국 곳곳에 설치되기 시작했다. 파크골프는 대규모 투자 없이도 설치가 가능하며, 유지비용이 저렴하고 관리가 쉬운 장점이 있어, 지역 주민 복지 증진과 건강한 여가 문화 조성을 위한 핵심 인프라로 주목받았다.

이에 따라 대한파크골프협회(KPGA)가 설립되었고, 각 지방자치단체별로 파크골프협회가 생겨나면서 지역 대회, 전국 대회 등도 정례화되었다. 현재는 수도권과 지방 대도시를 비롯해 농촌 지역과 도서지역까지 파크골프장이 확대되었고, 그 대상도 단순히 노년층에서 가족 단위, 청장년층으로까지 확장되고 있다.

또한 최근에는 파크골프와 관련된 용품 산업, 관광 연계 프로그램, 교육과정 등도 다변화되며, 하나의 산업 생태계를 형성하고 있는 단계에 이르렀다.

4. 파크골프의 핵심 원칙과 철학

파크골프는 스포츠 활동의 본질적 즐거움은 유지하면서, 비용과 공간, 체력, 시간에 대한 부담을 최소화하는 방향으로 설계된 대표적인 생활 스포츠이다. 이러한 철학을 바탕으로 일본 파크골프협회는 다음과 같은 핵심 원칙을 제시하고 있다.

그림 4. http://www.kpga7330.com/

- 누구나 참여할 수 있어야 한다
  - 연령, 성별, 운동 능력에 상관없이 누구나 쉽게 참여할 수 있어야 한다.
- 저비용으로 즐길 수 있어야 한다
  - 장비, 복장, 시설 이용 비용이 적어야 하며, 사치스럽지 않아야 한다.
- 자연과 공존하는 스포츠여야 한다
  - 인공적인 구조물보다 자연 지형을 활용하고, 환경에 최소한의 영향을 주어야 한다.

이러한 철학은 파크골프가 지속 가능한 스포츠, 지역 친화형 여가활동, 건강과 공동체를 아우르는 문화 콘텐츠로 발전하는 데 중요한 역할을 하고 있다.

5. 파크골프의 사회적·문화적 의의

파크골프는 단순한 스포츠 활동을 넘어 다양한 사회적 의미를 내포하고 있다.

첫째, 건강 증진 효과이다. 걷기와 스윙이 반복되는 파크골프는 유산소 운동과 근력 강화 모두에 효과가 있으며, 특히 고령층의 낙상 예방과 치매 예방에도 긍정적 영향을 미친다는 연구 결과도 있다.

둘째, 사회적 교류의 장으로 기능한다. 파크골프는 동호회, 지역 커뮤니티 활동, 부부 혹은 친구 간 소통의 기회를 제공하여 사회적 고립을 줄이는 데 기여한다.

셋째, 지역경제 활성화와 연결 가능성이다. 파크골프 대회, 체험 프로그램, 관광 연계 서비스 등은 지역상권에 활력을 불어넣고, 소규모 일자리를 창출하는 효과도 있다.

6. 우리나라 파크골프 확산 사례

▶ 강원도 평창군

강원도 평창군은 2022년부터 본격적인 파크골프 활성화 정책을 추진하며, 지역 주민들의 건강한 여가문화 정착과 스포츠 관광 자원화를 동시에 도모하고 있다.

총 18홀 규모의 평창 파크골프장은 군민은 물론 인근 지역 방문객들에게도 개방되어 있으며, 개장 1년 만에 누적 이용자 수가 3만 명을 돌파하였다.

그림 5. 강원도 파크골프대회

이러한 인기 배경에는 '접근성 좋은 입지', '무료 또는 저렴한 이용료', '편의시설 확보', 그리고 '지역 커뮤니티 중심 운영'이 있다. 군은 파크골프장 운영을 주민 자치회와 협업하여 진행하며, 정기적인 지역 대회를 통해 커뮤니티 활성화와 스포츠 교류의 장을 마련하고 있다.

또한 평창군은 파크골프를 지역관광과 연계한 패키지 프로그램으로 확대 운영 중이다. 예를 들어, 파크골프 체험과 평창 전통시장 방문, 로컬푸드 시식, 자연경관 감상 등을 결합한 '1일 체험형 관광 상품'을 운영함으로써 지역 경제에도 실질적인 기여를 하고 있다.

이 사례는 파크골프가 단순한 레저 활동을 넘어 지역의 복지, 경제, 문화가 어우러진 통합형 생활체육 콘텐츠로 발전할 수 있음을 보여주는 대표적 모델이다.

▶ 강원도 화천군

강원도 화천군은 최근 몇 년간 '파크골프의 성지'로 부상하며 지역 경제 활성화에 큰 성과를 거두고 있습니다. 2021년 7월, 화천군은 산천어파크골프장을 개장하였으며, 이후 전국 규모의 대회를 연이어 개최하며 파크골프 관광객을 유치하고 있습니다. 2023년에는 메이저급 대회 4개를 개최할 예정이며, 특히 '2023 화천 산천어 전국 파크골프 페스티벌'은 국내 최대 상금 규모를 자랑합니다.

이러한 노력의 결과로, 인구 2만 4,000명의 소도시에 연간 약 58만 6천만 명의 방문객이 찾아오며, 지역 경제에 수십억 원대의 경제적 효과를 창출하고 있습니다. 화천군은 파크골프장을 추가로 조성하고, 파크골프 투어를 위한 장기 체류객을 위한 임대아파트 건설도 계획하고 있습니다. 이는 산천어 축제에 몰려오는 1,200만 명보다 더 많은 경제 효과를 볼 수 있다.

▶ 서울 송파구 잠실유수지

서울 송파구는 도심 내 유휴 공간을 활용하여 잠실유수지에 파크골프장을 조성하였습니다. 이 파크골프장은 1만㎡ 규모의 부지에 9홀, 33타, 총 526m로 구성되어 있으며, 다양한 코스 디자인을 통해 주민들에게 색다른 경험을 제공합니다. 각 홀의 길이는 40m에서 115m까지 다양하며, 홀컵이 2개씩 마련되어 있어 9홀에서 18홀의 변화를 즐길 수 있습니다. 또한, 육상 트랙도 함께 조성되어 있어 다양한 운동을 할 수 있는 환경을 제공합니다.

이러한 도심 속 파크골프장 조성은 주민들의 건강 증진과 여가활동 활성화에 기여하며, 생활체육의 새로운 모델로 주목받고 있습니다.

그림 6. 서울 송파구 잠실유수지에 조성된 파크골프장

※ 파크골프의 정의 및 유래 요약

구분	내용
정의	공원에서 즐길 수 있도록 간소화된 형태의 골프 스포츠. 누구나 쉽게 참여 가능.
유래	1983년 일본 홋카이도 마쿠베츠정의 한 공원 내 7홀 파크골프장에서 고령자 친화 스포츠로 개발됨.
특징	낮은 비용, 간단한 장비, 짧은 경기 시간, 높은 접근성. 공공장소에서 경기 가능.
도입	한국은 2000년대 초부터 도입. 전국 지자체 중심으로 빠르게 확산 중.
핵심원칙	① 누구나 가능해야 함, ② 저비용 구조, ③ 자연과 공존하는 경기장 설계
사회적의의	건강 증진, 사회적 교류, 지역 경제 활성화, 고령사회 대응형 스포츠

💬 함께 생각해 봅시다

1. 파크골프는 진정한 '생활 스포츠'로 자리 잡았는가?
2. 전통 골프와 파크골프는 스포츠 철학에서 어떻게 다른가?
3. 일본에서 시작된 파크골프가 한국에서 확산된 요인은 무엇인가?
4. 공공체육시설로서 파크골프장이 지자체에 미치는 긍정적/부정적 효과는?
5. 파크골프의 핵심 가치는 '경쟁'이 아닌 '공존'인가?

📖 참고문헌

일본파크골프협회(JPGA). (2020). Park Golf Official Guidebook.

대한파크골프협회. (2023). 2023 파크골프 통계연보.

김태훈, 김영수. (2022). 「파크골프 활성화 방안에 관한 연구」. 체육과학연구, 37(4), 55-70.

정다은. (2021). 「고령친화 스포츠로서 파크골프의 가능성에 대한 고찰」. 여가·복지학연구, 11(2), 101-118.

Golf Journal. (2023). 「강원도 화천군, 파크골프 메카로 급부상」. https://www.golfjournal.co.kr

서울경제. (2023). 「화천, 연간 '만 명 방문… 파크골프 경제 효과 톡톡」. https://www.sedaily.com

제2절 스포츠로서의 특성과 규칙

1. 스포츠로서의 파크골프의 특성

파크골프는 전통적인 골프의 구조와 경기방식을 간결하게 축소·재구성한 경기이지만, 단순한 오락이나 취미 수준에 머무르지 않고 스포츠의 본질적 요소를 충분히 갖춘 생활 스포츠이다. 특히 파크골프는 경쟁성, 규칙성, 기술성, 전략성, 건강성, 공동체성 등 현대 스포츠가 지향하는 다양한 가치들을 복합적으로 포괄하고 있다.

1) 경쟁성과 경기성

파크골프는 전통 골프와 마찬가지로 공을 정해진 홀에 최소한의 타수로 넣는 것을 목표로 하는 경기이다. 참가자들은 각 홀마다 정해진 '파(par)' 기준에 맞춰 자신의 타수를 조절하고, 전체 코스를 마쳤을 때 타수가 가장 낮은 사람이 승리하는 방식으로 경기의 승패가 결정된다. 이 과정에서 경쟁 요소가 자연스럽게 포함되며, 스스로의 실력을 키우고 기록을 개선하려는 스포츠적 동기 또한 발생하게 된다.

특히 공식 대회에서는 동호회나 협회 소속 선수들이 연습을 통해 기술을 연마하고 전략적으로 경기에 임하는 모습을 통해 파크골프의 정식 스포츠로서의 위상을 확인할 수 있다.

2) 규칙성과 공정성

스포츠가 성립하기 위해서는 명확한 규칙과 그에 기반한 공정한 경쟁 환경이 필요하다. 파크골프는 국제적으로 통일된 규칙 체계와 장비 표준을 보유하고 있으며, 대한파크골프협회(KPGA)나 일본파크골프협회(JPGA)를 중심으로 규칙이 관리되고 있다.

경기 규칙은 단순하면서도 공정성을 보장하도록 구성되어 있으며, 기본적인 타수 계산과 벌타 규정, 경기 진행 방식, 장비 사용 규칙 등이 체계화되어 있어 선수 간의 신뢰와 공정한 경쟁이 가능하다.

3) 기술성과 전략성

파크골프는 겉보기에 단순한 경기처럼 보일 수 있지만, 실제로는 고도의 집중력과 기술적 숙련, 정교한 거리 감각, 지형 분석, 공의 구질 이해, 힘의 조절 능력이 요구된다.

예를 들어, 다음과 같은 전략적 사고가 필요하다.

- 바람의 방향과 속도를 고려한 타법,
- 경사진 지형에서의 공의 구름 예측,
- 해저드(장애물) 회피 전략 등

이와 같은 측면은 특히 공식 대회나 기록 향상을 목표로 하는 참가자들에게 중요한 스포츠적 동기 요소로 작용한다.

4) 공동체성 및 사회성

파크골프는 대부분 3~4인 1조의 조별 경기 방식으로 운영된다. 이는 경기 진행 중 자연스럽게 대화와 교류가 이뤄지게 만들며, 타인의 플레이에 대한 존중, 차례 지키기, 규칙 준수 등의 스포츠맨십을 실천하는 장이 되기도 한다.

또한 지역 동호회, 자치회, 노인복지관, 공공체육시설 등을 중심으로 정기적인 커뮤니티 활동이 이뤄지고 있으며, '운동'과 '사회 참여'가 결합된 스포츠 문화로서 파크골프의 특성이 더욱 부각되고 있다.

5) 건강 증진 효과

파크골프는 전신 근육을 활용하는 스윙 동작, 경기 중 걷기(1라운드당 약 3~5km), 신체 균형 유지, 시선 집중 등의 요소가 결합된 저강도 전신 유산소 운동이다.

- 심혈관 건강 증진
- 당뇨, 고혈압 예방
- 낙상 위험 감소
- 근지구력 향상
- 정신적 안정감 제공

이러한 효과들은 특히 고령 인구뿐만 아니라 모든 연령층에게 긍정적으로 작용하며, 운동과 치유, 생활의 균형을 추구하는 현대인의 여가 스포츠로 매우 적합하다.

6) 지속 가능성과 환경 친화성

파크골프는 인공구조물 없이 자연지형을 최대한 그대로 활용하는 경기장 설계 원칙을 따른다. 골프와는 달리 고급 조경, 화학약품, 대규모 잔디관리 시스템이 요구되지 않기 때문에 생태적 지속 가능성이 뛰어난 스포츠로 분류된다. 일부 파크골프장은 친환경 인증을 받은 지역의 하천변이나 공원 녹지공간을 활용하고 있으며, 이는 지역 환경 보호에도 기여하고 있다.

2. 파크골프의 기본 규칙

파크골프의 경기 방식은 골프와 유사하되, 복잡성을 줄이고 초보자도 쉽게 이해하고 참여할 수 있도록 규칙이 간소화되어 있다. 그러나 그 안에는 스포츠로서의 핵심 원칙-공정성, 경쟁성, 명확성-이 모두 반영되어 있다.

1) 장비 규정

- 클럽은 한 경기자는 하나의 전용 클럽만 사용한다. 일반적으로 길이는 86cm 내외, 무게는 600g 내외이다.

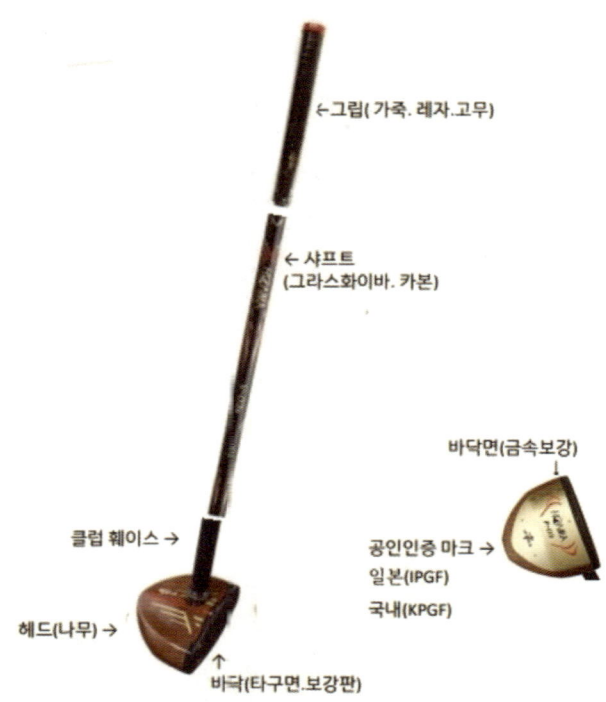

그림 7. 대한파크골프협회 https://www.kpga7330.com

- 공의 크기는 지름 약 6cm, 무게 약 80~95g이며 플라스틱 합성수지로 제작된다. 골프공보다 훨씬 크고 무겁다.

그림 8. 파크골프 공 크로스 샷

- 복장은 특별한 복장이 요구되지 않으며, 운동화와 편한 복장 착용으로 경기 가능하다.

그림 9. 파크골프 복장

2) 코스 및 홀 구조

- 홀 수는 대부분 9홀 또는 18홀 코스로 구성되며, 지역에 따라 27홀 이상도 존재한다.
- 홀 길이는 한 홀의 평균 길이는 파3 40~60, 파4 60~100m, 파5 100~150m 내외, 총 연장거리는 790~1,580m 수준이다.
- 홀 구성은 티잉 그라운드(출발점), 페어웨이, 러프, 해저드, OB(Out of Bounds), 그린, 홀컵 등의 구역으로 나뉜다.

3) 경기 진행 방식

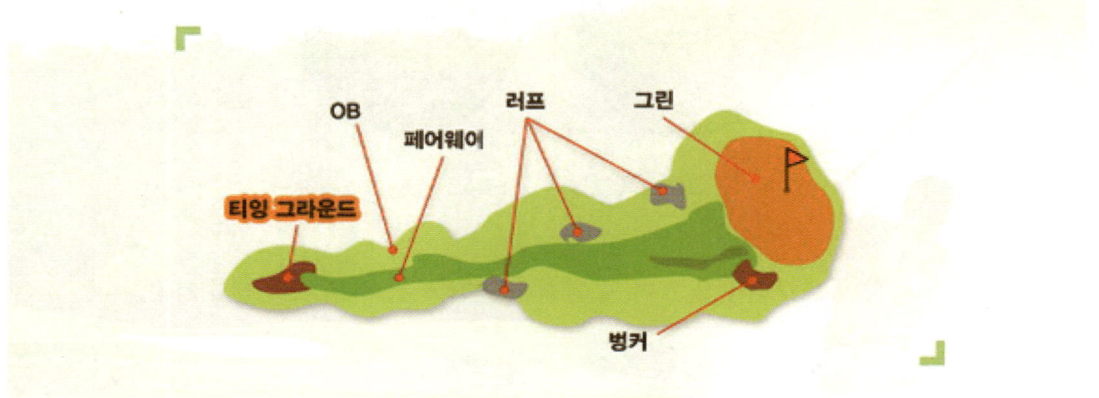

그림 10. 다한장애인체육회 홈페이지

- 모든 홀을 가능한 최소한의 타수로 공을 홀컵에 넣는 것이 목표이다.
- 티잉 구역에서 티샷 후, 홀컵에서 가장 먼 위치에 있는 사람이 먼저 다음 타를 진행한다.
- 점수 계산은 전체 타수의 합산으로 순위를 결정하며, 가장 적은 타수를 기록한 사람이 승리한다.

4) 벌타 규정

- OB(Out of Bounds)는 공이 코스 외부로 나가면 OB로 간주되며, 2벌타 부과 후 OB라인을 벗어난 지점에서 깃대를 보고 수직방향으로 서서 양팔을 벌려 좌·우측으로 2클럽 이내에서 처리한다
- 해저드(Hazard)는 워터 해저드나 러프 등 장애물에 빠질 경우, 정해진 해저드 룰에 따라

2벌타를 부여한다.
- 페널티는 다른 공에 고의로 충돌시키거나, 규정 위반 장비 사용 시, 경기 중 과도한 지연 등의 행위는 심판의 판단에 따라 페널티가 적용된다.

5) 경기 매너
- 조용히 차례를 기다리고, 다른 참가자의 플레이를 방해하지 않아야 한다.
- 페어플레이 정신을 바탕으로 경기하며, 심판이 없을 경우에도 자기신고(Self-Report) 방식으로 벌타나 실수를 기록하는 것이 일반적이다.
- 파크골프는 스포츠이자 공동체 활동으로, 경기 예절과 타인에 대한 배려는 필수적 요소로 간주된다.

※ 파크골프 규칙 요약정리

구분	주요 내용
경기목표	최소 타수로 공을 홀컵에 넣는 것을 목표로 함
코스구성	9홀 또는 18홀로 구성, 홀 길이는 40~150m 내외
사용장비	클럽 1개, 전용 공 1개 사용 (플라스틱 공(지름 60mm), 클럽 길이 86cm 내외)
경기방식	티잉 그라운드에서 시작 → 홀컵까지 반복 타격, 순서는 홀컵으로부터 가장 먼 공부터 그린 홀컵에서는 깃대를 중심으로 각 2클럽을 인정하여 마크 또는 그대로 둘 수 있다.
점수 계산	각 홀의 타수 기록, 전체 합산 → 가장 적은 타수가 승리
벌타 규정	OB 발생 시 2벌타 후 재시작 / 해저드 진입 시 2벌타 후 구조 규정 적용
공정성 유지	자기신고 방식(Self-report)으로 타수와 벌타 기록 / 정직성과 매너 중시
경기예절	상대방 방해 금지, 조용한 플레이, 차례 엄수, 과도한 지연 금지, 두 홀 이상 비우면 동반자 모두 2벌타를 부여한다.
복장규정	특별한 복장 필요 없음. 운동화와 편안한 복장으로 경기 가능
기권 및 중단	중도 기권 시 해당 경기 실격 / 날씨 등 사유 시 협회 또는 심판 결정에 따름

※※ 경기 규칙과 관련한 사례

사례 1 2023년 광주광역시에서 열린 ㅅ 민 파크골프 대회에서는 심판이 없는 상황에서도 참가자들이 벌타를 스스로 인정하고 타수를 정직하게 기록하여 스포츠맨십을 실천한 사례가 주목을 받았다.

해당 사례는 파크골프 특유의 규칙 준수 문화와 자기 관리형 스포츠 정신을 보여주었으며, 많은 시민들이 "경쟁보다는 정직한 즐거움이 파크골프의 매력"이라고 평가했다.

2024 광주시 장애인생활체육 어울림파크골프대회 성료

2024 광주시 장애인생활체육 어울림파크골프대회'가 지난 20일 광주 염주파크골프장에서 열린 가운데 참가자들이 2025 세계장애인양궁선수권 성공 개최를 다짐하고 있다. 광주시장애인체육회 제공

''2024 광주시 장애인생활체육 어울림파크골프대회'가 지난 20일 광주 염주파크골프장에서 성황리에 열렸다.

이날 경기는 종합 타수를 기준으로 단체전 1위부터 3위를 가려내고, 동행상 등 다양한 시상으로 참가자들의 화합과 소통에 중점을 두었다.

한상득 광주시장애인체육회 수석부회장은 "장애인과 비장애인이 함께 어울려 소통하는 것이 이번 대회의 참된 의미다"며 "장애인과 비장애인이 참가하는 세계양궁선수권대회 동시 개최는 2011년 이탈리아 토리노, 2019년 네델란드 스헤르토헨보스에 이어 광주시가 역대 세 번째다. 세계장애인양궁선수권대회를 잘 준비해 민주·인권·평화 도시 광주를 세계 속에 드높일 수 있도록 힘을 모으겠다"고 밝혔다.

최동환 기자 cdstone@jnilbo.com

사례 2 울산 남구는 태화강 둔치 일대에 자연 지형을 최대한 살린 친환경 파크골프장을 조성하였다. 공원 내 조성된 이 파크골프장은 별도의 콘크리트나 인공 구조물을 배제하고, 기존 수목과 지형을 그대로 활용하여 지속 가능한 스포츠 공간으로 각광받고 있다.

경기 코스도 국제 규격을 반영하여 18홀로 설계되어 있으며, 규칙 교육과 시민 체험 프로그램이 함께 운영되고 있다.

울산 남구 '태화강 파크골프장' 준공…4개 구장 36홀 규모

울산=연합뉴스) 김용태 기자 = 울산시 남구는 지역주민의 여가활동 증진을 위해 '태화강 파크골프장'을 준공했다고 15일 밝혔다.

태화강 파크골프장은 부지 면적 2만9천457㎡에 4개 구장 36홀 규모로 태화교 일원에 조성됐으며, 휴게 시설 등을 갖췄다.

총사업비로는 8억5천만원이 투입됐다.

기존 골프보다 축소된 규모의 파크골프는 몸에 부담이 적으면서도 적정 활동량을 보장할 수 있어 최근 노인층과 중장년층을 중심으로 동호인이 늘어나고 있다고 남구는 설명했다.

서동욱 남구청장은 "파크골프장뿐만 아니라 향후 야음테니스장 전천후구장 건립, 두왕테니스장 코트 교체 등 다양한 생활체육 시설 인프라를 구축하겠다"고 말했다.

yongtae@yna.co.kr

💬 함께 생각해 봅시다

1. 파크골프는 오락이 아닌 정식 스포츠로 볼 수 있는가?
2. 파크골프가 건강 관리에 효과적인 스포츠인가?
3. 파크골프의 규칙은 초보자에게 적절히 설계되어 있는가?
4. 파크골프의 공정성은 어떻게 유지되는가?
5. 자연친화적 스포츠로서 파크골프의 지속 가능성은 얼마나 높은가?

📖 참고문헌

대한파크골프협회. (2023). 파크골프 규칙집 및 경기 운영 매뉴얼.

일본파크골프협회(JPGA). (2020). Park Golf Official Rulebook.

김상현, 박재우. (2022). 「생활체육으로서 파크골프의 스포츠적 가치 분석」. 스포츠사회학연구, 35(1), 77-93.

오세중. (2021). 「고령사회 대응형 스포츠로서 파크골프의 확장성 연구」. 체육학논총, 40(3), 115-132.

Golf Journal. (2023). 「광주 파크골프 대회, 자기신고 방식이 만든 감동의 장면」. https://www.golfjournal.co.kr

울산MBC. (2023). 「울산 태화강, 친환경 파크골프장 조성 완료」. https://www.usmbc.co.kr

제3절 대중스포츠로서의 확산 배경

1. 파크골프의 대중화

파크골프는 단순히 쉬운 골프, 혹은 노년층을 위한 운동으로 출발했지만, 시간이 지남에 따라 전 세대가 즐길 수 있는 '대중 스포츠(Popular Sport)'로 확산되고 있다.

과거 스포츠는 일부 계층만 즐기는 전유물처럼 인식되었으나, 오늘날 스포츠는 모든 계층, 연령, 지역 주민이 일상 속에서 누릴 수 있는 기본적 삶의 요소로 여겨진다. 이 흐름 속에서 파크골프는 경제성, 건강성, 공동체성, 공간 활용성 등 다양한 측면에서 주목을 받으며 전국적으로 빠르게 확산되었다.

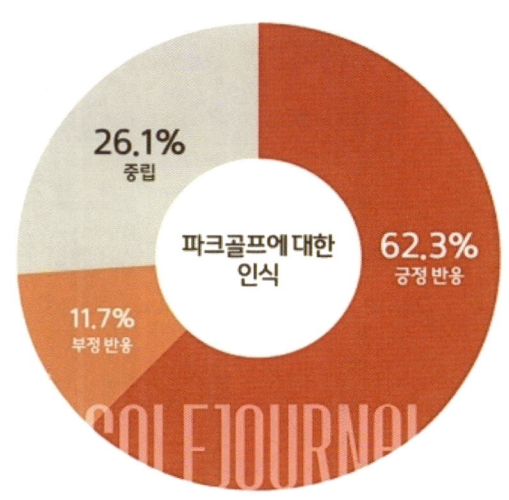

그림 11. 파크골프에 대한 인식
(https://www.golfjournal.co.kr/news/articleView.html?idxno=4112)

2. 인구 구조 변화

1) 초고령사회 진입과 노인 체육의 필요성

우리나라는 빠른 속도로 초고령사회로 진입하고 있다. 통계청에 따르면 2025년이면 65세 이상 인구가 전체 인구의 20%를 넘어서게 되며, 2045년에는 일본을 제치고 세계에서 가장 고령화된 국가가 될 전망이다.

이러한 변화 속에서 '건강 수명(Healthy Life Expectancy)' 연장과 질 높은 여가 생활에 대한 수요가 급증하고 있다. 노년층의 삶의 질을 높이기 위해서는 단순한 복지 제공을 넘어, 적극적 활동을 유도하는 체육·문화 환경 조성이 필수다.

파크골프는 이러한 흐름에 정확히 부합한다. 격렬한 운동이 아니면서도 유산소 운동과 균형 감각을 강화할 수 있고, 야외에서 자연과 함께 즐길 수 있으며, 경쟁과 협동을 동시에 경험할 수 있는 점에서 고령층의 신체적, 정서적, 사회적 건강에 긍정적인 효과를 주는 이상적인 운동으로 평가받고 있다.

그림 12. 백세시대(https://www.100ssd.co.kr/news/articleView.html?idxno=117699)

2) 세대 확장성과 가족 참여형 스포츠

최근에는 파크골프가 노년층뿐 아니라 중장년층과 가족 단위의 스포츠로도 확장되고 있다. 이는 사회 전반에서 워라밸 문화, 건강 중심의 여가 인식, 공동체 활동 선호도 증가가 반영된 결과이다.

주말에 가족 단위로 야외활동을 즐기거나, 직장인들이 저녁 시간에 지역 파크골프장에서 스트레스를 해소하며 건강을 관리하는 사례가 늘고 있다. 이러한 참여 세대의 확장성은 파크골프가 대중 스포츠로 정착하게 된 핵심 요인 중 하나이다.

3. 정책 및 제도적 기반의 확대

1) 지자체 중심의 파크골프장 설치 확대

파크골프의 확산에는 지방자치단체의 전략적 판단과 정책 지원이 중요한 역할을 했다. 도심 하천변, 공원, 유휴지, 체육공원 등에 파크골프장을 조성함으로써 낮은 설치비용으로 높은 주민 만족도를 얻을 수 있었기 때문이다.

예를 들어, 서울 송파구는 잠실유수지에 9홀 규모의 파크골프장을 조성하였고, 강원도 화천군은 대규모

그림 13. 지자체별 파크골프장 현황

파크골프장을 통해 연간 58만 6천 명이 넘는 방문객을 유치하며 지역 경제를 활성화하고 있다. 이러한 사례는 파크골프가 단순 체육시설을 넘어서, 지역 개발과 커뮤니티 복지의 도구로 기능하고 있음을 보여준다.

2) 대한파크골프협회를 통한 제도적 기반 확립

2008년 국민생활체육 전국 파크골프연합회 창립 후, 2016년 창립된 (사)대한파크골프협회(KPGA)는 전국적인 보급과 교육, 지도자 양성, 대회 운영 등을 통해 파크골프의 제도적 기반을 마련해 왔다. 전국 시도 협회 및 시군구 단위의 지부를 통해 지역 기반의 파크골프 생태계가 형성되었으며, 각종 생활체육대회, 전국체전 시범 종목 채택 등도 이루어지고 있다. 또한, 규칙 제정, 심판제도, 지도자 자격관리 등은 파크골프가 공정한 경쟁 구조를 갖춘 정식 스포츠로서 자리매김하는 데 중요한 기반이 되고 있다.

4. 사회문화적 요인

1) 소통과 관계 회복의 장

현대사회는 디지털 기술 발달로 개인화가 심화되는 반면, 사회적 고립과 정서적 단절 문제가 부각되고 있다. 이런 상황에서 파크골프는 3~4인 1조로 함께 경기를 즐기며 자연스러운 대화와 유대를 형성할 수 있는 소셜 스포츠로서 긍정적인 역할을 한다.

또한 파크골프는 세대 간, 이웃 간 관계 형성을 도와주며, 공동체 일원으로서의 소속감과 삶의 활력을 회복하게 만드는 매개체가 되기도 한다.

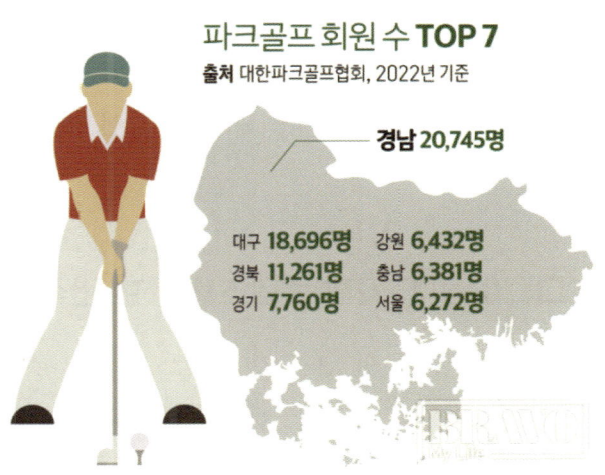

그림 14. 파크골프 회원수(이투데이)

2) 평등성과 비차별성

파크골프는 연령, 성별, 체력 차이에 따른 불평등이 적은 스포츠다. 동일한 클럽을 사용하고,

거리도 비교적 짧기 때문에 신체 조건에 관계없이 비슷한 조건에서 승부를 겨룰 수 있다.
이러한 구조는 평등하고 포용적인 스포츠 문화 형성에 기여하며, 지역 동호회나 자치 커뮤니티 중심의 '작은 리그'가 활성화되도록 만든다.

5. 경제적 접근성과 공간 활용의 장점

1) 낮은 비용과 진입 장벽

파크골프는 골프와 달리 고가 장비, 전문 레슨, 회원권 등이 필요 없는 매우 저비용 스포츠다.
클럽과 공은 약 2~3만 원 안팎으로 구입 가능하고, 대부분의 파크골프장이 무료 또는 소액의 이용료(1회 3,000원~5,000원 수준)를 받기 때문에 경제적 부담이 거의 없다.
이러한 비용 구조는 중산층 이하의 계층이나 고정 소득이 없는 은퇴자, 청년층도 부담 없이 즐길 수 있게 해주는 중요한 확산 요소가 된다.

2) 공간 활용의 효율성

파크골프장은 전통 골프장 대비 10분의 1 이하 규모의 부지에도 설치가 가능하다. 하천변, 도시 유휴지, 폐교 부지, 공원 등 기존 공간을 재활용하여 경제적·친환경적 가치를 실현할 수 있다.
이는 도시 계획과 체육 정책의 효율성 제고에도 기여하는 요소로, 지방정부의 관심을 끌고 있다.

6. 미디어 및 디지털 콘텐츠를 통한 인식 변화

최근에는 유튜브, 인스타그램, 블로그 등을 통해 파크골프를 소개하는 콘텐츠가 증가하고 있다. 초보자 가이드 영상, 경기 리뷰, 장비 추천, 대회 중계 등이 인기를 끌며, 젊은 세대와 중장년층이 파크골프에 대한 정보를 쉽고 흥미롭게 접할 수 있게 되었다.
또한 지자체와 협회 주관의 행사 홍보, 라이브 스트리밍 대회 영상 등도 파크골프의 인식 변화를 주도하고 있으며, 이는 미디어 기반 스포츠 확산 모델로서도 의미가 있다.

※ 파크골프의 대중 스포츠로서의 확산

구분	주요 내용
인구구조변화	초고령사회 진입, 건강한 노년의 삶에 대한 수요 증가로 파크골프 수요 확대
세대 확장성	중장년, 청년, 가족 단위까지 참여층이 확대되며 대중스포츠로 진화
정책 및 제도적 기반	지자체 중심의 공공 파크골프장 조성, 대한파크골프협회의 제도화
공동체적 가치	소통 중심의 스포츠로서 지역사회 내 관계 형성 및 커뮤니티 강화에 기여
경제성	장비 및 시설 이용 비용이 저렴하여 누구나 쉽게 접근 가능
공간 활용성	하천변, 유휴지 등 다양한 공간에 설치 가능, 도심형 스포츠로 정착
미디어 확산	유튜브, SNS, 블로그 등을 통한 정보 확산과 인식 개선으로 참여 유도

함께 생각해 봅시다

1. 파크골프는 왜 지금 이 시대에 대중 스포츠로 주목받고 있는가?
2. 지자체 주도의 파크골프장 설치는 지역사회에 긍정적인 영향을 주는가?
3. 파크골프는 특정 세대의 스포츠인가, 세대 통합형 스포츠인가?
4. 파크골프의 저비용 구조는 진정한 '대중성'을 가능하게 하는가?
5. 디지털 미디어는 파크골프 대중화에 어떤 기여를 하고 있는가?

참고문헌

대한파크골프협회. (2023). 2023 전국 파크골프장 운영 현황 보고서.
김영호, 최성훈. (2022). 「생활체육 파크골프의 지역사회 확산에 관한 연구」. 스포츠사회학연구, 37(1), 91-108.
박민정. (2021). 「고령화 시대의 스포츠: 파크골프의 사회적 가치 분석」. 여가문화연구, 19(3), 55-72.
한국체육학회. (2020). 생활체육백서: 고령층 중심 스포츠 정책 제안, 문화체육관광부 간행.
Golf Journal. (2023). 「파크골프, 전 세대 통합형 스포츠로 진화 중」. https://www.golfjournal.co.kr
송파구청. (2022). 「잠실유수지 파크골프장 개장 보도자료」. https://www.songpa.go.kr

제2장
파크골프 산업의 구조와 생태계

제1절 파크골프 관련 산업 구성요소

1. 파크골프 관련 산업

파크골프는 단순히 건강과 여가를 위해 개인이 참여하는 스포츠가 아니라, 그 자체로 장비, 시설, 교육, 미디어, 콘텐츠, 관광, 커뮤니티, 서비스 산업 등 다양한 분야와 연계되는 복합 산업군을 형성하고 있다.

2000년대 초반까지만 해도 파크골프는 노년층의 여가활동으로 국한되어 있었다. 그러나 2020년대를 지나며 참가 연령이 확장되고, 지자체의 시설 확충과 협회의 제도적 정비, 미디어 노출 증가, 산업 연계 사업의 등장으로 인해 단일 종목을 넘어선 스포츠 생태계로 성장하고 있다.

파크골프 산업은 저비용 기반의 고효율 시장이며, 지역 밀착형 산업 구조를 갖추고

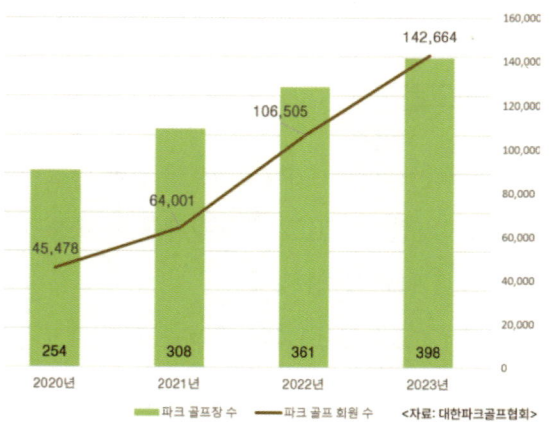

그림 15. 파크골프장 및 회원등록 현황

있다는 점에서 골프, 테니스, 스키 등과는 구별되는 독자적 산업 구조를 지니고 있다.
본 절에서는 이러한 파크골프 산업을 6대 구성요소로 나누어 세부적으로 분석한다.

2. 파크골프 산업의 핵심 구성요소

2.1. 장비 제조 및 유통 산업

파크골프의 기본 요소는 "장비"이다. 경기에 필요한 도구는 클럽(채) 1개와 공 1개뿐이라는 간결한 구성 덕분에 초기 비용이 낮고 진입 장벽이 낮은 반면, 장비의 품질, 디자인, 브랜드 선호도에 따라 구매 성향이 뚜렷하게 분화되는 시장을 형성하고 있다.

① 클럽 시장
일반적으로 86m 이하의 길이로 제작되며, 나무, 알루미늄, 카본, 복합소재 등이 혼합 사용된다. 소비자는 자신의 체형과 스윙 스타일에 맞는 클럽을 선택하며, 초보자용(경량), 숙련자용(중량), 경쟁용(정밀제작) 등으로 세분화된 라인업이 존재한다.

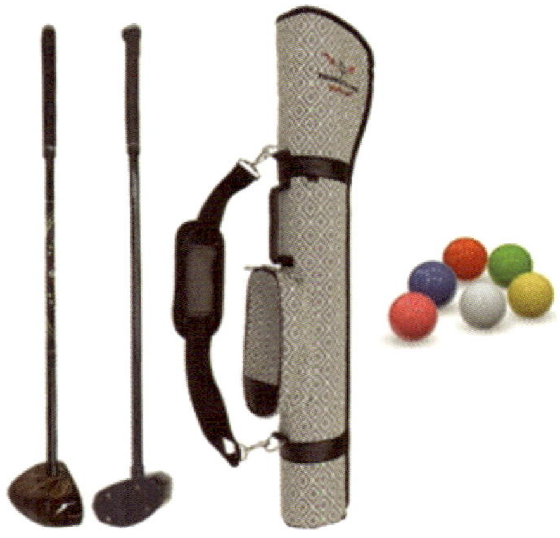

② 공 시장
플라스틱, 우레탄, PVC 등의 재질이 사용되며, 색상과 탄성, 무게에 따라 경기 성향이 달라진다.

그림 16. 파크골프 장비

제조사별로 공의 반발력, 곡선비행 특성 등을 내세워 프리미엄 제품군을 출시하는 경향도 뚜렷하다.

③ 유통 구조
클럽과 공은 대부분 오프라인 체육사, 파크골프장 내 판매소, 온라인 몰(네이버 스마트스토어, 쿠팡, 자체몰 등)에서 구매할 수 있다. 최근에는 브랜드 마케팅과 동호회 연계 판촉도 활발히 이루어진다.

2.2. 코스 설계 및 시공 산업

파크골프장 시설은 경기의 질과 안전성, 그리고 방문자의 만족도를 결정짓는 핵심 인프라다. 최근에는 기능적 설계에서 ESG 기반 설계로 진화하는 추세이다.

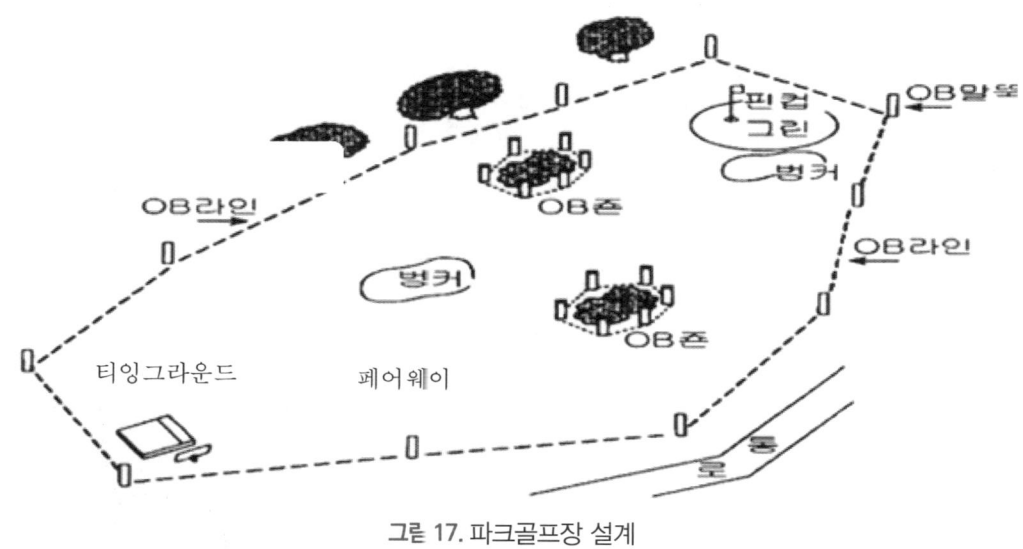

그림 17. 파크골프장 설계

① 설계 구성 요소

티잉 구역, 페어웨이, 러프, 벙커, OB 지역, 그린, 홀컵 배치 등은 경기 규칙에 맞게 배치되어야 하며, 코스당 길이와 난이도, 지형 활용도, 접근성, 조경 미학 등이 종합적으로 고려된다.

② 시공 참여 주체

지역 조경업체, 체육시설 전문 건설사, 사회적 기업 등이 시공에 참여하며, 공공 발주가 대부분이므로 입찰 시스템에 기반한 산업 구조를 갖는다.

③ 유지·관리 산업

코스 잔디 관리, 배수 설비 유지, 안전시설 점검 등 정기적인 유지 관리가 요구되며, 이는 지속적인 고용 창출과 지역 일자리와 직결되는 서비스 산업으로 확장된다.

2.3. 교육 및 자격 산업

참여 인구가 급증하면서 파크골프에 대한 체계적인 교육 수요와 전문 지도자 양성 체계가 요구되고 있다.

① 자격체계
대한파크골프협회 중심의 1~2급 지도자 자격, 심판 자격, 생활체육 강사자격 등이 있으며, 민간기관의 민간 자격과 복지관 프로그램 강사 과정도 활성화되고 있다.

② 교육대상과 취업 연결
은퇴자, 체육계 종사자, 생활체육강사, 지역주민 등을 대상으로 한 직무 전환형 교육이 많으며, 자격 취득 후 공공기관, 복지시설, 평생교육기관, 자치센터 등에서 활동 가능하다.

2.4. 스포츠 이벤트 및 관광 연계 산업

파크골프는 경기성(competition)과 체험성(experience)을 동시에 제공할 수 있는 종목이기 때문에 지역 축제, 관광상품, 기업행사 등과 결합하여 새로운 시장을 형성 중이다.

① 지역 대회 활성화
전국 규모 대회, 동호인 리그, 협회장배, 시장기 대회 등이 정기적으로 개최되고 있으며, 교통, 숙박, 음식점, 특산품 판매 등 지역 소비 연결 효과가 크다.

② 파크골프 관광 상품
일부 지역은 파크골프장 방문 + 전통시장 체험 + 농촌 민박 + 문화체험 등으로 구성된 1박 2일 테마 관광상품을 운영하고 있다.

③ MICE 산업과 연계 가능성
고령친화형 국제 스포츠 이벤트 개최 시 파크골프는 비용 부담이 적고 지속성이 강하여 국제회의·박람회와 결합 가능한 종목으로 주목된다.

2.5. 미디어 및 콘텐츠 산업

최근 파크골프를 소개하는 유튜브 채널, 블로그 리뷰, 코스 가이드 콘텐츠가 빠르게 증가하고 있다.

① 디지털 콘텐츠
초보자 강의 영상, 장비 사용법, 명문 코스 소개, 대회 하이라이트, 지역별 리뷰 등 콘텐츠 다양화가 진행되고 있으며, 중장년 유튜버 중심 채널도 다수 등장하고 있다.

② 콘텐츠 수요층

시니어뿐만 아니라 입문자, 장비 구대자, 관광객, 지역 정책 담당자 등 콘텐츠 소비자가 다층적이다.

③ 향후 발전

앱 기반 예약 플랫폼, 온라인 점수 기록 시스템, AR/VR 파크골프 체험 콘텐츠, 경기 중계 라이브 스트리밍 등 스포츠와 테크놀로지의 융합 가능성이 매우 크다.

2.6. 유통 및 서비스 산업

파크골프와 관련된 다양한 상품과 서비스를 제공하는 유통 산업도 활발하다.

① 오프라인 유통

경기장 내 매점, 지역 체육사, 공공기관 입점 상점 등에서 장비, 의류, 보조용품 등을 판매한다.

② 온라인 유통

브랜드몰, 종합쇼핑몰, 협회 연계 플랫폼, 동호회 커뮤니티 연계 판매 등 디지털 유통 인프라도 점차 확장되고 있다.

③ 부가 서비스 산업

장비 렌털, 코스 예약 관리, 간이 휴게소 운영, 파크골프장 카페 및 편의시설 설치 등 레저 편의 서비스 산업도 활성화되고 있다.

3. 파크골프 산업 구조

파크골프는 단순한 스포츠 활동을 넘어 참여-소비-생산-재교육-문화-관광을 잇는 생태적 산업 구조로 발전하고 있다.

특히 이 산업은 고령친화적 특성과 공공접근성을 바탕으로 노인복지, 지역경제, 교육·고용, 콘텐츠 산업 등과도 긴밀히 연계되고 있다.

앞으로 파크골프 산업은 로컬 경제 중심의 건강한 스포츠 산업 모델로 자리 잡으며, ESG, 스마트 스포츠, 커뮤니티 플랫폼 등과의 융합을 통해 더욱 확장될 것으로 기대된다.

※ 파크골프 산업 구성요소

파크골프 산업 구성 요소	주요 내용
장비제조유통	클럽, 공, 보조장비의 생산 및 유통 (브랜드화, 맞춤화 경향 강화)
시설설계시공	파크골프장 조성, 공공 발주 중심 시공, 유지관리 산업 포함
교육자격산업	지도자·심판 양성, 강사 활동 연계, 평생교육·노인 일자리 창출
이벤트관광산업	대회 운영, 지역 관광 상품화, 체험형 패키지 상품 개발
콘텐츠미디어 산업	유튜브, 블로그, 중계 영상 등 디지털 콘텐츠 시장 성장
유통편의 서비스	온라인·오프라인 판매, 렌털, 매점, 편의시설 운영 등 부가사업

함께 생각해 봅시다

1. 파크골프 산업은 지역경제에 어떤 방식으로 기여하는가?
2. 파크골프 장비 시장은 고부가가치 제품 중심으로 성장할 수 있는가?
3. 디지털 콘텐츠 산업은 파크골프 대중화에 실질적 영향을 주고 있는가?
4. 파크골프 교육·자격 산업은 은퇴 인력의 사회 재참여를 실현하는가?
5. 스포츠 이벤트와 관광 연계를 통한 파크골프의 글로벌화는 가능한가?

참고문헌

대한파크골프협회. (2023). 2023년 파크골프 산업백서.

김태윤·박성호. (2022). 「파크골프 산업의 생태계 분석과 정책적 시사점」. 스포츠산업연구, 39(4), 85-107.

전경숙. (2021). 「생활체육 파크골프의 산업적 가치와 사회적 기여」. 체육정책연구, 15(2), 55-74.

한국문화관광연구원. (2022). 지역 기반 스포츠관광 활성화 방안 연구. 문화체육관광부 간행.

Golf Journal. (2023). 「파크골프, 산업인가 스포츠인가? 그 경계에서 본 미래 전략」. [https://www.golfjournal.co.kr](https://www.golfjcurnal.co.kr)

스포츠Q. (2023). 「파크골프가 바꾼 유통시장 풍경」. [https://www.sportsq.co.kr]

제2절 파크골프 시장 규모와 성장 추이

1. 파크골프의 경제적 확장

파크골프는 단순히 운동 기능만을 제공하는 스포츠에서 벗어나, 하나의 경제 생태계와 소비 시장을 구성하는 산업군으로 확장되고 있다. 2000년대 초반 한국에 도입된 이래, 파크골프는 고령층을 중심으로 빠르게 보급되었으며, 최근에는 가족 단위, 청장년층, 직장인, 지역 커뮤니티, 복지시설까지 참여 계층이 확장되면서 양적 성장과 시장 다변화를 동시에 이루고 있다.

본 절에서는 파크골프 시장의 전체 규모, 참여자 수 변화, 지역별 분포, 지자체 시설 투자 현황, 장비 시장 성장, 대회 운영 추이 등을 통계 기반으로 분석하고, 향후 성장 전망을 함께 살펴본다.

2. 파크골프 시장의 개념과 범위

2.1. 시장의 정의

파크골프 시장은 단일 상품이나 서비스가 아닌, 다양한 하위 시장으로 구성된 복합 시장이다. 그 범위는 다음과 같이 구분할 수 있다.

- 직접 시장
장비(클럽, 공, 의류), 파크골프장 이용료, 대회 참가비, 지도자 교육 등

- 연계 시장
관광·숙박·교통·지역 소비, 관련 교육 프로그램, 미디어·콘텐츠 산업 등

- 파생 시장
고령자 운동기기, 스마트 스포츠 장비, 커뮤니티 플랫폼, 건강 관리 산업과의 융합

따라서 파크골프 시장은 단순한 "스포츠 시설 운영" 이상의 의미를 가지며, 생활체육 산업, 웰니스 산업, 지역경제 활성화와 연결되는 다층적 구조를 형성하고 있다.

3. 파크골프 시장 규모 추이

3.1. 참여자 수 추이

연도	추청참여자 수(명)	주요 변화 요인
2005	약 5,000	도입기, 일본 사례 참고, 일부 지방자치단체 시험 도입
2010	약 30,000	복지관 및 노인 여가 프로그램과 연계 시작
2015	약 100,000	전국 협회 설립, 지자체 공공시설 본격화
2020	약 300,000	코로나19 이후 야외 스포츠 주목, 중장년층 유입
2023	약 500,000 이상	MZ세대 가족 단위 참여 증가, 전국 대회 다수 개최

대한파크골프협회 및 주요 언론자료(2023)에 따르면 정식 등록된 동호인만 약 12만 명, 비공식 참가자 포함 시 50만 명 이상이 정기적 활동 중이다.

3.2. 파크골프장 수와 지역별 분포

2005년 전국 약 20여 곳으로 초기 운영이 시작되었고, 2023년 현재 공공파크골프장만 약 1,500개소 이상(지방자치단체 직접 운영 + 공공위탁운영 포함)이 운영 중에 있다.

지역	파크골프장 수 (2023 기준)	주요 특징
강원화천군	12개소	대회 개최 중심지, 관광 연계 확산
전남 곡성군	8개소	농촌형 커뮤니티 중심 모델
울산 남구	6개소	도심 속 자연형 파크골프장
서울 송파구	3개소	유휴공간 활용형 도시 모델
기타 전국	1,500개소	하천변·유휴지·공원형 공간 확대 중

3.3. 장비 및 서비스 시장 규모

클럽, 공, 가방 등 장비 시장 규모(2023 기준)는 약 300억 원 규모이며, 연간 소비자당 평균 지출은 약 30~60만 원 수준 (장비 + 의류 + 참가비 + 부대비용 등)으로 나타났다.

그리고 렌털 서비스, 장비 유통, 부가시설 운영 등 서비스 분야도 점차 확장하고 있다.

3.4. 교육 및 자격 시장

연간 지도자 자격 교육생은 약 1,500명으로 지역별 평생교육원, 복지관, 스포츠센터에서 파크골프 강의 개설이 증가하고 있다.

파크골프 자격은 노년층의 재취업, 커뮤니티 리더십 확보 측면에서 수요가 확대 중이다.

4. 성장요인 분석

파크골프 시장이 빠르게 성장하게 된 배경에는 단순히 스포츠로서의 재미만이 아닌, 사회 구조적 변화와 정책적 기반, 문화 트렌드, 경제적 여건 등이 유기적으로 작용한 결과가 있다. 파크골프는 특정 세대에만 국한되지 않고, 다양한 수요층의 필요를 충족시킬 수 있는 특성을 지닌 스포츠이며, 이러한 다차원적 요소들이 시장 성장의 촉매 역할을 하고 있다. 다음은 주요 성장 요인을 항목별로 설명한 것이다.

4.1. 인구 구조의 변화

가장 핵심적인 성장 요인은 고령화의 급속한 진행이다.

대한민국은 2025년 초고령사회 진입이 예상되며, 노년층의 삶의 질, 건강한 여가, 사회적 연결에 대한 수요가 지속적으로 증가하고 있다.

파크골프는 과격한 움직임 없이도 유산소 운동 효과를 볼 수 있고, 걷기 중심의 경기 특성 덕분에 심폐기능, 관절, 균형 감각 유지에도 도움이 된다.

게다가 파크골프는 단지 노년층만의 운동에 머물지 않고, 중장년층과 가족 단위로 확대되는 흐름 속에서 세대 간 소통을 매개하는 스포츠로 기능하고 있다.

4.2. 정책 및 제도적 기반의 강화

정부와 지방자치단체는 최근 수년간 '생활체육 시설 확충'을 주요 정책 방향으로 삼아왔다.

이 과정에서 파크골프장은 설치비용이 저렴하고 공간 효율이 높으며, 이용자 만족도가 높은 시설로 주목을 받았다.

이에 따라 하천변, 도시공원, 유휴지, 폐교 부지 등을 활용한 파크골프장이 전국적으로 확산되고 있으며, 많은 지자체가 이를 주민 건강 복지 증진과 지역 커뮤니티 활성화의 거점 공간으로 운영하고 있다.

또한 대한파크골프협회를 중심으로 한 지도자 양성, 심판 자격, 대회 운영 체계의 제도화는 이

스포츠가 '비공식적 취미'에서 '공식적인 체육 종목'으로 발전하는 데 기여하고 있다.

4.3. 문화 및 미디어의 영향

파크골프는 '쉬운 골프', '부담 없는 스포츠', '자연 속 여가'라는 콘셉트와 함께 다양한 미디어 플랫폼을 통해 대중에게 확산되고 있다.

특히 중장년 유튜버, 은퇴자 브이로그, 동호회 홍보 영상 등을 통해 파크골프는 단순한 '운동'이 아니라 자기만의 삶을 가꾸는 문화적 활동으로 소비되고 있다.

지역 방송, 체육 잡지, 블로그, SNS 등에서 파크골프장의 코스 후기, 장비 리뷰, 대회 소식 등이 공유되면서, 파크골프는 점차 '트렌디한 생활체육'으로서의 이미지를 강화하고 있다.

4.4. 경제적 접근성

파크골프의 또 다른 강점은 비용 부담이 적다는 점이다.

클럽과 공, 복장 등 초기 장비 구입비용이 비교적 낮으며, 대부분의 파크골프장이 공공시설로서 무료이거나 저렴한 이용료(3,000~5,000원)를 받고 있다.

또한 라운딩 소요 시간이 짧고, 별도의 차량이나 회원권이 필요하지 않으며, 골프에 비해 현저히 낮은 비용으로 동일한 만족감을 제공한다는 점에서 경기 불황기에도 유지 가능한 스포츠로 자리매김하고 있다.

5. 파크골프 시장의 향후 전망

현재의 성장세는 단기적인 유행이 아니라, 구조적이고 지속 가능한 성장 경로로 평가된다.
파크골프는 사회적 환경과 시장 수요의 변화에 매우 유연하게 적응할 수 있는 특성을 지니며, 앞으로도 참여자 수, 시설 규모, 산업 가치, 융합 영역 모두에서 성장이 예상된다.

5.1. 참여자 및 시장 규모의 확대 전망

2023년 기준으로 약 50만 명 이상의 국민이 파크골프에 정기적으로 참여하고 있는 것으로 추정되며,
이 수치는 2025년까지 70만 명, 2030년에는 100만 명 이상으로 늘어날 가능성이 있다.
장비 시장, 교육 시장, 콘텐츠 산업, 지역 연계 서비스까지 포함한 총 파크골프 산업 규모는

2030년까지 약 1,000억 원 수준으로 확대될 것으로 예측된다.

5.2. 기술 기반 인프라 확장

향후 파크골프장은 단순한 공간에서 스마트 스포츠 인프라로의 진화가 예상된다.

- 디지털 예약 시스템: 스마트폰을 통한 시간 예약, 혼잡도 확인
- 자동 점수기록 시스템: RFID 기반의 공 인식, 경기 기록 자동 저장
- AI 코칭 시스템: 비전 인식 기술 기반 자세 분석 및 피드백
- VR/AR 체험형 파크골프 시뮬레이터: 실내 연습장 및 교육용으로 활용 가능

이러한 기술의 도입은 파크골프를 미래지향적이고 청년세대에게도 매력적인 스포츠로 재정의하는 계기가 될 수 있다.

5.3. 지역 관광 및 복합문화공간으로의 진화

파크골프는 지역 특산품, 로컬 관광, 농촌 체험 등과 쉽게 결합할 수 있는 특성을 갖고 있어 레저-관광 융합형 콘텐츠로서 가치가 높다.

- 농촌형 파크골프 마을 조성
- 1박 2일 체험형 관광 패키지
- 지역 축제 연계 파크골프 대회
- 카페, 갤러리, 건강센터를 포함한 복합문화형 파크골프장

이러한 방식은 파크골프를 지방소멸 대응 전략의 일환으로 활용할 수 있는 가능성을 보여준다.

5.4. ESG 및 웰니스 기반 스포츠로의 발전

환경을 해치지 않고, 누구나 평등하게 접근할 수 있으며, 건강 증진에 기여하는 파크골프는 ESG(환경·사회·지배구조) 철학과 매우 부합하는 스포츠이다.

이러한 점에서 향후 기업의 사회공헌사업(CSR), 건강보험공단 연계, 복지부의 건강정책 등과 연계한 공공-민간 융합형 모델로서도 확대 가능성이 높다.

※ 요약정리

항목	내용
참여자 수	2023년 기준 약 50만 명 이상 (정식 등록 12만 명), 계속 증가 추세
시설 수	전국 약 1,500개소 이상, 하천변·공원·유휴지 중심 설치
시장 영역	장비(300억 원), 서비스, 교육, 콘텐츠 등으로 확대 중
성장 요인	고령화, 정책 지원, 미디어 확산, 경제성 높은 스포츠
전망	2030년까지 산업 규모 1,000억 원 이상, 스마트화·관광화 진행 중

함께 생각해 봅시다

1. 파크골프 시장은 '레저' 중심인가, '산업' 중심인가?
2. 공공 기반의 파크골프장이 민간 수요를 저해하는가, 촉진하는가?
3. 장비 시장의 프리미엄화는 파크골프의 대중성에 도움이 되는가?
4. 디지털 기술은 파크골프 시장의 구조를 어떻게 변화시킬 수 있는가?
5. 지방소멸 시대에 파크골프는 지역 경제 회생 수단이 될 수 있는가?

참고문헌

대한파크골프협회. (2023). 2023 파크골프 참여자 및 시설 통계 보고서.
김상우·윤성희. (2022). 「파크골프 참여 확산에 따른 시장 구조 변화 분석」. 스포츠산업연구, 39(3), 67-88.
한국문화체육관광연구원. (2021). 고령화 사회의 스포츠시설 수요 연구. 문화체육관광부 간행.
Golf Journal. (2023). 「파크골프 50만 시대, 산업인가 여가인가」. https://www.golfjournal.co.kr
통계청. (2023). 고령자 여가활동 실태조사.
스포츠Q. (2023). 「지역경제 살리는 파크골프장, 전국 1,500개 돌파」. https://www.sportsq.co.kr

제3절 파크골프 협회와 조직 구조

1. 파크골프의 제도화를 위한 협회 설립의 필요성

파크골프는 생활체육 종목으로서 급격하게 확산되었지만, 그 과정에서 체계적인 경기 운영과 참여자 관리를 위한 제도적 기반의 필요성이 커지게 되었다.

모든 스포츠가 그렇듯, 일정 수준 이상의 조직력과 제도화가 뒷받침되지 않으면 참여 인구 증가와 질적 성장의 균형이 무너지게 된다.

이러한 이유로 파크골프 종목 역시 공식 경기 규칙의 통일, 지도자 양성, 대회 운영, 시설 인증, 교육 프로그램 관리 등을 수행하는 협회가 필수적으로 요구되었으며,

그림 18. 사) 대한파크

현재 국내외에는 각각의 제도화된 협회가 존재하고 체계적으로 운영되고 있다.

2. 일본 파크골프협회의 역할과 조직 구조

파크골프의 본고장인 일본에서는 1980년대 초반 홋카이도에서 파크골프가 시작된 이후, 참여 인구가 빠르게 증가하면서 1989년 일본파크골프협회(JPGA)가 창설되었다.

이 협회는 파크골프라는 새로운 스포츠가 장기적으로 생존하고 공정하게 운영될 수 있도록 경기 규칙을 제정하고,

일본 내 각 지역의 코스 개발과 교육 프로그램을 총괄해 왔다.

또한 지도자 및 심판 자격 제도를 운영하고, 전국 규모의 공식 대회를 정기적으로 개최하며 파크골프의 전국화 및 국제화를 추진하고 있다.

조직 구조는 중앙 본부와 47개 도도부현 지부로 나뉘며, 그 아래에 각 시·정·촌 단위 협회가 있는 중앙-지방 연계형 피라미드 구조를 이루고 있다.

3. 대한민국의 파크골프 협회: 대한파크골프협회의 설립과 운영

우리나라에서는 2000년대 초반 지방자치단체 중심으로 파크골프장이 시범 도입되기 시작하면서, 점차 참여 인구가 증가하게 되었다.

이에 따라 2006년 3월 (사)대한파크골프협회(KPGA)가 설립되었고, 이 협회는 국내 파크골프 운영의 중심 조직으로서 기능하고 있다.

대한파크골프협회는 경기 규칙 제정과 수정, 지도자 및 심판 자격 부여, 전국 대회 개최, 지자체 및 체육회와의 협력 등을 통해 파크골프의 제도화를 실현하고 있으며, 전국 17개 시·도협회와 수백 개의 시군구 지회를 통해 지역 단위의 자율성과 중앙의 통일성을 조화롭게 운영하고 있다.

4. 협회의 핵심 기능과 역할

파크골프 협회는 단순히 행정 조직이 아니라, 스포츠 생태계 유지에 필수적인 기능을 수행하는 조직이다. 구체적으로는 다음과 같은 역할을 하고 있다.

그림 19. 파크골프협회 주관 전국 대회

- 경기 규칙 및 기술 규정의 표준화
  - 파크골프 경기가 전국 어디서나 동일한 기준으로 운영되도록 규칙과 장비 기준을 관리한다.
- 지도자 및 심판 양성
  - 교육 과정을 개설하고 자격을 부여하여, 각 지역에서 전문적인 경기 운영이 가능하게 만든다.
- 공식 대회 개최
  - 지역 대회부터 전국 규모 대회까지 체계적으로 기획하고 심판을 파견하며, 선수 등급과 랭킹 체계도 함께 관리한다.
- 지자체 및 공공기관 협력
  - 파크골프장 조성 시 협의체로 참여하고, 교육 프로그램 운영, 복지관 및 평생교육기관과의 연계 등 실무적 역할을 수행한다.
- 생활체육 활성화와 커뮤니티 연결
  - 협회는 단순한 경기 운영을 넘어서 동호회 활동 지원, 지역 커뮤니티 형성, 복지적 효과

창출을 함께 도모하고 있다.

5. 민간단체 및 기타 조직과의 협력

공식 협회 외에도 민간 파크골프 동호회, 문화센터 강좌, 복지기관 운영 프로그램 등이 파크골프의 운영 주체로 활동하고 있다.

이들은 지역 단위에서 실제로 시민과 가장 가까이 있는 조직으로, 협회가 정책을 세우면 현장에서 그것을 실현하는 핵심 실행 주체 역할을 한다.

또한 비영리 스포츠 단체나 사회적기업이 주최하는 파크골프 대회, 기부 캠페인, 노인 일자리 연계 프로젝트 등도 협회와 협력하여 활발히 운영되고 있다.

6. 협회 운영의 특징과 당면 과제

현재 파크골프 협회는 다음과 같은 특징을 보인다.

- 생활체육 중심의 운영 구조: 파크골프는 엘리트 스포츠보다 일반 시민이 참여하는 생활 중심의 스포츠이기 때문에, 협회 역시 공공성 중심으로 운영된다.
- 지방 분권적 운영 구조: 지역별 지회의 자율성이 높아, 지역 실정에 맞춘 운영과 유연한 정책 실행이 가능하다.
- 민관 협력 모델: 지자체와 민간 조직(동호회, 비영리 단체)이 협업하여 현장 밀착형 행정 운영 구조를 형성하고 있다.

하지만 동시에 다음과 같은 제도적 과제도 안고 있다.

- 전문 인력 부족
  - 대부분의 지역 협회가 소수의 인력으로 운영되어 전문적인 행정과 교육을 수행하는 데 어려움이 있다.
- 운영 예산의 취약성
  - 협회의 재정은 주로 지자체 보조금에 의존하고 있어 자립적 운영이 어려운 구조다.
- 운영 표준화 미비
  - 지역마다 규정, 코스 운영 방식, 교육 내용이 상이하여 전국 통일된 매뉴얼 구축이 요구된다.

※ 요약정리

항목	내용
설립 배경	파크골프의 전국적 확산에 따라 경기 규칙, 대회 운영, 지도자 양성을 위한 제도적 기반 필요
일본협회	1989년 설립, 경기 규칙 제정, 전국 대회 운영, 지도자·심판 양성 등 수행
한국협회	2008년 설립, 전국 17개 시·도지부 및 지역지회 운영, 국내 파크골프 확산의 핵심 주체
주요 기능	규칙 표준화, 자격 제도 운영, 대회 개최, 공공 협력, 생활체육 진흥 등
운영 특징	생활체육 중심, 지방 분권적 운영, 민관 협력 체계 구축
민간연계	동호회, 복지기관, 평생교육시설 등과 연계하여 실질적 확산 기반 마련
주요 과제	전문 인력 부족, 지자체 의존형 재정, 지역별 운영 편차 등 조직 역량 강화 필요

함께 생각해 봅시다

1. 대한파크골프협회는 생활체육 협회의 모범 사례로 평가될 수 있는가?
2. 파크골프 협회가 엘리트 스포츠 체계로 발전하는 것이 필요한가?
3. 지역 중심 협회 운영 구조는 효율성과 통일성을 동시에 충족할 수 있는가?
4. 공공체육시설 중심 운영의 장단점은 무엇이며, 협회는 이를 어떻게 조율할 수 있는가?
5. 디지털 기술은 파크골프 협회 운영의 어떤 문제를 해결할 수 있는가?

📖 참고문헌

대한파크골프협회. (2023). 2023 전국 파크골프 조직 및 운영 현황 보고서.

일본파크골프협회(JPGA). (2022). Park Golf Rule & Management Manual.

유진호. (2020). 「지역 스포츠 조직의 분권 운영과 파크골프 활성화의 관계 분석」. 체육행정학연구, 28(3), 55-76.

김상운·박지영. (2021). 「생활체육 협회의 조직 구조와 지역사회 기능에 대한 연구: 파크골프 사례를 중심으로」. 스포츠사회학연구, 36(4), 101-118.

문화체육관광부·한국체육학회. (2022). 생활체육 정책백서: 종목별 협회 운영 실태와 개선 방향.

Golf Journal. (2023). 「전국으로 확산되는 파크골프 협회 조직, 문제와 과제는?」. https://www.golfjournal.co.kr

스포츠Q. (2022). 「지자체-동호회 협력 구조로 확산되는 파크골프, 운영 주체는 누구인가?」. https://www.sportsq.co.kr

제3강
파크골프 시장 동향 분석

제1절 국내 파크골프 인구 및 참여율

1. 파크골프 인구의 급증과 성장 추이

파크골프는 지난 10여 년간 국내에서 급속한 성장을 보였다. 대한파크골프협회에 따르면, 협회 등록 회원 수는 2017년 1만 6,728명에서 2020년 4만 5,478명으로 증가하였고, 2023년에는 14만 2,664명으로 8년 만에 약 8.5배 증가하였습니다.

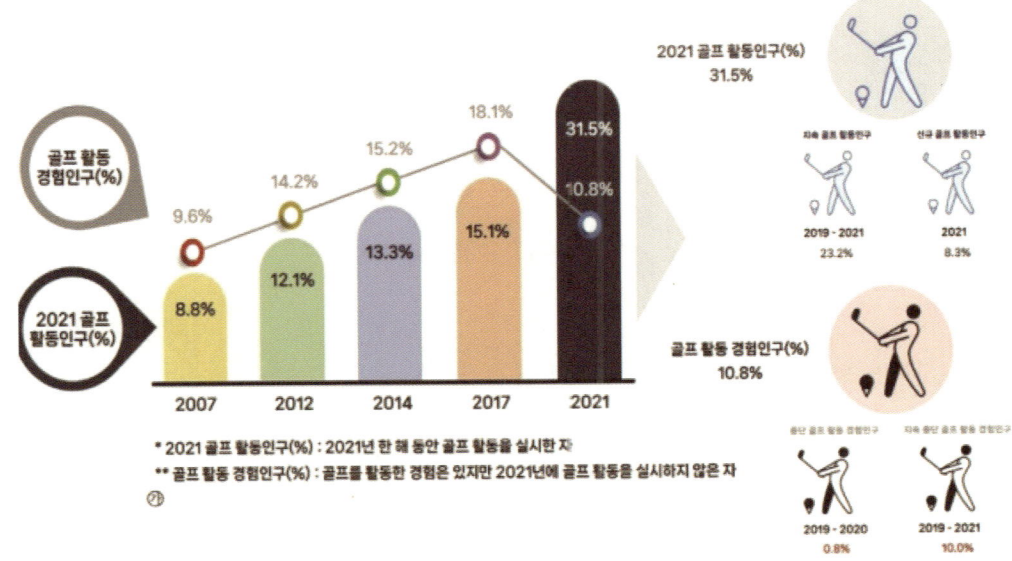

그림 20. 골프활동인구와 골프 경험인구

2025년 현재, 협회 등록 회원 수는 약 18만 4,000명으로 파악되고 있으며, 비공식 참여자까지 포함하면 실제 파크골프를 즐기는 인구는 25만 명을 넘어설 것으로 추정된다.

2. 연령대별 참여 특성과 변화

파크골프는 초기에는 주로 5060대 이상의 중장년층과 노년층을 중심으로 확산되었다. 그러나 최근에는 2030대의 젊은 층과 가족 단위의 참여도 증가하고 있다. 특히, 코로나19 팬데믹 이후 실외 활동에 대한 관심이 높아지면서 다양한 연령층의 참여가 확대되었다.

3. 참여율의 변화와 지역별 특성

파크골프 참여율은 2020년 4.5%에서 2022년 9.3%로 증가하였으나, 2023년에는 5.3%로 감소하는 추세를 보였다. 이는 일시적인 유행에 따른 참여 증가 이후, 관심이 다소 줄어든 것으로 해석된다.

지역별로는 경남, 경기, 충남 등에서 파크골프장 수는 증가하였으나, 주민들의 참여율은 오히려 감소하는 현상이 나타나고 있다.

4. 파크골프 인구 증가의 요인 분석

파크골프 인구의 증가는 다음과 같은 요인에 기인한다.

- 접근성과 경제성
  - 클럽 하나와 공만 있으면 즐길 수 있으며, 비용 부담이 적다.
- 건강과 여가의 결합
  - 걷기와 스윙을 통한 운동 효과로 건강 증진에 도움이 된다.
- 사회적 교류
  - 동호회 활동과 대회를 통한 사회적 연결망 형성.
- 시설 확충
  - 지자체의 적극적인 파크골프장 조성으로 이용 편의성 증가.

5. 향후 전망과 과제

파크골프는 여전히 성장 가능성이 높은 스포츠이다. 그러나 참여율 감소와 지역별 편차 등의 문제를 해결하기 위해서는 다음과 같은 방법이 필요하다.

- 다양한 연령층을 위한 프로그램 개발
  - 젊은 층과 가족 단위의 참여를 유도할 수 있는 프로그램 필요.

- 시설의 질적 개선
  - 단순한 수적 확장보다는 질적 향상을 통한 이용 만족도 제고.

- 지속적인 홍보와 교육
  - 파크골프의 매력을 알리고, 올바른 이용 문화를 확산시킬 필요가 있다.

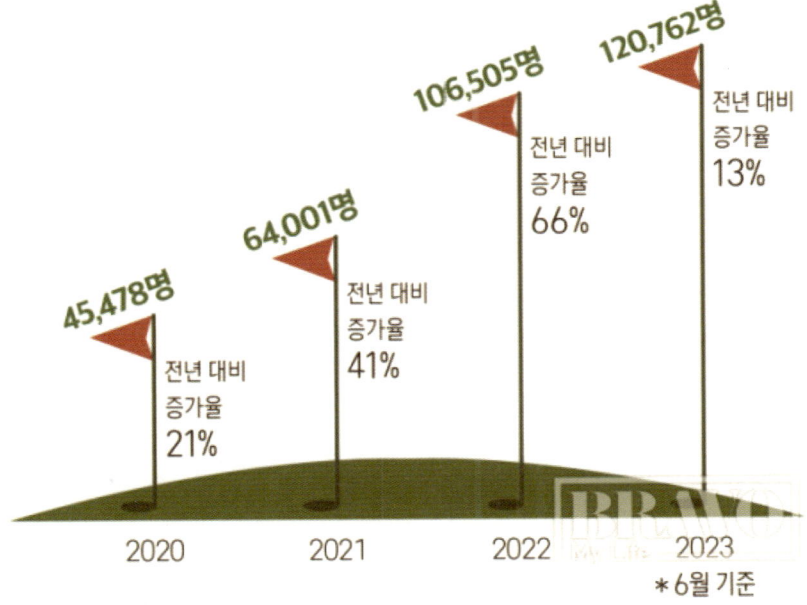

그림 21. 파크골프 회원 증가 추이

※ 요약정리

항목	내용
협회등록회원수	2017년 1만 6,723명 → 2023년 14만 2,664명 → 2025년 약 18만 4,000명
추정 전체인구	2025년 기준 약 25만 명 이상
참여율 변화	2020년 4.5% → 2022년 9.3% → 2023년 5.3%
연령대별 참여	초기에는 5060대 중심, 최근에는 2030대와 가족 단위 참여 증가
주요 성장 요인	접근성, 경제성, 건강 증진, 사회적 교류, 시설 확충 등
향후 과제	다양한 연령층 프로그램 개발, 시설의 질적 개선, 지속적인 홍보와 교육 등

함께 생각해 봅시다

1. 파크골프의 참여율 감소 원인은 무엇이며, 이를 어떻게 극복할 수 있을까?
2. 젊은 세대의 파크골프 참여를 유도하기 위한 전략은 무엇이 있을까?
3. 지역별 파크골프 참여율의 편차를 줄이기 위한 방안은 무엇일까?
4. 파크골프 시설의 양적 확장과 질적 향상 중 어느 부분에 더 중점을 두어야 할까?
5. 파크골프를 통한 지역 사회의 건강 증진 및 경제 활성화 방안은 무엇이 있을까?

참고문헌

국무조정실. (2025). 파크골프 이용 인구수 지속 증가 추세. 대한민국 정책브리핑.

한국경제. (2024). 그린피 비싸봤자 만원 클럽은 하나면 충분…MZ도 반한 파크골프.

Goover. (2025). 파크골프, 초고속 성장하는 대한민국 생활체육의 미래.

Golf Journal. (2025). 골프 트렌드 2025 : 키워드.

대한파크골프협회. (2025). 2023~2024년 파크골프장 현황 및 증가율.

제2절 지역별 시설 및 보급 현황

1. 전국 파크골프장 보급 현황 개요

파크골프는 고령화 사회에서 누구나 쉽게 접근할 수 있는 생활체육으로 각광받으며 전국적으로 빠르게 확산되고 있다. 2024년 기준, 국내에 공식적으로 운영 중인 파크골프장은 약 411개소에 달하며, 2018년 대비 약 2배 이상 증가하였다.

구분	파크골프장 수(2024년 기준)	비율(%)
경상북도	62	15.1
경상남도	60	14.6
경기도	43	10.3
강원도	36	8.8
대구광역시	33	8.0
그 외 지역	177	43.0
합계	411	100

자료: 대한파크골프협회(2024), 국민체육진흥공단 체육시설현황 보고서

2. 주요 지역별 보급 사례

1) 경상북도 - 전국 최다 보급 지역

경북은 인구 대비 고령자 비율이 높고, 군 단위 지자체의 적극적인 지원으로 파크골프장이 집중적으로 조성된 대표적 사례이다. 예천군, 문경시 등은 지역 주민의 건강 증진과 관광 활성화를 동시에 꾀하기 위해 파크골프장을 문화시설과 연계해 조성하고 있다.

▶ 문경 영강파크골프장 (총 36홀, 연간 3만 명 이용)

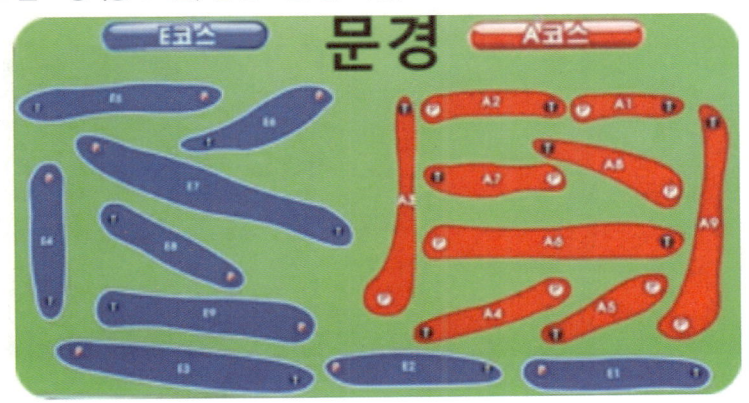

2) 서울특별시 – 도시형 소형 파크골프장 확산

서울은 공간 제약으로 인해 대규모 시설은 어렵지만, 한강공원(여의도, 잠실유수지)이나 도심 공원을 활용한 소형 파크골프장이 증가하고 있다. 이는 도심 고령자 및 가족 단위 참여자에게 유리하다.

▶ 여의도 한강 파크골프장 (9홀, 무료 이용)

3) 경기도 – 수도권 접근성 기반 확산

경기도는 파주시, 양주시, 수원시 등에서 주민건강증진센터 및 노인복지시설과 연계한 파크골프장을 운영 중이다. 수도권 인구밀집지역 내 노인 여가시설 수요에 대응하고 있다.

▶ 파주 심학산 파크골프장 (18홀, 산림형 코스)

4) 강원도 – 자연경관 활용형 코스 조성

강원도는 강과 산, 계곡 등 자연자원을 활용해 코스를 설계한 사례가 많다. 이는 '웰니스 스포츠 관광'과 연계될 가능성을 내포한다.

▶ 원주 문막 파크골프장 (18홀, 치악산 경관 활용)

5) 대구광역시 – 광역도시 내 대규모 시설 확충

대구는 도시형 고령 인구의 증가와 함께 군위군 등 통합 신설 행정구역에 180홀 규모의 대형 파크골프장 조성을 추진하고 있다.

3. 입지 특성과 규모 분포

파크골프장의 입지 특성은 자연환경, 접근성, 지자체 정책에 따라 달라진다.

- 입지 유형
    - 강변/하천 부지: 63.6%
    - 도심 공원 또는 유수지: 22.1%
    - 체육시설 부지 내 병설: 14.3%

- 규모 분포
    - 18홀 코스: 40.3%
    - 9홀 코스: 35.4%
    - 27홀 이상 대형: 24.3%

이러한 수치는 지자체 예산 및 활용 가능 부지의 특성에 따라 결정되며, 향후 개발 방향을 설정하는 기준이 된다.

4. 지역 간 불균형 및 과잉 공급 문제

1) 과잉 공급 사례

경상남도는 기존 73개소 외에 59개소 추가 조성 계획. 총 132개소는 지역 인구 대비 과다한 수치를 보이고 있다.
울진군 또한 인구 약 4만 6천 명에 이미 2개소 운영 중이나, 4개소 추가 조성 예정이다

2) 문제점

실제 수요 분석 없이 지자체 실적 중심의 시설 확충이 이루어지고 있다. 또한 유지·보수 및 프로그램 운영 예산 부족을 고민하고 있다. 그리고 주민 간 시설 이용 불균형, 세금 부담 증가가 발생하고 있다.

사례 울진군의 B 파크골프장은 연간 이용자 수가 3천 명에 불과함에도 추가 18홀 조성 예정

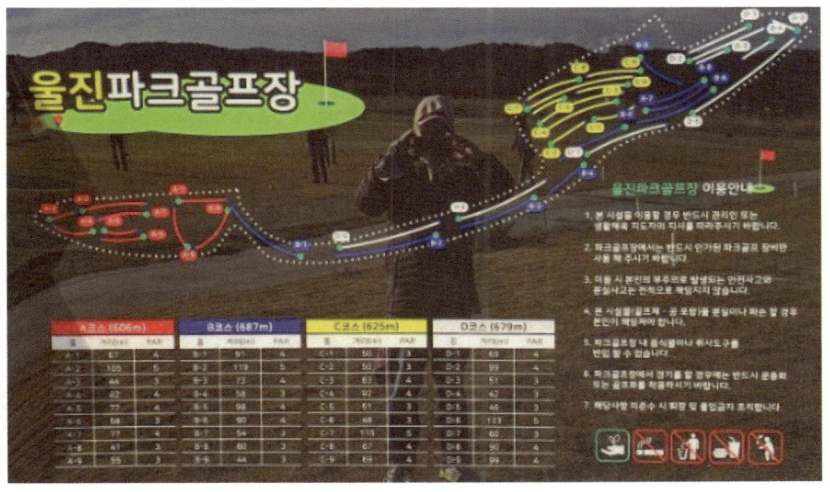

5. 시사점 및 정책 제언

현재 전국적으로 파크골프장이 급속히 증가하고 있는 것은 고령사회 진입에 따른 여가 수요의 확대와 지자체의 적극적인 스포츠 정책에 기인한다. 그러나 이러한 양적 확대가 반드시 긍정적인 결과로 이어지는 것은 아니다. 실제 현장에서는 수요 예측이 미비하거나 중복된 시설 조성으로 인해 비효율적인 자원 배분 문제가 발생하고 있다. 이와 같은 현상은 지역 간 시설 편중, 예산 낭비, 저조한 이용률 등 다양한 문제를 야기한다.

첫째, 수요 기반의 계획 부족이 대표적인 문제로 지적된다. 일부 지자체는 지역 주민의 참여율이나 인구 특성을 면밀히 분석하지 않은 채, 행정 성과를 목적으로 파크골프장을 무분별하게 조성하고 있다. 이는 결과적으로 시설 이용률 저하와 운영 적자라는 부작용을 초래한다. 따라서 향후에는 지역별 고령인구 비율, 여가활동 참여도, 생활체육 인프라 수준 등을 정량적으로 분석한 수요 기반 조성 전략이 필요하다.

둘째, 이용률 활성화 방안의 부족도 문제점으로 나타난다. 파크골프장은 조성되었으나 지역 주민의 관심 부족, 홍보 미흡, 프로그램 운영의 부재 등으로 인해 실제 이용률이 낮은 경우가 많다. 이러한 문제를 해결하기 위해서는 파크골프장을 단순한 운동 시설이 아닌, 지역 커뮤니티의 소통 공간으로 활용할 수 있도록 다양한 문화·체험 프로그램을 연계하는 것이 효과적이다. 예를 들어, 지역 축제와의 연계, 체험교실 운영, 동호회 지원 등이 고려될 수 있다.

셋째, 예산의 비효율적 집행도 경계할 필요가 있다. 공공 예산으로 조성된 파크골프장이 사후

관리나 운영 인력 부족으로 인해 방치되는 사례가 존재하며, 이는 궁극적으로 주민 세금의 낭비로 이어진다. 이를 방지하기 위해서는 민간 위탁 운영 모델을 적극적으로 도입하거나, 민·관 협력 방식으로 유지보수를 체계화하는 방안이 요구된다. 또한, 파크골프장 운영성과를 측정할 수 있는 KPI(핵심성과지표) 설정과 정기적인 평가 시스템도 함께 마련되어야 한다.

마지막으로, 지역 간 불균형 해소 역시 중요한 과제로 남아 있다. 현재는 일부 농촌 지역이나 특정 지방자치단체에 시설이 과도하게 집중된 반면, 수도권의 일부 시군이나 도심 고령층 밀집 지역에서는 여전히 접근이 어려운 상황이다. 따라서 향후에는 지역 간 보급의 균형을 고려하여 저보급 지역을 우선 지원하고, 보급률 격차를 해소하는 정책적 배려가 필요하다.

이러한 시사점들은 단지 파크골프 시설의 물리적 확대가 아닌, 지속 가능하고 전략적인 운영을 위한 방향성을 제시해 준다. 파크골프장이 지역 주민의 삶의 질 향상과 지역 경제 활성화에 기여하기 위해서는 수요 중심의 계획, 이용 활성화 프로그램, 공공성과 민간 효율성의 조화가 반드시 필요하다.

※ 요약정리

문제점	설명	정책제언
수요 기반 부족	지역 주민의 인구 특성·참여도 분석 없이 무분별한 시설 확충	인구 고령화율, 체육 참여율 등을 반영한 수요 예측 기반 조성 계획 수립
이용률 저조	프로그램 부재, 홍보 부족, 지역 커뮤니티 미연계	지역 축제·체험교실·동호회 등 연계한 참여 활성화 프로그램 운영
예산 집행의 비효율성	사후 관리 미비, 인력 부족으로 인한 시설 방치	민간 위탁 운영 및 민관 협력 모델 도입, 운영성과 지표(KPI) 기반 평가 실시
지역 간 시설 보급 불균형	일부 농촌지역 과잉 집중, 도심 고령층 밀집 지역은 공급 부족	저보급 지역 중심의 균형 있는 시설 지원 및 보급률 격차 해소 정책 추진

함께 생각해 봅시다

1. 지역 간 파크골프장 보급의 불균형 문제를 해결하기 위한 정책적 접근은 어떻게 설계되어야 하는가?
2. 공공이 조성한 파크골프장의 운영을 민간에 위탁하는 것이 바람직한가?
3. 파크골프 시설을 지역 커뮤니티 활성화와 연결하기 위한 콘텐츠 기획은 어떤 방향이 바람직한가?

참고문헌

국민체육진흥공단 (2023). 2023 생활체육 참여실태조사 보고서. 서울: 체육진흥연구센터.

대한파크골프협회 (2024). 전국 파크골프장 운영 현황 통계. 서울: 대한파크골프협회 공식 자료집.

이민수 외 (2023). "파크골프장 공급과잉 실태와 지역 편중 문제에 대한 고찰." 지역사회체육연구, 24(2), 67-84.

정은혜, 박민석 (2022). "고령친화형 체육시설 정책의 현황과 과제." 스포츠정책리뷰, 10(1), 45-63.

이상우 (2021). "지방자치단체의 체육시설 민간위탁 운영의 효과와 쟁점." 지방행정연구, 35(4), 89-110.

제3절 해외 주요 국가의 파크골프 사례

1. 파크골프의 해외 확산 배경

파크골프는 일본 홋카이도에서 1983년 처음 시작된 이후, 고령자 중심의 건강 레저 스포츠로 빠르게 발전하였다. 이후 단순한 운동을 넘어 지역 커뮤니티 활성화, 고령자 복지정책, 스포츠관광 등의 요소와 결합되면서 일본을 비롯한 여러 국가로 확산되었다.

해외에서는 기존의 골프장 또는 공원 인프라를 활용하여 도입이 비교적 용이하였으며, 특히 고령화, 도심화, 건강복지의 필요성이 커지고 있는 국가에서 주목받고 있다.

2. 주요 국가별 파크골프 도입 및 운영 사례

1) 파크골프의 본고장 - 일본

일본은 파크골프의 본고장으로, 1983년 홋카이도 마쿠베츠정(幕別町) 공원에서 시작되었다. 고령화 사회로의 진입과 함께, 걷기 기반의 저강도 스포츠가 고령자 건강 유지와 사회적 교류에 효과적이라는 인식이 확산되면서 전국으로 빠르게 확산되었다. 파크골프는 일본에서 단순한 스포츠를 넘어 고령자 복지, 지역경제 활성화, 세대 통합 스포츠로서 자리 잡았다.

운영 측면에서 일본의 파크골프장은 대부분 공공 체육시설로서 지역자치단체에 의해 조성되며, 유지·보수는 자원봉사자와 주민 커뮤니티가 함께 담당한다. 이러한 공동체 기반의 운영 방식은 시설 관리의 지속 가능성을 높이고, 지역 주민의 자발적인 참여를 유도하는 데 기여하고 있다. 대다수 시설은 무료 또는 저렴한 이용료로 운영되며, 시설의 접근성을 높이기 위한 배려가 잘 갖춰져 있다.

정책적으로 일본은 파크골프를 건강증진 정책과 고령자 복지 정책의 핵심 수단으로 활용하고 있다. 일부 지역에서는 초등학생의 체육 수업과 연계하여 교육적 효과를 도모하고 있으며, 지역축제나 시니어스포츠대회에도 정식 종목으로 채택되고 있다.

이처럼 일본은 파크골프의 확산과 정착을 통해 건강한 고령화 사회 구축, 지역 커뮤니티 회복, 공공체육 인프라 활성화라는 다차원적인 성과를 동시에 달성하고 있어, 한국을 비롯한 여러 나라의 대표적 벤치마킹 대상이 된다.

구분	내용
도입배경	1983년 홋카이도 마쿠베츠정에서 고령자 건강과 지역 공동체 활성화를 위해 시작됨
운영특징	지자체 주도 조성, 주민 자원봉사 참여, 무료 또는 저렴한 이용료
정책연계	고령자 복지정책, 지역축제, 교육 프로그램과 통합
주요 시사점	공공복지와 지역경제를 동시에 활성화하는 다차원적 스포츠 전략 사례

2) 공공 보건 정책과 통합된 파크골프 – 대만

대만은 급속한 고령화와 도시화 속에서, 건강한 노후를 위한 공공정책의 일환으로 파크골프를 도입하였다. 특히 2010년대 후반부터 대도시 지역을 중심으로 파크골프장이 조성되었으며, 이는 고령자 체육활동 활성화 정책과 긴밀히 연계되어 있다.

운영 방식은 대부분 지방정부 소속 체육부서에서 관리하며, 공원이나 하천변의 유휴 부지를 활용한 점이 특징이다. 이러한 방식은 도시 내 녹지공간을 효율적으로 활용하면서도 체육시설의 접근성을 높이는 데 기여하였다. 또한, 의료기관과 연계한 운동처방 프로그램이 병행되는 경우도 있으며, 건강관리 서비스와 통합된 스포츠로 인식되고 있다.

대만은 파크골프를 통해 건강보험 재정의 부담을 줄이고, 노인의 신체기능 저하를 예방하고자 하는 정책적 목표를 달성하고 있다. 이를 위해 시니어 대상의 무료 파크골프 교실, 체험형 프로그램, 지역 커뮤니티 센터와의 연계 수업 등을 활발히 운영하고 있다.

이러한 사례는 한국의 노인복지정책에도 시사점을 제공한다. 단순한 체육시설을 넘어 예방의학과 지역복지의 통합 전략으로서 파크골프를 활용하는 방식은 향후 지방정부의 건강도시 정책에 적절한 참고가 된다.

구분	내용
도입배경	고령화 사회 대응과 건강보험 재정 부담 완화를 위한 체육 정책
운영특징	하천변·공원 유휴지 활용, 지자체가 직접 운영, 의료기관 연계
정책연계	운동처방 프로그램, 노인 복지 서비스, 지역 커뮤니티 활동과 통합
주요 시사점	파크골프를 예방의학과 결합해 건강복지 모델로 전환한 정책형 도입 사례

3) 커뮤니티 중심의 다세대 여가스포츠 – 캐나다

캐나다는 파크골프를 가족 중심 커뮤니티 스포츠로서 인식하며 도입하였다. 주로 브리티시 컬럼비아(BC), 앨버타, 온타리오 등 서부 지역의 자연환경과 여가문화가 발달한 지역에서 확산되고 있으며, 다양한 연령층의 참여를 유도하는 정책이 병행되고 있다.

파크골프장은 기존의 골프장 내 일부 또는 학교, 커뮤니티센터 인근의 공공부지를 활용하여 소규모 코스로 조성된다. 지역 주민들이 자발적으로 운영하는 커뮤니티 클럽 중심 구조를 갖추고 있으며, 이를 통해 지역 사회의 결속력을 강화하는 기능도 수행하고 있다.

특히, 캐나다는 스포츠 교육과정과의 연계가 강점이다. 일부 주정부는 초·중등학교 체육 수업에 파크골프를 포함시키고 있으며, 커뮤니티 센터를 통한 청소년 스포츠 교육에도 이를 포함한다. 이를 통해 파크골프는 고령자뿐 아니라 아동, 청소년, 중장년층까지 포괄하는 다세대 스포츠로 자리 잡고 있다.

이러한 사례는 한국에서도 파크골프를 노인 중심에서 벗어나, 가족 단위 여가 활동 및 교육 프로그램으로 확장하는 데 도움이 된다. 특히 지역 커뮤니티 기반의 운영 모델과 자생적 참여 구조는 향후 민간 중심의 자율운영 전략 수립에 유익한 참고가 된다.

구분	내용
도입배경	가족과 지역 커뮤니티 중심의 다세대 스포츠 확산 목적
운영특징	커뮤니티 클럽 중심 자율 운영, 골프장 또는 공공부지 활용
정책연계	학교 체육과 연계, 청소년 스포츠 교육 포함
주요 시사점	전 세대를 아우르는 참여형 여가 스포츠로 지역 공동체 강화 효과

4) 녹색복지 인프라로서의 파크골프 – 노르웨이

노르웨이는 파크골프를 단순한 스포츠가 아닌 환경 친화적 복지 인프라로 접근하고 있다. 도시계획 및 공공복지정책의 일환으로 도입된 파크골프장은, 공공녹지와 생태공원 내에 무장애형 체육시설로서 조성된다. 이는 고령자뿐 아니라 장애인, 어린이 등도 접근 가능한 디자인 원칙에 기반하고 있다.

운영은 지방정부 및 시민 커뮤니티의 협력으로 이루어지며, 한 시설이 계절에 따라 다양한 용도로 활용되는 것이 특징이다. 예를 들어, 여름에는 파크골프장으로 운영되다가 겨울에는 크로스컨트리 스키장이나 눈썰매장으로 활용된다. 이처럼 융복합 체육 공간으로서 활용도가 높다.

노르웨이는 특히 ESG 기반 도시정책의 일환으로 파크골프를 포함시키고 있다. 탄소중립형 도시 설계, 걷기 중심 교통계획, 복지시설 통합 등 다양한 정책과 파크골프장이 연계되어, 주민 삶의 질 향상에 기여하고 있다.

한국의 지방도시와 도시재생 대상 지역에서도 이러한 모델은 시사점이 크다. 환경과 체육, 복지, 공동체가 통합된 접근 방식은 지속가능한 스프츠 인프라의 대표 사례로 평가된다.

구분	내용
도입배경	ESG 기반 도시공간 전략과 복지체계 통합을 위한 녹색 체육시설 조성
운영특징	계절 복합형 시설 운영(파크골프-스키), 무장애 설계, 공공녹지 활용
정책연계	지속가능한 도시계획, 탄소중립 교통 및 생활환경 정책과 연계
주요 시사점	환경·복지·체육이 결합된 지속가능한 인프라 구축의 모범 사례

※ 요약정리

국가	도입배경	운영특징	정책연계	핵심 시사점
일본	고령자 건강 증진, 지역 공동체 활성화	지자체 조성, 주민 자원봉사 운영, 저비용 또는 무료	복지정책, 지역축제, 교육 프로그램과 통합	공공복지와 지역경제 활성화가 결합된 대표 사례
대만	노인 복지, 건강보험 부담 완화	유휴 공간 활용, 운동처방 연계, 지자체 직영	의료기관·복지 서비스 통합	예방의학 기반 건강복지형 체육시설 모델
캐나다	가족 여가·커뮤니티 스포츠 확대	커뮤니티 클럽 중심 자율 운영, 학교와 연계	청소년 스포츠 교육 포함, 지역 여가 인프라와 통합	다세대 참여형 스포츠로 공동체 강화
노르웨이	환경 복지 기반 도시 설계, 녹지 공간 활용 정책	계절 복합형 무장애 시설, 공공녹지 기반	ESG 도시정책, 탄소중립 교통 및 복지 정책 연계	환경·복지·체육 융합된 지속가능한 인프라 구축 사례

함께 생각해 봅시다

1. 해외 파크골프 사례에서 한국이 가장 우선적으로 벤치마킹해야 할 요소는 무엇인가?
2. 공공 체육시설로서의 파크골프장 운영은 지방자치단체가 중심이 되어야 하는가, 민간이 중심이 되어야 하는가?
3. 파크골프의 사회적 가치 창출을 위해 어떤 정책적 요소가 결합되어야 하는가?

참고문헌

대한파크골프협회 (2024). 국내외 파크골프 운영 현황 보고서.

국민체육진흥공단 (2023). 고령친화형 생활체육 정책 제안 연구.

이민수 외 (2023). "고령자 여가스포츠로서 파크골프의 국제적 확산 사례." 지역사회체육연구, 24(2), 112-129.

Murakami, T. (2020). The Role of Park Golf in Active Aging: A Case Study in Hokkaido. Journal of Aging and Sports, 15(1), 45-59.

Chuang, L. & Hsieh, Y. (2021). Public Health and Community Sports in Taiwan: The Park Golf Approach. Taiwanese Journal of Sports Policy, 9(3), 84-101.

Green, D. (2022). Park Golf as an Inclusive Community Sport in Canada. Canadian Sport Development Review, 6(4), 27-43.

Eriksen, K. (2022). Sustainable Sport Infrastructure in Norway: Park Golf and ESG Cities. Scandinavian Urban Studies, 11(2), 90-105.

제4강
스포츠마케팅 이론의 기초

제1절 스포츠마케팅 개념과 목적

1. 스포츠마케팅의 개념

스포츠마케팅(Sports Marketing)은 스포츠를 상품으로 하여 소비자에게 가치를 제공하고, 이를 통해 조직의 목표를 달성하려는 전략적 활동을 의미한다. 이는 단순한 경기 홍보나 선수 광고를 넘어서, 스포츠의 경험과 이미지를 매개로 브랜드 인지도, 소비자 충성도, 사회적 참여 등을 유도하는 종합적인 마케팅 활동이다.

그림 22. 나이키 스포츠마케팅(www.nike.com)

스포츠마케팅은 크게 두 가지 방식으로 구분할 수 있다.

- **스포츠의 마케팅(Marketing of Sports)**: 스포츠 자체를 상품으로 보고, 경기를 관람하거나 참여하는 소비자에게 직접 마케팅하는 방식이다. 예) 파크골프 대회 홍보, 회원 모집 등
- **스포츠를 통한 마케팅(Marketing through Sports)**: 스포츠를 도구로 활용해 비(非) 스포츠 상품이나 서비스를 홍보하는 방식이다. 예) 파크골프 대회의 공식 스폰서가 된 기업이 브랜드 인지도를 높이는 것

이처럼 스포츠마케팅은 스포츠 그 자체를 상품화할 수도 있고, 스포츠를 통해 간접적으로 브랜드 이미지나 기업 가치를 증진할 수도 있다는 점에서 매우 유연하고 전략적인 마케팅 접근이 가능하다.

2. 일반 마케팅과 스포트 마케팅의 차이점

스포츠마케팅은 기본적으로 마케팅의 원칙을 따르되, 스포츠라는 특수한 상품의 특성과 소비자 행동의 독특성을 반영한다는 점에서 일반 마케팅과는 여러 측면에서 차이를 보인다.

첫째, 상품의 성격에서 차이가 있다. 일반 마케팅은 주로 유형의 제품이나 서비스와 같은 명확한 기능적 속성을 지닌 상품을 대상으로 한다. 반면 스포츠마케팅은 경기, 팀, 선수, 이벤트 등 무형의 경험과 감동을 중심으로 구성된 상품을 대상으로 하며, 소비자는 단순히 물건을 구매하는 것이 아니라 감정적 체험을 소비한다는 점에서 본질적 차이가 있다.

둘째, 소비자의 참여 방식이 다르다. 일반 마케팅에서는 소비자가 제품을 구입하거나 서비스를 이용하는 방식으로 상대적으로 수동적인 역할을 수행하는 반면, 스포츠마케팅에서는 소비자가 경기 관람, 직접 참여, 응원, 팬 활동 등을 통해 능동적이고 감정적으로 깊이 개입하는 경향이 강하다. 이러한 차이는 소비자와 브랜드 또는 스포츠 대상 간의 관계 형성 방식에도 영향을 미친다.

셋째, 감성적 몰입의 강도가 스포츠마케팅에서 훨씬 더 높다. 스포츠는 승부와 드라마, 영웅 서사, 지역 정체성과 같은 다양한 감정 요소를 내포하고 있으며, 이는 소비자의 강한 몰입과 충성도를 형성하게 만든다. 일반 제품에 대한 충성도가 기능적 만족이나 가격 대비 효용에서 비롯되는 것과는 달리, 스포츠 브랜드에 대한 충성도는 심리적 유대감과 소속감에서 비롯된다.

넷째, 수요 예측의 난이도에서도 차이가 나타난다. 일반 마케팅은 비교적 안정적인 시장 조건과 소비 패턴에 따라 수요를 예측할 수 있는 반면, 스포츠마케팅은 팀의 성적, 날씨, 시즌

변수, 인기 선수의 부상 등 불확실한 외부 요인에 크게 영향을 받기 때문에 수요 예측이 어렵고 유연한 전략이 요구된다.

마지막으로, 브랜드의 형성과 관리 방식에도 차이가 있다. 일반 마케팅에서는 제품의 품질, 디자인, 광고 등에 의해 브랜드 이미지가 형성되는 반면, 스포츠마케팅에서는 팬 문화, 팀의 역사, 지역성과의 결합이 브랜드 형성에 중요한 역할을 하며, 장기적 관계 형성과 감성적 연대가 더 큰 비중을 차지한다.

이와 같이 스포츠마케팅은 스포츠라는 독특한 대상과 소비자 행태의 특수성을 반영한 전략적 접근이 필요하며, 일반 마케팅과 동일한 방식으로 적용해서는 소비자의 요구와 감성에 제대로 부응하기 어렵다. 특히 파크골프와 같은 생활체육 종목에서는 지역사회, 고령자, 가족 단위 참여자들의 정서적 경험을 고려한 마케팅이 더욱 중요해진다.

구분	일반 마케팅	스포츠 마케팅
상품	유형 상품 중심 (제품, 서비스 등)	무형의 경험 중심 (감동, 열정, 경기 등)
소비자 참여	수동적 소비 (구매, 사용)	능동적 참여 (관람, 응원, 직접 체험)
감성요소	상대적으로 약함	감정 이입과 몰입도가 매우 높음
수요예측	상대적으로 예측 가능	경기 결과, 시즌 성과 등에 따라 예측 어려움
브랜드 충성도	기능 중심	팀, 선수, 지역에 대한 감정적 충성도

3. 스포츠마케팅의 주요 목적

스포츠마케팅은 스포츠 조직, 기업, 지역사회, 소비자 등 다양한 주체들이 각기 다른 목적을 가지고 수행하는 활동이다. 이들 목적은 상업적 이익을 넘어 사회적 가치 실현, 공공의 건강 증진, 지역 활성화 등 복합적인 목표로 확장되고 있다. 다음은 대표적인 주요 목적들을 설명한 내용이다.

첫째, 스포츠 조직 또는 단체의 관점에서 스포츠마케팅은 팀 또는 리그의 인지도를 높이고 관중 수를 확대하여 수익 창출과 지속가능한 운영 기반을 확보하는 데 목적이 있다. 이를 위해 스포츠 경기를 상품으로 포장하고, 팬들의 관심을 유지하며, 브랜드 가치를 강화하려는 다양한 전략이 수행된다. 예를 들어, 시즌권 판매, 굿즈 개발, 온라인 팬 커뮤니티 운영 등은 모두

마케팅 목적의 일환이다. 동시에 팬들과의 관계를 장기적으로 유지하여 충성도를 형성하는 것이 핵심이다.

둘째, 기업의 입장에서 스포츠마케팅은 스포츠 콘텐츠를 통해 자사의 브랜드를 홍보하고, 고객과의 접점을 확대하려는 전략적 활동이다. 특히 스폰서십, 공동 이벤트, 광고 캠페인 등을 통해 스포츠의 감동과 흥분을 기업 이미지와 연계시키고, 감성적 연결과 브랜드 호감도를 증진하는 것이 목적이다. 스포츠를 통한 마케팅은 단순한 노출을 넘어, 고객의 기억에 남는 강한 인상을 심어주는 효과가 있다.

셋째, 지역사회와 지방정부의 관점에서는 스포츠마케팅이 지역 브랜드 이미지를 높이고, 관광객 유입을 촉진하며, 주민의 삶의 질을 향상하는 수단으로 활용된다. 특히 지역을 대표하는 스포츠 행사나 인프라를 중심으로 스포츠 관광과 지역 경제 활성화를 도모할 수 있다. 예컨대, 지방 도시에서 열리는 파크골프 대회는 외부 방문객을 유치함으로써 숙박, 외식, 교통 등 다양한 경제 파급 효과를 가져올 수 있다.

넷째, 개인 소비자의 관점에서 스포츠마케팅은 소비자에게 단순한 운동 이상의 가치를 제공한다. 스포츠를 통해 신체 건강을 유지하고, 여가를 즐기며, 팀이나 커뮤니티와의 소속감을 경험하게 되며, 이러한 감정은 삶의 만족도를 높인다. 팬들은 응원하는 팀을 통해 자아 정체성을 강화하거나, 감정적 카타르시스를 경험하기도 한다. 스포츠마케팅은 이러한 감성적, 사회적 가치를 존중하고 이를 상품화하는 전략을 포함한다.

결과적으로 스포츠마케팅은 단순히 스포츠를 홍보하는 활동이 아니라, 소비자 경험, 브랜드 가치, 사회적 연대, 지역경제, 건강 증진이라는 다층적 목표를 동시에 달성하는 통합적 마케팅 전략이다. 특히 파크골프와 같이 특정 연령층(예: 고령자)이나 지역 밀착형 스포츠의 경우, 사회적 목적과 상업적 목적의 균형을 잘 맞추는 것이 중요한 과제로 부각된다.

4. 파크골프에 적용되는 스포츠마케팅 관점

파크골프는 전통적인 프로 스포츠나 대규모 이벤트 중심의 스포츠와는 달리, 생활체육 중심의 참여형 스포츠라는 특수성을 가진다. 특히 중·장년층과 고령층을 중심으로 한 참여 구조, 비교적 낮은 운동 강도, 지역 밀착형 운영 방식 등은 일반적인 스포츠마케팅 전략과는 다른 접근을 요구한다. 이러한 특수성 속에서 파크골프에 적합한 스포츠마케팅 관점은 다음과 같이 정리할 수 있다.

첫째, 감성적 가치를 중심으로 한 마케팅 접근이 필요하다. 파크골프 이용자들은 경기의 승패보다는 건강, 정서적 안정, 사회적 교류를 주요 목적으로 참여하는 경우가 많다. 따라서 파크골프 마케팅은 기능적 혜택(운동 효과, 가격, 위치)뿐만 아니라, 자존감 향상, 외로움 해소, 공동체 소속감과 같은 감성적 가치를 강조하는 방향으로 설계되어야 한다. 예를 들어, "건강보다 더 소중한 건 함께 걷는 사람입니다"와 같은 감성적 슬로건은 파크골프의 본질을 잘 반영하는 마케팅 메시지라 할 수 있다.

둘째, 지역 밀착형 커뮤니티 마케팅 전략이 중요하다. 파크골프장은 대부분 지역 주민의 여가 공간으로 활용되며, 주로 특정 시·군 단위의 행정구역 내에서 활동이 이뤄진다. 따라서 전국적인 브랜드 마케팅보다는, 지역 주민들과의 지속적인 관계 형성과 현장 기반 홍보 활동이 더욱 효과적이다. 예를 들어, 지역 축제와 연계한 파크골프 체험 행사, 지역 노인복지관과 협력한 홍보 프로그램, 지역 소상공인과 공동 프로모션 등은 파크골프의 마케팅 효과를 배가시키는 전략이 될 수 있다.

셋째, 세대 간 연결과 가족 단위의 접근 전략도 중요하다. 파크골프는 규칙이 간단하고 부상 위험이 적기 때문에 고령자뿐 아니라 중장년, 초등학생도 함께 즐길 수 있다. 이에 따라 가족 단위 프로그램, 3세대 가족 파크골프 챌린지, 부모-자녀 팀 대회 등은 세대 간 유대감을 강화하고 확장된 소비자 층 확보에도 기여할 수 있다. 이처럼 파크골프를 가족형 커뮤니케이션 수단으로 포지셔닝하는 것은 기존의 스포츠마케팅과 차별화되는 전략이다.

넷째, 공공성과 사회적 가치 창출을 강조한 마케팅이 효과적이다. 파크골프는 사적 이윤보다는 공공체육시설의 성격이 강하며, 지자체의 고령자 복지정책, 건강도시 전략, 지역 공동체 회복 정책과 긴밀히 연결된다. 따라서 민간 기업이 파크골프 관련 마케팅을 전개할 때에도, 단순히 제품을 홍보하기보다는 CSR(Corporate Social Responsibility) 관점에서의 공공 기여 이미지를 강조하는 것이 긍정적이다. 예를 들어, 의료기관이 후원하는 '건강 파크골프 교실'이나 지역 기업이 주최하는 '시니어 웰빙 챌린지' 등은 소비자에게 기업의 책임감 있는 이미지를 전달할 수 있다.

다섯째, 참여형 콘텐츠 중심의 디지털 마케팅도 병행되어야 한다. 중장년층과 고령층도 이제는 스마트폰을 통해 정보 탐색과 커뮤니케이션을 활발히 수행하고 있다. 유튜브, 카카오톡 채널, 지역 커뮤니티 앱 등을 활용해 파크골프 경기 영상, 이용 후기, 강습 콘텐츠 등을 배포하면, 이용자와의 신뢰 관계를 강화하고 자연스러운 구전 효과를 얻을 수 있다. 특히 SNS를 통한 '동호회 추천', '챌린지 이벤트' 등은 실질적인 참여를 유도하는 좋은 수단이 된다.

결론적으로, 파크골프에 적용되는 스포츠마케팅 전략은 전통적인 스포츠마케팅의 관점에서 벗어나, 지역성, 감성적 연대, 공공성, 가족성, 디지털 접근성 등 다양한 요소를 융합해야 한다.

이는 파크골프가 단순한 스포츠를 넘어 사회적 관계망을 형성하는 매개체이자, 지역 공동체의 건강을 지키는 플랫폼으로 진화하고 있기 때문이다. 마케팅 전략은 이러한 사회적 의미를 반영하는 방향으로 기획되고 실행되어야 할 것이다.

※ 요약정리

스포츠 마케팅	주요 내용
개념	X
목적	스포츠 조직은 수익과 브랜드 가치, 기업은 홍보와 고객접점 확대, 지역사회는 관광 및 지역경제 활성화, 개인은 건강·여가·정체성 실현을 위해 활용함.
차이점	무형 경험 중심 상품, 감정적 충성도, 능동적 소비자 참여, 예측 어려운 수요, 브랜드의 정체성과 감성적 연대가 중요하다는 점에서 일반 마케팅과 다름.
파크골프 관점	고령자 대상 감성 마케팅, 지역 밀착형 커뮤니티 전략, 가족 단위 접근, 공공성과 CSR 강조, 디지털 콘텐츠 기반 참여 유도 전략 등이 적합함.

함께 생각해 봅시다

1. 파크골프 마케팅에서 '감성적 가치'를 강조하는 것이 실질적인 참여 유도에 효과적인가?
2. 파크골프 마케팅은 전국적 브랜드화보다 지역 커뮤니티 중심 전략이 더 유리한가?
3. 세대 간 스포츠로서의 파크골프는 가족 단위 마케팅에 성공할 수 있을까?
4. 공공 체육시설을 중심으로 한 마케팅에 기업이 참여할 수 있는 바람직한 방식은 무엇인가?
5. 디지털 시대에 고령층 대상 스포츠마케팅에서 온라인 콘텐츠 전략은 얼마나 효과적인가?

📖 참고문헌

대한파크골프협회 (2024). 파크골프 현황 및 지역 기반 운영 보고서.

김영진, 박태수 (2022). "생활체육으로서 파크골프의 마케팅 전략에 관한 연구." 스포츠산업과 정책, 19(3), 87-103.

송현우, 이지은 (2023). "고령자 대상 감성마케팅이 스포츠 참여에 미치는 영향." 스포츠과학연구, 30(2), 59-74.

김은하 외 (2021). "지역사회 기반 커뮤니티 스포츠 마케팅 전략: 파크골프 사례를 중심으로." 지역문화연구, 14(4), 33-50.

Mullin, B. J., Hardy, S., & Sutton, W. A. (2014). Sport Marketing (4th Ed.). Human Kinetics.

Funk, D. C. (2008). Consumer Behaviour in Sport and Events: Marketing Action. Routledge.

제2절 일반 마케팅과 스포츠마케팅과의 차이점

1. 개요

일반 마케팅과 스포츠마케팅은 공통적으로 소비자에게 가치를 전달하고 조직의 목적을 달성하려는 전략이라는 점에서는 동일하지만, 상품의 본질, 소비자 행동, 시장 환경에서 명확한 차이를 지닌다. 스포츠는 단순한 제품이 아닌 경험과 감정, 상징성과 사회적 정체성이 복합적으로 작용하는 무형의 상품이기 때문에, 이에 따른 마케팅 전략도 달라질 수밖에 없다.

그림 23. 나이키 스포츠마케팅(www.nike.com)

2. 핵심 차이점

1) 상품의 속성: 유형 vs 무형

일반 마케팅에서는 자동차, 의류, 전자제품 등 유형의 물리적 상품이나 기능 중심의 서비스가 주된 대상이지만, 스포츠마케팅에서는 경기, 선수, 팀, 스포츠 체험 등 무형의 경험이 주된 마케팅 대상이다. 이로 인해 스포츠마케팅에서는 상품의 성능이나 기능적 우수성보다는 감정적 만족, 현장성, 몰입감 등이 더 중요하게 작용한다.

2) 소비자의 참여 방식: 수동적 소비 vs 능동적 참여

일반 제품의 소비는 보통 일방적인 구매와 사용으로 이뤄지며, 소비자는 상대적으로 수동적인 역할을 한다. 반면 스포츠에서는 소비자가 관람, 응원, 참여, 커뮤니티 활동 등을 통해 경험을 함께 만들어가는 능동적인 소비자(co-creator)로서 기능한다. 이는 마케팅 전략에서 소비자의 '참여'를 유도하는 방식이 더욱 중요해짐을 의미한다.

3) 감성적 몰입과 충성도: 기능적 만족 vs 정체성 기반 충성

일반 상품의 브랜드 충성도는 품질, 가격, 사용 만족도와 같은 기능적 기준에 기반하지만, 스포츠에서는 팬들의 충성도는 팀이나 선수에 대한 애정, 자아 정체성과의 동일시, 지역 또는 공동체 소속감에서 비롯된다. 이런 특성은 소비자가 때로는 경기의 결과에 따라 감정을 폭발시키고, 팀의 부진에도 지속적으로 응원하는 '비합리적' 행동을 하게 만든다.

4) 수요의 예측 가능성: 안정성 vs 변동성

일반 마케팅은 시장 수요를 예측할 때 비교적 일관된 트렌드, 인구통계학적 특성, 계절성 등을 참고할 수 있지만, 스포츠는 경기 결과, 팀 성적, 날씨, 스타 선수의 부상 등 수많은 외부 요인에 따라 수요가 급변할 수 있다. 따라서 스포츠마케팅은 보다 유연하고 반응적인 전략을 요구한다.

5) 브랜드 형성과 확산 방식: 기능 중심 vs 관계 중심

일반 브랜드는 품질, 광고, 고객 후기 등 기능적 속성과 직접적 경험에 기반해 형성되는 반면, 스포츠 브랜드는 서사적 요소(팀 역사, 상징색, 명승부)와 정서적 스토리텔링을 통해 형성된다. 팬들의 감정적 유대감, 팀과의 개인적 역사, 사회적 관계망을 통한 구전 효과 등이 브랜드 확산에 큰 영향을 미친다.

3. 파크골프에 적용된 차이점의 중요성

파크골프는 특히 감정적 요소와 사회적 교류가 강조되는 스포츠로서, 일반적인 건강기능 마케팅보다 더 공동체 중심, 관계 중심, 감성 중심의 전략이 적합하다. 예를 들어, "장수 비결은 파크골프 친구들과의 웃음입니다"와 같은 캠페인은 단순 운동 효과를 강조하는 기존 건강 제품 마케팅과는 근본적으로 접근이 다르다.

또한, 파크골프는 경기 결과보다는 참여 그 자체의 가치가 중요하기 때문에 소비자의 능동적 참여를 촉진하는 프로그램, 예를 들어 "동호회 챌린지", "지역 대항전", "가족 대회" 등은 스포츠마케팅의 참여 중심 구조를 그대로 반영한다.

※ 요약정리

항목	일반 마케팅	스포츠마케팅
상품의 성격	유형 상품 중심 (제품, 서비스)	무형의 경험, 감동, 스토리 중심의 상품
소비자 참여	수동적 소비 (구매, 사용)	능동적 참여 (관람, 응원, 직접 체험)
충성도 형성	품질, 기능적 만족 중심	감정적 몰입, 자아정체성, 팬덤 기반 충성도
수요예측	비교적 예측 가능 (트렌드, 계절 등)	불확실성 높음 (성적, 부상, 날씨 등 외부 변수 영향 큼)
브랜드 형성방식	기능 중심 (광고, 품질, 후기 등)	관계·스토리 중심 (팀 역사, 감성 연결, 구전 중심)
파크골프 관점	기능성 중심 마케팅은 한계	감성·관계·참여 중심 마케팅이 효과적

💬 함께 생각해 봅시다

1. 스포츠마케팅이 감성 중심이라는 점이 실제로 소비자 행동에 어떤 영향을 미치는가?
2. 파크골프와 같은 생활형 스포츠에 일반 마케팅 전략을 그대로 적용하는 것이 왜 효과적이지 않은가?
3. 스포츠 소비자와 일반 제품 소비자의 충성도는 어떻게 다르게 형성되는가?
4. 스포츠마케팅의 수요 예측이 어려운 이유는 무엇이며, 이를 극복할 수 있는 전략은 무엇인가?
5. 파크골프의 마케팅에 있어 감성적 요소(예: 동호회, 지역감정, 가족성)를 강조하는 것이 왜 효과적인가?

📖 참고문헌

Mullin, B. J., Hardy, S., & Sutton, W. A. (2014). Sport Marketing (4th Ed.). Human Kinetics.

Kotler, P., & Keller, K. L. (2020). Marketing Management (15th Ed.). Pearson Education.

Funk, D. C. (2008). Consumer Behaviour in Sport and Events: Marketing Action. Routledge.

박철민 외 (2021). "스포츠 마케팅의 이론적 구조와 실무 적용에 관한 고찰." 한국체육학회지, 60(3), 221-238.

김성훈, 이현정 (2022). "일반 상품과 스포츠 소비자의 브랜드 충성도 차이에 대한 비교 연구." 마케팅과 소비자 행동연구, 23(1), 67-84.

대한체육회 (2023). 생활체육 참여자 분석 및 마케팅 전략 제안 보고서.

제3절 스포츠 소비자 행동과 몰입

1. 스포츠소비자의 특성

스포츠 소비자는 일반적인 제품 소비자와는 다르게 경험과 감정을 함께 소비하는 존재다. 스포츠는 단순한 재화가 아니라 현장성, 불확실성, 정서적 몰입, 소속감 등 여러 무형의 요소로 구성된 복합적인 콘텐츠이며, 이에 따라 스포츠 소비자의 행동 양상도 독특한 특성을 보인다.

첫째, 스포츠 소비자는 매우 감정적인 소비자다. 경기의 승패, 선수의 활약, 응원하는 팀의 역사 등은 소비자의 감정을 강하게 자극한다. 소비자는 경기를 보며 기뻐하고 분노하며 눈물 흘릴 수 있으며, 이는 일반 제품 소비에서 보기 어려운 현상이다. 이러한 감정적 반응은 브랜드 충성도와 정체성 형성에도 영향을 준다.

둘째, 스포츠 소비자는 능동적 참여자로서 기능한다. 단순히 관람하거나 물건을 구매하는 것에 그치지 않고, 응원, 콘텐츠 생성(SNS 게시물, 응원 영상), 오프라인 모임, 동호회 활동 등을 통해 적극적으로 자신을 표현한다. 스포츠는 이들에게 있어 '구경거리'가 아니라 '함께 만들어가는 체험'인 경우가 많다.

셋째, 스포츠 소비자는 사회적 소비자다. 스포츠 활동은 혼자 이루어지는 경우보다 가족, 친구, 지역 커뮤니티와 함께 하는 경우가 많으며, 그 안에서 소속감과 유대감을 느낀다. 팬덤 문화나 동호회 활동, 지역 팀 응원 등은 이러한 사회적 속성을 잘 보여준다. 이들은 스포츠를 통해 인간관계를 형성하고, 사회적 정체성을 표현한다.

넷째, 스포츠 소비자는 높은 브랜드 충성도를 보인다. 일반적인 제품 소비에서는 가격이나 품질이 충성도를 좌우하지만, 스포츠에서는 팀이나 선수에 대한 감정적 애착이 브랜드 충성도를 이끈다. 설령 팀 성적이 좋지 않아도 꾸준히 응원하는 '충성 팬'이 존재하며, 이들은 구단 관련 상품을 반복적으로 구매하고 자발적 홍보자 역할도 수행한다.

마지막으로, 스포츠 소비자는 비합리적인 소비자일 수 있다. 기능, 효율, 가성비가 중심인 일반 소비와는 달리, 스포츠 소비자는 때때로 팀에 대한 맹목적 지지, 과잉 소비, 시간과 감정의 몰입을 통해 일반적인 소비 행동 규범을 벗어나는 경우가 있다. 하지만 이는 스포츠라는 상품이 삶의 의미, 자아 정체성, 공동체적 감정과 밀접하게 연결되어 있기 때문이다.

이러한 특성은 파크골프 소비자에게도 유사하게 적용된다. 파크골프 참여자는 경기 자체보다도 건강, 정서적 안정, 사회적 유대감을 중심으로 활동하며, 정기적인 참여와 커뮤니티 중심 활동을 통해 몰입과 충성도를 형성해 나간다. 따라서 마케팅 활동에서도 단순한 정보 제공을 넘어서 정서적 공감과 사회적 연대감을 자극하는 방식이 중요하게 작용한다.

2. 스포츠소비자의 의사결정 과정

스포츠 소비자도 일반 소비자와 마찬가지로 의사결정의 여러 단계를 거쳐 참여하거나 소비 행동을 선택한다. 그러나 그 과정에서 작용하는 판단 기준과 동기, 행동 방식은 일반 제품 소비와는 다른 특수성을 지닌다. 스포츠는 감정, 관계, 공동체 의식 등이 함께 작용하는 경험 기반 소비이기 때문에, 소비자의 선택은 단순히 기능적 가치만으로 설명되기 어렵다.

스포츠 소비자의 의사결정 과정은 대체로 다음과 같은 다섯 단계를 따른다.

1) 문제 인식 (Need Recognition)

소비자는 먼저 자신의 내면적 필요 또는 외부 자극을 통해 스포츠 참여의 필요성을 인식한다. 이때 인식되는 필요는 단순한 제품 결핍이 아니라, 스트레스 해소, 정서적 안정, 신체 건강, 사회적 연결 욕구와 같은 복합적 요인으로 구성된다. 예를 들어, 은퇴 이후 소속감 결핍을 느끼는 고령자가 파크골프에 관심을 갖게 되는 것이 대표적인 사례다.

2) 정보 탐색 (Information Search)

문제를 인식한 소비자는 그 욕구를 충족시킬 수 있는 활동이나 이벤트에 대한 정보를 수집한다. 스포츠 소비자에게 정보 탐색은 공식 웹사이트나 광고보다는 지인 추천, 지역 커뮤니티, SNS 후기와 같은 비공식적·경험적 정보가 더 중요하게 작용하는 경우가 많다. 특히 파크골프처럼 지역 밀착형 생활체육의 경우에는 입소문과 주변 권유가 참여의 핵심 요인이 된다.

3) 대안 평가 (Evaluation of Alternatives)

소비자는 여러 대안을 비교하며 참여 여부를 결정한다. 이 과정에서는 단순한 가격, 거리, 편의성뿐만 아니라, 심리적 만족감, 커뮤니티 분위기, 개인 취향에의 적합성이 중요한 평가 기준이 된다. 예를 들어, 파크골프장이 가까이 있어도 이용자가 원하는 사회적 분위기나 정서적 안정감을 제공하지 못한다면 선택되지 않을 수 있다.

4) 참여 행동 (Participation Decision)

평가를 마친 소비자는 최종적으로 관람, 가입, 체험, 구매 등 행동으로서의 참여를 실행한다. 이때 스포츠 소비자는 한 번의 소비에 그치지 않고, 지속적인 참여와 반복 소비로 이어질 가능성이 높다. 파크골프에서는 회원 가입, 정기 모임 참석, 장비 구매, 강습 수강 등이 이에 해당한다.

5) 사후 평가 및 관계 형성 (Post-Participation Evaluation)

참여 이후의 만족도는 향후 재참여 여부, 타인에게의 추천 여부, 소비자 충성도에 영향을 준다. 스포츠 소비자는 경기 결과나 제품 성능보다, 경험 그 자체에서의 감정적 만족과 사회적 교류의 질을 중시하는 경향이 강하다. 파크골프의 경우, "함께 했던 사람이 좋았다", "기분 전환이 됐다"는 정서적 반응이 사후 평가에서 핵심이 된다.

이러한 사후 평가가 긍정적일 경우 소비자는 지속적인 참여자이자 자발적 홍보자로 전환되며, 이는 마케팅적으로 매우 가치 있는 전환이다.

3. 스포츠 소비자 몰입(Engagement)의 개념

스포츠 소비자 몰입(engagement)은 단순한 관심이나 일시적인 참여를 넘어, 소비자가 특정 스포츠 종목, 팀, 경기 또는 활동에 대해 지속적이고 정서적인 연결감을 가지며, 행동으로까지 실천하는 상태를 의미한다. 이는 마케팅적으로 매우 중요한 개념으로, 몰입된 소비자는 브랜드에 대해 강한 충성도를 보일 뿐만 아니라 자발적인 홍보자 역할까지 수행하는 경향이 있기 때문이다.

몰입은 스포츠 소비자가 해당 스포츠를 단순한 '이벤트'로 인식하는 것이 아니라, 자신의 정체성과 일상, 관계 속 일부로 받아들일 때 발생한다. 예를 들어, 어떤 사람이 단순히 파크골프를 해본 적 있는 수준에 머무는 것이 아니라, 스스로 "나는 파크골프인이다"라고 말하며 정기적으로 활동에 참여하고, 타인에게도 그 가치를 전파하는 경우, 이는 몰입이 높은 소비자의 전형적인 모습이다.

스포츠 소비자 몰입은 일반적으로 다음 세 가지 요소로 구성된다.

1) 정서적 몰입 (Emotional Engagement)

이는 스포츠 활동이나 대상에 대해 감정적으로 애정을 느끼고, 즐거움이나 기쁨, 자부심 등 긍정적 감정을 지속적으로 경험하는 상태를 말한다. 정서적 몰입이 강한 소비자는 경기를 관람하며 흥분하거나 눈물을 흘릴 수 있으며, 자신이 응원하는 팀이나 활동을 감정적으로 깊이 지지한다. 파크골프 참여자 중 "이 시간이 기다려진다" "내 삶의 활력소다"라고 말하는 이들은 정서적 몰입이 높은 경우라 할 수 있다.

2) 인지적 몰입 (Cognitive Engagement)

인지적 몰입은 특정 스포츠에 대해 지속적으로 관심을 갖고, 정보를 수집하거나 이해하려는 노력을 기울이는 상태를 말한다. 이들은 경기 규칙, 선수 동향, 코스 특성 등 다양한 정보를 스스로 찾아보며, 자신이 좋아하는 스포츠에 더해 지식적으로 깊은 이해를 쌓아간다. 파크골프에서는 새로운 코스를 분석하거나, 장비 성능을 비교하며 연구하는 소비자가 이에 해당한다.

3) 행동적 몰입 (Behavioral Engagement)

행동적 몰입은 말 그대로 실제적인 행동으로 드러나는 몰입의 형태다. 이들은 스포츠 관련 상품을 구매하거나, 정기적으로 경기를 관람하거나, 동호회나 커뮤니티 활동에 참여하는 등 지속적이고 반복적인 실천을 한다. 파크골프에서는 정기 라운드 참석, 대회 참가, 용품 구매, 신규 회원 초대 등이 행동적 몰입의 예시이다.

이처럼 몰입은 단일한 감정 상태가 아니라 정서적 애정, 지적 관심, 반복적 행동이 어우러진 복합적 상태다. 몰입 수준이 높아질수록 소비자는 브랜드나 활동에 대해 더 많은 시간과 자원을 투자하며, 때로는 타인의 참여를 유도하는 비공식적 마케터 역할을 수행하기도 한다.

4. 파크골프와 소비자 몰입

파크골프는 일반적인 경쟁 중심의 스포츠와는 달리, 건강, 관계, 여가, 정서적 안정을 중심으로 발전해 온 생활 스포츠이다. 특히 고령층과 중장년층을 중심으로 폭넓은 참여가 이루어지면서, 단순한 운동을 넘어 일상의 중요한 루틴이자 공동체 참여 수단으로 기능하고 있다. 이러한 특성은 파크골프 소비자의 행동이 단순한 스포츠 참여를 넘어서는 깊은 '몰입' 상태로 발전할 수 있는 기반이 됨을 보여준다.

스포츠 소비자 몰입이란, 특정 스포츠에 대해 소비자가 정서적 애착, 인지적 관심, 행동적 실천을 지속적으로 보이는 상태를 의미한다. 파크골프는 이러한 몰입 구조가 형성되기에 매우 적합한 종목이다. 그 이유는 크게 세 가지 측면에서 살펴볼 수 있다.

1) 정서적 몰입을 유도하는 사회적 환경

파크골프는 경기 성적보다는 사람들과의 관계와 교류가 더 중심이 되는 스포츠다. 많은 고령층 참여자들은 파크골프를 통해 "혼자 걷지 않아도 되는 이유"를 갖게 되며, 경기보다는 함께 나누는 대화, 응원, 웃음, 식사 시간을 더욱 소중하게 여긴다. 이러한 경험은 단순한 '참여'를 넘어서 감정적 안정과 소속감을 형성하게 만들고, 이는 곧 정서적 몰입으로 이어진다.

특히 은퇴 후 사회적 접촉이 줄어든 고령자에게는 파크골프가 사회적 고립을 극복하는 창구가 되며, 활동 자체가 "내가 다시 사회의 일원이 되었다"는 자존감 회복의 기회를 제공한다. 이런 감정적 경험은 매우 강력한 몰입의 토대가 되며, 참여자의 활동 지속성과 자발성에 큰 영향을 미친다.

2) 인지적 몰입을 자극하는 자기 주도적 학습

파크골프는 규칙이 단순하면서도 코스 이해, 장비 선택, 스윙 기술 등에서 스스로 배울 수 있는 여지가 많다. 이는 참여자들이 정보를 검색하고 비교하며 점점 더 높은 수준의 이해와 관심을 갖게 되는 인지적 몰입을 유도한다. 예를 들어, 파크골프 동호인들 사이에서는 "어떤 코스에서 어떤 클럽을 써야 가장 안정적인 플레이가 가능한가"에 대한 이야기가 자주 오가며, 자신만의 전략을 수립하는 과정에서 자기 주도적 탐색과 집중이 일어난다.

특히 장비에 대한 관심, 코스 설계에 대한 분석, 유튜브나 커뮤니티 콘텐츠 활용 등은 고령자들도 디지털 정보 활용 역량을 확장하는 계기로 작용할 수 있으며, 이는 파크골프가 단순한 스포츠를 넘어 인지적 자기 계발 수단으로 기능함을 보여준다.

3) 행동적 몰입으로 이어지는 규칙성과 반복성

파크골프는 정기적으로 이용하기에 매우 적합한 구조를 가지고 있다. 대부분의 참여자는 주 1~3회 정도 일정한 주기로 모임에 참여하며, 정기 라운드, 대회 출전, 동호회 활동, 연말 모임 등을 통해 계속해서 활동의 흐름을 유지한다. 이러한 반복성과 생활 리듬의 일관성은 소비자가 자연스럽게 행동적 몰입을 지속하게 만든다.

또한, 파크골프의 장점은 진입장벽이 낮아 새로운 참여자 유입이 꾸준히 이루어지며, 기존 참여자들이 '전도사' 역할을 통해 신규 참여자를 끌어들이는 구조가 자연스럽게 형성된다는 점이다. 이처럼 몰입된 소비자는 단순 소비자에서 스포츠 홍보자이자 커뮤니티의 중심 인물로까지 확장되는 특성을 갖는다.

5. 파크골프의 마케팅적 시사점

파크골프는 고령자와 중장년층을 중심으로 확산되고 있는 생활형 스포츠로, 단순한 운동을 넘어 건강, 정서적 안정, 사회적 관계라는 다차원적 가치를 제공하고 있다. 이러한 특성은 일반적인 스포츠마케팅 전략과는 차별화된 접근을 필요로 하며, 특히 소비자 몰입(engagement) 이론을 적용할 때 그 마케팅적 함의가 더욱 분명해진다.

파크골프의 마케팅적 시사점은 다음과 같은 몇 가지 측면에서 설명할 수 있다.

1) 정서 중심 메시지 설계의 중요성

파크골프 참여자 다수는 경쟁보다 정서적 만족과 관계적 안정을 추구한다. 따라서 이들에게는 기능 중심의 광고보다 공감 기반의 감성 마케팅 메시지가 더 강한 반응을 일으킨다.

예컨대, "건강보다 소중한 건 함께 걷는 사람입니다", "인생 2막, 파크골프에서 다시 만나다"와 같은 메시지는 고령자 소비자의 정서적 몰입을 유도하는 데 효과적이다.

정서적 가치를 중심으로 스토리텔링을 구성하고, 경험 공유, 기억 회상, 소속감 강조 등의 전략을 활용하는 것이 중요하다.

2) 지역 밀착형 마케팅의 효과성

파크골프는 대부분 지역 기반의 커뮤니티 활동으로 이루어진다. 따라서 전국 단위의 대규모 마케팅보다, 지자체·복지기관·로컬 미디어·소상공인 등과 연계한 지역 맞춤형 마케팅이 더욱 현실적이고 효과적이다.

예를 들어, 지역 축제와 연계된 파크골프 대회, 복지관과 협력한 체험 프로그램, 지역 기업의 소규모 후원 행사 등은 소비자의 실질적 참여와 긍정적 인식을 이끌어낼 수 있다. 이는 단순한 홍보를 넘어서 지역 사회 속 브랜드 신뢰 구축으로 이어진다.

3) 공동체 기반 콘텐츠 전략의 필요성

파크골프의 몰입은 개인적 활동보다 사회적 관계 안에서의 참여에서 비롯된다. 이에 따라 마케팅 전략은 단순한 기능성 정보 제공보다는, 공동체 경험을 중심으로 한 콘텐츠 설계가 핵심이 된다.

사례로는 다음과 같은 콘텐츠 전략이 있다.

- "우리 동네 파크골프 이야기" – 회원들의 인터뷰 콘텐츠
- "세대가 함께하는 파크골프 대회" – 가족 중심 홍보 이벤트
- "내가 처음 파크골프를 시작한 날" – 회상형 영상 콘텐츠

이러한 콘텐츠는 정서적 공감과 공유 욕구를 동시에 자극하며, 소비자가 마케팅 대상이자 참여 주체로서 인식되는 구조를 형성한다.

4) 기업과의 협력 시 CSR 및 브랜드 스토리 강조

파크골프는 공공시설 중심으로 운영되기 때문에 기업이 마케팅에 참여할 때에는 단순 광고보다 사회공헌 이미지 구축(CSR)과 지역 연계성을 강조하는 것이 필요하다. 예컨대, "○○제약이 함께하는 시니어 웰빙 파크골프 교실"과 같은 방식은 소비자에게 브랜드의 따뜻한 이미지와 신뢰를 심어줄 수 있다.

또한, 기업의 브랜드 스토리를 소비자 경험과 연결하여 브랜드 감성 스토리텔링으로 확장하는 전략도 유효하다. 파크골프 참여자 중 일부는 자녀나 손주에게 관련 상품을 선물하거나, 활동 사진을 공유하기도 하며, 이와 같은 연쇄 소비는 감성적 신뢰를 기반으로 이뤄진다.

5) 디지털 채널 활용 시 고령층 특성 고려

파크골프의 주요 소비자층은 고령층이지만, 스마트폰과 SNS를 일정 수준 활용할 수 있는 '액티브 시니어'가 많아지고 있다. 이에 따라 카카오톡 채널, 유튜브, 네이버 카페 등 친숙한 플랫폼을 활용한 콘텐츠 전략이 필요하다.

단, 이때 중요한 점은 접근성과 친절한 설명 중심의 콘텐츠 구성이다. 지나치게 빠르고 복잡한 시각효과보다는 따뜻한 영상, 천천히 진행되는 설명, 실제 참여자 인터뷰 등 실감형 콘텐츠가 호응을 얻는다. 또한 댓글, 후기, 추천 기능 등을 통해 참여자가 '보는 소비자'에서 '말하는 소비자'로 전환될 수 있도록 유도해야 한다.

※ 요약정리

항목	내용
스포츠 소비자 특성	감정 중심 소비자, 능동적 참여자, 사회적 관계 지향, 높은 충성도, 비합리적 소비 행태를 보이는 참여형 소비자
의사결정 과정	① 문제 인식 → ② 정보 탐색 → ③ 대안 평가 → ④ 참여 행동 → ⑤ 사후 평가 및 관계 형성
몰입 개념	소비자가 스포츠에 대해 정서적으로 애착을 느끼고, 인지적으로 관심을 가지며, 행동으로 참여하는 심층적 참여 상태
몰입 3요소	▶ 정서적 몰입: 즐거움, 애정, 감동 ▶ 인지적 몰입: 정보 탐색, 관심, 학습 ▶ 행동적 몰입: 정기적 참여, 구매, 커뮤니티 활동
파크골프 소비자 특성	성과보다 정서적 만족 중시, 정기적 참여, 공동체 중심 활동, 지인 추천에 의존, 경험 자체가 소비의 핵심 요소
마케팅적 시사점	감성적 메시지, 지역 밀착형 전략, 공동체 콘텐츠 중심 접근, CSR 기반 협력, 고령층 친화적 디지털 콘텐츠 활용 필요

함께 생각해 봅시다

1. 파크골프 마케팅은 제품 중심보다 감성 중심이어야 한다는 주장에 동의하는가?
2. 파크골프의 지역 밀착 특성은 지역경제 및 커뮤니티 마케팅에 어떻게 기여할 수 있는가?
3. 고령층을 위한 스포츠 마케팅에서 디지털 콘텐츠는 얼마나 효과적일 수 있는가?
4. 기업의 CSR 전략이 파크골프와 결합될 때 어떤 상호 이익이 가능한가?
5. 파크골프 마케팅은 단순 참여 확대를 넘어서 '삶의 질 향상'이라는 메시지를 어떻게 전달해야 하는가?

📖 참고문헌

Mullin, B. J., Hardy, S., & Sutton, W. A. (2014). Sport Marketing (4th Ed.). Human Kinetics.

김영진, 박태수 (2022). "생활체육으로서 파크골프의 마케팅 전략에 관한 연구." 스포츠산업과 정책, 19(3), 87-103.

송현우, 이지은 (2023). "고령자 대상 감성마케팅이 스포츠 참여에 미치는 영향." 스포츠과학연구, 30(2), 59-74.

김은하 외 (2021). "지역사회 기반 커뮤니티 스포츠 마케팅 전략: 파크골프 사례를 중심으로." 지역문화연구, 14(4), 33-50.

Kotler, P., & Keller, K. L. (2020). Marketing Management (15th Ed.). Pearson Education.

대한체육회 (2023). 생활체육 참여자 분석 및 마케팅 전략 제안 보고서.

제5강
파크골프 소비자 분석

제1절 소비자 세분화 전략

스포츠 마케팅에서 효과적인 전략 수립을 위해 가장 먼저 고려해야 할 요소는 소비자의 다양성과 차이를 인식하고, 그에 맞는 맞춤형 접근을 설정하는 것이다. 이때 활용되는 기본 전략이 바로 소비자 세분화(segmentation)이다. 파크골프와 같은 생활체육 종목의 마케팅에서도 소비자 세분화는 매우 중요한 기초 작업이며, 이는 참여자의 연령, 참여 동기, 생활 패턴, 가치관 등이 매우 다양하게 나타나기 때문이다.

소비자 세분화 전략이란 전체 시장을 일정한 기준에 따라 여러 하위 집단(세그먼트)으로 나누고, 각 집단의 특성에 맞게 차별화된 마케팅 활동을 전개하는 전략이다. 즉, '모든 사람에게 똑같이' 접근하는 방식이 아니라, '누구에게 무엇을 어떻게' 제공할 것인가를 결정하는 과정이 바로 세분화 전략의 핵심이다.

파크골프 소비자 세분화 전략	
고령층 활동적인 여가시간을 선호하는 고령층 GreenSwing	**가족**
관광객 지역 명소나 액티비티에 관심이 있는 관광객	**직장인** 퇴근 후 가벼운 활동을 원하는 직장인

1. 파크골프 시장에서 세분화 전략의 필요성

파크골프는 일반적으로 '고령자 스포츠'로 인식되지만, 실제 참여자들을 자세히 들여다보면 연령대, 참여 목적, 기술 수준, 사회적 배경 등에서 다양한 특성이 존재한다. 일부는 건강 유지를 위해, 다른 일부는 외로움 해소를 위해, 또 어떤 참여자는 경쟁을 즐기기 위해 파크골프를 찾는다.

이처럼 균질하지 않은 소비자 집단에 대해 단일한 메시지나 마케팅 전략을 사용하는 것은 효과가 낮고 자원 낭비로 이어질 수 있다. 반면, 세분화된 소비자 집단의 요구와 특성을 명확히 파악하고 이에 맞는 콘텐츠, 프로그램, 커뮤니케이션을 제공하면 마케팅 효율성과 고객 만족도를 동시에 높일 수 있다.

2. 세분화 전략의 종류

파크골프는 생활체육으로서의 접근성과 운동 난이도의 균형, 그리고 세대 간 소통이라는 정서적 가치를 동시에 제공하는 스포츠로 매우 다양한 소비자층을 포괄할 수 있는 특성을 지니고 있다.

하지만 마케팅 관점에서는 모든 소비자를 일률적으로 대하는 것보다는 특성에 따라 세분화(Segmentation)하고, 각 세그먼트에 적합한 전략을 구사하는 것이 훨씬 효과적이다.

2.1. 인구통계적 기준에 따른 세분화

가장 전통적이고 보편적인 세분화 방식은 인구통계학적 변수(demographic variables) 활용하는 것이다.

파크골프에서는 특히 연령, 성별, 직업, 소득 수준, 가족 구성 등이 중요한 기준이 된다. 예를 들어, 60대 이상의 고령층은 은퇴 이후 건강을 위한 운동과 여가 생활을 중시하며, 간 여유가 상대적으로 많고, 규칙적인 활동에 높은 선호를 보인다. 이들 세그먼트는 '정기 강습', '친목 대회', '건강 프로그램 연계 서비스'에 높은 관심을 보인다.

반면, 30~40대 중년층은 가족과 함께하는 여가 활동, 스트레스 해소형 운동, 또는 워라밸(Work & Life Balance)을 중시하는 소비자층으로, '주말 가족 라운드 프로그램', '부부 라운드 할인', '패밀리 대회' 같은 맞춤형 콘텐츠를 제공할 수 있다.

여성 고객의 경우, '운동 강도는 낮지만 성취감을 느낄 수 있는 스포츠'라는 파크골프의 특성이 긍정적으로 작용하며, 성 전용 클래스, 스타일리시한 장비·의류, 커뮤니티 중심의 SNS 마케팅 등을 통해 접근할 수 있다.

2.2. 심리적 기준에 따른 세분화

심리적 세분화(psychographic segmentation)는 소비자의 라이프스타일, 성향, 가치관, 동기 등을 기준으로 시장을 나누는 방식이다.

파크골프는 단순 운동 그 이상으로 여가, 치유, 관계 형성의 수단으로 활용되기 때문에 이러한 심리적 요인이 소비자 행동에 강한 영향을 미친다.

예를 들어, '건강 유지'와 '질병 예방'을 중요시하는 소비자는 라운드 자체보다는 꾸준한 운동 루틴으로서 파크골프를 선택하며, 의료기관과 연계된 프로그램, 웨어러블 디바이스 연동 건강 모니터링 서비스 등에 관심을 가질 수 있다.

반대로, '사회적 교류'나 '친목 활동'을 중시하는 소비자는 동호회 중심 활동, 소규모 커뮤니티 모임, 라운드 후 티타임 등 사람들과의 상호작용이 자연스럽게 일어나는 콘텐츠에 더욱 반응할 수 있다.

또한, '성취 지향형 소비자'는 경기 성적, 기록, 장비 성능 등에 높은 관심을 가지므로 경쟁 중심의 대회, 개인 기록 측정 앱, 고급 장비 체험 서비스 등을 통해 공략할 수 있다. 심리적 세분화는 소비자의 보이지 않는 동기와 욕구를 파악하여 정서적으로 공감할 수 있는 마케팅 전략을 수립하는 데 핵심이 된다.

2.3. 행동적 기준에 따른 세분화

행동적 세분화(behavioral segmentation)는 소비자가 실제로 어떤 방식으로 제품 또는 서비스를 사용하는지를 기준으로 구분하는 방식이다. 이는 파크골프장 운영자 입장에서 이용 패턴, 빈도, 참여 목적, 브랜드 충성도 등을 분석하는 데 효과적이다.

예를 들어, '주 3회 이상 라운드하는 고빈도 이용자'는 파크골프장 수익의 핵심 고객이며, 이들을 위한 정기 멤버십, 라운드 우선 예약, 클럽하우스 전용 공간 제공 등을 통해 고객 로열티를 강화할 수 있다.

반면, '비정기적 이용자'는 체험 위주로 파크골프를 즐기며, 프로모션, 이벤트, 무료 초청 라운드 등의 유인 요소가 있어야 방문을 결정하게 된다. 또한, 경기력 향상을 중요시하는 이용자는 강습 프로그램, 개인 피드백 앱, 경기 분석 콘텐츠 등에 관심을 보이며, 단순 레저형 이용자는 시설의 쾌적성, 접근성, 서비스 친절도 등을 중요시하는 경향이 있다.

이러한 행동 기반 데이터는 실시간 예약 시스템, 고객관리 소프트웨어, 모바일 앱 등을 통해 수집할 수 있으며, 정밀한 타깃 마케팅과 맞춤 서비스 제공의 핵심 자원이 된다.

2.4. 지리적·지역사회 기반 세분화

지리적 세분화(geographic segmentation)는 비자의 거주 지역, 생활권, 지역 커뮤니티 소속 등을 기준으로 구분하는 방식이다. 파크골프는 생활권 중심 스포츠이기 때문에, 지리적 요인이 매우 강하게 작용한다.

예를 들어, 도시 외곽이나 중소도시의 고령자 밀집 지역에서는 '노인복지센터 연계형 파크골프 프로그램'이 효과적이고, 도심 거주 직장인을 위한 경우에는 '주말 집중형 프로그램', '도심 속 힐링 라운드 패키지'가 적합하다.

또한, 지역 축제, 전통시장, 관광지와 연계된 파크골프 프로그램은 해당 지역 주민뿐만 아니라 관광객까지 포섭하는 복합적 세분화 전략으로 확장 가능하다.

이와 함께, 지역별 소비자 특성을 분석하여 마케팅 커뮤니케이션 스타일, 홍보 채널, 할인 정책을 차별화하면 지역밀착형 브랜드 이미지를 효과적으로 구축할 수 있다.

※ 요약정리

항목	내용
인구통계적 세분화	• 연령, 성별, 직업, 소득 등을 기준으로 분류 • 고령층은 건강·커뮤니티 중심, 중년층은 가족 여가 중심 • 여성 대상 전용 서비스 및 커뮤니티 마케팅 강화
심리적 세분화	• 건강 지향, 친목 중심, 성취 욕구 등 소비자의 심리적 동기별 분류 • 정서적 공감과 동기 맞춤형 콘텐츠(예: 커뮤니티 활동, 기록 경쟁 등) 제공
행동적 세분화	• 이용 빈도, 참여 목적, 충성도 등 실질적 행동 기준 분류 • 고빈도자에게는 멤버십, 비정기 이용자에게는 체험 이벤트 등 차별적 전략 제공
지리적· 지역사회 기반 세분화	• 거주 지역, 생활권, 지역 커뮤니티 등을 기준으로 구분 • 도심권·외곽권 소비자 특성 반영, 지역 연계형 프로그램 운영 및 지역밀착 마케팅 효과 기대

함께 생각해 봅시다

1. 파크골프 마케팅에서 인구통계적 세분화만으로는 충분하지 않은 이유는 무엇인가?
2. 심리적 세분화가 실제 마케팅 전략 수립에 미치는 영향은 어느 정도인가?
3. 고빈도 이용자와 비정기 체험자의 행동 특성은 어떻게 다르며, 마케팅 전략은 어떻게 달라야 하는가?
4. 지리적 세분화를 기반으로 한 지역 맞춤형 파크골프 운영 전략은 어떤 방식으로 실행할 수 있을까?
5. 파크골프 소비자 세분화 전략의 성패는 어떤 데이터 분석에 달려 있는가?

참고문헌

김재은, 이성민 (2022). 「생활체육 마케팅에서 소비자 세분화 전략의 적용 사례 연구」, 스포츠마케팅커뮤니케이션연구, 6(2), 55-74.

정다은, 박준수 (2021). 「고령자 스포츠 소비자 행동 분석: 파크골프 중심으로」, 고령사회체육학회지, 9(1), 33-52.

최윤정, 이병헌 (2023). 「심리적 세분화에 기반한 스포츠 참여자 유형 연구」, 스포츠사회학연구, 34(1), 91-108.

김도현, 박지영 (2022). 「지리적 요인을 고려한 지역스포츠 시설 운영 전략」, 지역사회체육학회지, 38(2), 64-83.

오수진, 문상철 (2023). 「행동기반 스포츠 이용자 분류와 마케팅 적용 사례」, 소비자행동연구, 40(3), 121-140.

Choi, S., & Lee, J. (2023). "Segmenting Community Sports Users: Behavioral and Psychographic Patterns." International Journal of Sport Marketing, 11(1), 18–36.

Park, H., & Kim, Y. (2022). "Geographic and Lifestyle-Based Segmentation for Sports Participation: A Case of Park Golf." Journal of Regional Sports and Wellness, 5(2), 45–60.

제2절 참여동기 및 이용행태 분석

1. 파크골프 참여 동기의 다층적 구조

파크골프 소비자의 참여 동기는 단순한 운동 욕구에서 비롯되기도 하지만, 복합적이고 개인화된 심리적 배경을 바탕으로 형성된다. 일반적으로 다음과 같은 동기들이 주요하게 작용한다:

1) 건강 유지 및 신체활동 욕구

파크골프는 걷기 중심의 저강도 스포츠로 심폐 기능 개선, 근육 유지, 관절 강화에 긍정적인 영향을 미친다. 특히 운동을 지속적으로 수행하기 어려운 고령층에게 적합한 형태로, 참여 동기 중 가장 보편적인 유형이다.

2) 정서적 안정과 스트레스 해소

은퇴 이후의 무료함, 가족관계의 변화, 사회적 고립 등으로 인해 심리적 불안정을 경험하는 중·장년층에게 파크골프는 감정 조절과 정서적 회복의 기회를 제공한다. 운동 자체보다 일상의 활력과 리듬을 되찾고자 하는 욕구가 중심이 된다.

3) 사회적 관계 형성과 사교 활동

많은 참여자들이 파크골프장에서 새로운 인간관계를 형성하거나, 기존 친구들과의 관계를 유지하기 위해 활동에 참여한다. 동호회, 팀 경기, 라운드 후 식사 등은 이들에게 중요한 사교의 장이며, 이는 참여 지속성에도 결정적인 영향을 미친다.

4) 성취감과 자기 효능감 향상

일부 참여자는 단순 여가를 넘어 실력 향상과 경쟁의 재미를 경험하고자 한다. 파크골프는 규칙이 단순하지만 기술적 완성도가 요구되며, 자신의 점수가 향상되는 과정을 통해 성취감과 자기 효능감을 얻을 수 있다. 이는 남성 참여자나 장기 참여자에게서 두드러진다.

5) 시간 활용과 여가 관리

자유 시간이 많은 은퇴 세대에게 파크골프는 규칙적인 일과를 만들어주는 역할을 하며, 시간을 의미 있게 활용하고자 하는 욕구와 연결된다. 특히 무료 또는 저비용으로 접근이 가능하다는 점은 경제적 부담이 큰 고령층에게 중요한 요인이 된다.

2. 파크골프 이용 행태의 주요 특징

파크골프 참여자들은 각자의 동기와 생활 조건에 따라 다양한 이용 행태를 보인다. 이들은 다음과 같은 측면에서 차이를 보이며, 이러한 데이터는 마케팅 전략 수립과 서비스 운영 방식 결정에 유용하다.

1) 참여 빈도

주 1~2회 정도 가볍게 즐기는 소비자부터 주 3~5회 이상 정기적으로 참여하는 고강도 이용자까지 다양한 참여 패턴이 존재한다. 이용 빈도는 만족도, 시설 인식, 입소문 영향력과도 밀접하게 연관된다.

2) 참여 시간대

오전 9시~11시, 오후 2시~5시 사이가 주 이용 시간대이며, 날씨와 계절에 따라 변동성이 있다. 이 정보를 기반으로 시간대별 맞춤 프로그램, 피크타임 운영 계획 등을 설계할 수 있다.

3) 이용 형태

① 개인플레이형 이용자

개인플레이형은 1인 혹은 1~2인의 소규모 동반자와 함께 자유롭게 운동을 즐기는 유형이다. 이들은 혼자만의 시간, 조용한 활동, 규칙적인 걷기 운동을 중요하게 생각하며, 특정 커뮤니티에 소속되기보다는 자율성과 일관된 생활 루틴을 중시한다.

이러한 이용자는 대부분 운동 자체에 대한 관심보다는 건강 유지와 기분 전환을 주요 목적으로 하며, 시설의 청결, 코스 품질, 접근성 등의 물리적 조건에 민감하다. 따라서 이들에게는 편안하고 안정적인 환경 제공, 안내 표지의 직관성, 혼자서도 쉽게 이용할 수 있는 코스 안내가 마케팅 포인트가 된다.

② 동호회형(커뮤니티형) 이용자

이 유형은 정기적으로 모이는 소규모 또는 중규모의 파크골프 동호회에 소속되어 활동하는 소비자들이다. 정해진 요일에 정기 라운드를 하고, 자체 대회를 열거나, 명절·기념일 등에는 친목 행사를 진행하는 등 공동체 중심의 참여 행태를 보인다.

이들은 파크골프를 통해 단순한 운동 이상의 것을 얻는다. 사회적 유대감, 공동체 소속감, 자아 역할의 회복 등 심리적·사회적 가치가 중요한 참여 요인이다. 마케팅 전략 측면에서는 이들에게 단체 예약 지원, 팀 경기 운영, 커뮤니티 게시판, 단체 기념품 제공 등의 맞춤형 서비스가 효과적이다.

③ 체험형·프로그램형 이용자

이 유형은 입문자, 비정기 참여자, 지역 프로그램 참가자 등 비교적 일회성 또는 중단기적으로 파크골프를 경험하는 소비자들이다. 시·군청, 복지관, 주민센터 등에서 운영하는 강습 프로그램, 체험 행사, 무료 교실 등을 통해 유입되는 경우가 많다.

이들은 아직 파크골프에 대한 이해도가 낮고, 규칙이나 장비 사용에도 익숙하지 않기 때문에 친절한 안내, 교육 중심 콘텐츠, 적절한 난이도의 코스 구성이 중요하다. 또한 이러한 입문자들이 정기 이용자로 전환될 수 있도록 체험 후 할인 혜택, 무료 장비 대여, 입문자 환영 캠페인 등의 전환 마케팅이 필요하다.

④ 대회 참여형(경쟁 중심) 이용자

파크골프를 하나의 기량 향상과 성취 욕구 충족의 수단으로 여기는 소비자 유형도 존재한다. 이들은 기술 연마에 높은 관심을 가지고 있으며, 지역 리그전, 단체 대항전, 클럽 랭킹제 등 경쟁 중심의 콘텐츠에 적극적으로 참여한다. 주로 남성 고령층이나 스포츠에 대한 몰입도가 높은 중장년층에서 자주 나타난다.

이 유형의 소비자는 연습 코스, 성적 관리 시스템, 개인별 기록 관리, 기술 교육 프로그램 등에 민감하게 반응하며, 성과에 대한 인정을 중요시한다. 마케팅 측면에서는 랭킹제 도입, 승급 인증제, 포인트 리워드와 같은 게이미피케이션 요소를 도입한 전략이 효과적이다.

4) 시설 이용 만족도와 행동 반응

이용자의 행동은 시설의 품질, 접근성, 운영자의 친절도, 주변 환경 등 서비스 경험의 질에 따라 크게 달라진다. 만족도가 높을수록 구전(입소문), 재방문, 주변인 추천 등 행동적 반응이 긍정적으로 나타나며, 이는 마케팅 파급 효과를 강화하는 요소가 된다.

3. 파크골프 참여자 유형별 특징

파크골프 참여자는 겉으로 보기에는 모두 유사한 고령자 소비자 집단처럼 보일 수 있으나, 실제로는 참여 목적, 성향, 행동 방식, 기대 가치에 따라 서로 다른 유형으로 나뉜다. 이 같은 유형별 분석은 맞춤형 마케팅 전략 수립과 차별화된 프로그램 기획에 중요한 기반이 된다. 일반적으로 파크골프 참여자는 다음과 같은 네 가지 유형으로 분류할 수 있다.

1) 건강 지향형

이 유형의 참여자는 파크골프를 규칙적인 신체 활동으로 인식하며, 혈압 조절, 당뇨 관리, 무리 없는 운동을 위해 참여한다. 신체적 기능 유지와 가벼운 유산소 운동 효과를 기대하며, 운동 강도가 낮고 걷기 중심이라는 특성 때문에 파크골프를 선호한다. 이들은 시설의 안전성, 코스 평탄도, 의료 접근성 등에 민감하며, 매주 일정한 리듬으로 운동을 유지하려는 경향이 강하다.

2) 사교 중심형

사교 중심형은 친목 도모와 사회적 관계 유지를 파크골프 참여의 핵심 이유로 삼는다. 이들은 운동보다는 사람을 만나고 이야기 나누는 과정에서 즐거움을 느끼며, 파크골프를 '만남의 장' 또는 '소통의 공간'으로 활용한다. 커뮤니티 활동, 동호회 행사, 기념일 모임 등이 중요하며, 분위기, 구성원 간 유대감, 공동체 운영방식에 큰 영향을 받는다.

3) 자기도전형

이 유형은 파크골프를 단순한 여가나 사교 활동이 아니라, 개인의 기술을 향상하고 성취감을 얻는 수단으로 받아들인다. 점수 향상, 대회 참가, 랭킹 등록 등의 과정에 몰입하며, 연습량, 장비, 경기 전략에 관심이 많다. 이들은 경쟁적 요소가 포함된 마케팅(예: 개인 기록 관리, 랭킹제, 포인트 보상제)에 긍정적으로 반응하며, 동기 유발에 강한 영향을 받는다.

4) 체험 입문형

체험 입문형은 대부분 지자체 프로그램, 복지관 체험 교실, 친구 권유 등을 통해 파크골프에 입문한 소비자들이다. 이들은 아직 파크골프에 대한 이해가 낮고, 이용 방식, 장비 사용법 등에 익숙하지 않아 교육 콘텐츠와 체험 중심 운영이 필요하다. 초기 만족도가 향후 참여 지속 여부에 큰 영향을 미치므로, 친절한 안내, 진입장벽 제거, 초보자 환영 분위기 조성이 매우 중요하다.

이러한 유형 분류는 파크골프 참여자의 행동 이해를 넘어, 각 유형에 맞는 마케팅 메시지, 서비스 유형, 커뮤니케이션 방식을 설계하는 기초 자료가 된다.

4. 정보 탐색 경로 및 커뮤니케이션 방식의 차이 (설명식 서술)

파크골프 참여자들은 정보를 획득하고 소통하는 방식에서도 연령, 디지털 역량, 사회적 연결망에 따라 뚜렷한 차이를 보인다. 이러한 정보 탐색 경로와 커뮤니케이션 특성을 이해하는 것은, 마케팅 메시지의 전달 경로를 최적화하고, 참여 전환율을 높이는 핵심 전략 요소가 된다.

1) 구전(입소문) 기반 탐색

파크골프 소비자에게 가장 영향력 있는 정보 경로는 여전히 지인 추천, 동호회 내부 소문, 주변인의 체험담이다. 이들은 비공식적이지만 신뢰도가 높고 설득력이 강하다. 특히 '누가 함께 하자고 했는가', '그 사람이 얼마나 자주 가는가'가 참여 여부에 직접적 영향을 준다. 따라서 마케팅에서도 스토리 중심 후기, 인터뷰 콘텐츠, 경험 공유 캠페인 등이 효과적이다.

2) 오프라인 커뮤니케이션 의존

고령층 파크골프 참여자의 상당수는 전통적인 오프라인 채널을 여전히 주요 정보 경로로 사용한다. 복지관 게시판, 공공기관 전단지, 마을 회관 안내문 등은 직관적이고 접근성이 높아 선호된다. 이 경우에는 큰 글씨, 따뜻한 문구, 사진 중심의 직관적 디자인이 효과를 높인다. 또한 시설 근처 커뮤니티 공간에 정보 거점을 설치하는 것도 유용한 전략이다.

3) 디지털 기반 정보 활용의 증가

최근에는 카카오톡 채널, 유튜브, 지역 커뮤니티 앱(밴드, 네이버카페) 등을 활용하는 액티브 시니어 소비자들도 점차 증가하고 있다. 이들은 강습 영상, 경기 장면 클립, 장비 사용법 소개 영상에 특히 관심이 많다. 다만 디지털 접근성의 격차를 고려하여, '설명형 콘텐츠', '느린 속도', '간단한 조작법'을 기반으로 한 고령자 친화적 콘텐츠 구성이 요구된다.

4) 복합 채널 전략 필요

한 가지 채널만으로는 다양한 소비자에게 도달하기 어렵다. 따라서 오프라인(전단, 행사, 인맥)과 온라인(SNS, 유튜브, 모바일 앱)을 함께 활용하는 이중 채널 전략이 중요하다. 예를 들어, 지역 복지관에서 받은 안내문에 QR코드로 체험 영상 연결을 제공하거나, 오프라인 행사 이후 카카오톡 채널로 정기 소식 발송 등의 연계 방안이 유효하다.

※ 요약정리

구분	내용
참여동기의 구조	• 건강 유지: 저강도 유산소 운동 • 정서적 안정: 활력 회복, 외로움 해소 • 사교 활동: 관계 형성, 공동체 소속 • 성취감: 점수 향상, 도전 • 시간 활용: 은퇴자 여가 관리
이용행태의 특징	• 참여 빈도: 주 1회~매일 • 시간대: 오전·오후 피크타임 존재 • 이용 유형: 개인형, 동호회형, 체험형, 대회형 • 만족도 영향: 시설 접근성, 친절도, 코스 구성 등
참여자 유형별 특징	• 건강 지향형: 신체 기능 유지 목적 • 사교 중심형: 소통과 관계 유지 중심 • 자기도전형: 기술 연마와 경쟁 추구 • 체험 입문형: 무료 프로그램 통해 유입
정보탐색 및 커뮤니케이션	• 구전 중심: 지인 추천, 동호회 소문 • 오프라인 의존: 전단, 복지관 안내문 • 디지털 활용 증가: 카카오톡, 유튜브 등 • 전략 제언: 온·오프라인 통합 채널 운영 필요

함께 생각해 봅시다

1. 파크골프 참여자의 '정서적 동기'는 단순 운동 목적보다 마케팅 전략에 더 강한 영향을 미치는가?
2. 동호회 중심 소비자와 개인형 소비자에게 각각 어떤 서비스 차별화가 필요한가?
3. '체험 입문형' 소비자를 장기 충성 고객으로 전환하기 위한 마케팅 방안은 무엇인가?
4. 구전(입소문) 중심 정보 탐색은 디지털 홍보보다 효과적인가?
5. 파크골프 소비자 유형에 따라 어떤 커뮤니케이션 채널이 가장 효과적인가?

참고문헌

김영진, 박태수 (2022). "생활체육으로서 파크골프의 마케팅 전략에 관한 연구." 스포츠산업과 정책, 19(3), 87-103.

대한체육회 (2023). 생활체육 참여자 특성 분석 및 마케팅 적용 보고서.

송현우, 이지은 (2023). "고령자 여가 스포츠 참여동기 분석: 파크골프 중심." 여가복지연구, 21(1), 55-72.

Funk, D. C. (2008). Consumer Behaviour in Sport and Events: Marketing Action. Routledge.

Kotler, P., & Keller, K. L. (2020). Marketing Management (15th Ed.). Pearson Education.

박철민 외 (2021). "스포츠 소비자 세분화 전략 연구." 한국스포츠경영학회지, 26(2), 35-51.

제3절 파크골프 이용자의 만족도 및 요구 분석

파크골프는 중장년층과 고령층의 대표적인 생활체육 종목으로 자리 잡았으며, 점차적으로 그 참여 인구가 확대되고 있다. 그러나 단순히 이용자 수의 증가만으로는 파크골프 서비스의 질적 성장을 담보할 수 없다. 실제 현장에서의 이용자 만족도와 개선 요구 사항을 체계적으로 분석하고 반영하는 것은, 파크골프 시설 운영자와 지자체, 관련 단체들이 지속 가능한 서비스 전략과 수요자 중심의 마케팅 활동을 설계하는 데 핵심적인 역할을 한다.

파크골프 이용자의 만족도는 해당 서비스를 단발적으로 이용할 것인지, 지속적으로 재방문하며 주변 사람에게 추천할 것인지 등을 결정짓는 중요한 요소이다. 아울러 이용자가 현장에서 경험한 불편함이나 충족되지 않은 기대는 곧 '요구사항'이라는 형태로 드러나며, 이는 향후 개선의 방향성을 제시해 주는 매우 유용한 자료가 된다.

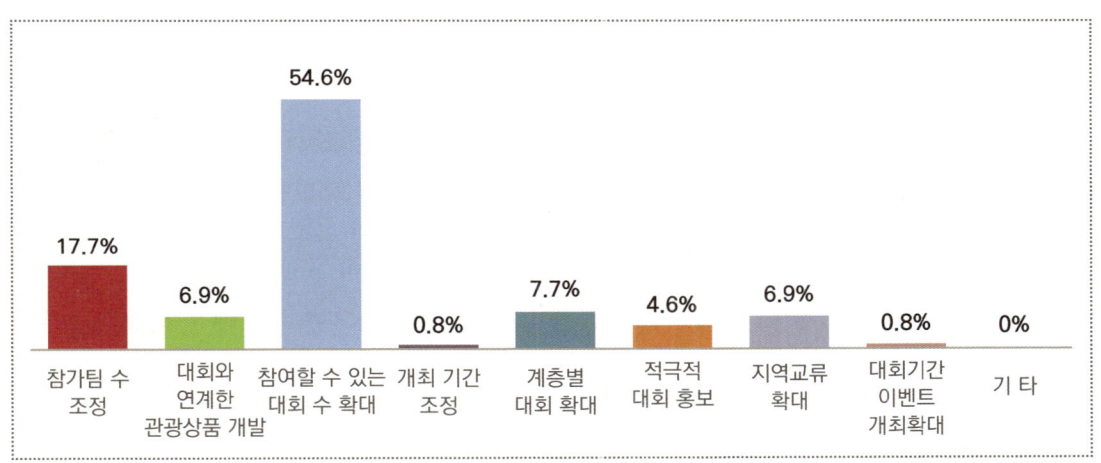

그림 24. 파크골프 이용자 만족도

1. 파크골프 이용자의 만족도 요인

이용자 만족도는 단순히 "운동하기 좋았다"는 인상을 넘어, 물리적 시설 환경, 서비스 품질, 정서적 경험, 사회적 교류의 만족도 등이 복합적으로 작용한 결과이다. 이를 구체적으로 분류하면 다음과 같다.

첫째, 시설과 환경에 대한 만족

파크골프 참여자들은 기본적으로 운동 공간의 안전성과 쾌적성을 중요시한다. 코스의 잔디 상태, 경사나 낙상 위험 여부, 벤치와 화장실 등 편의시설의 청결도는 이용자의 기본적인 만족도에 직결된다. 특히 고령자는 작은 불편도 참여 의욕에 영향을 미칠 수 있기 때문에, 이들의 입장에서 시설의 접근성과 환경의 안정성이 충분히 고려되어야 한다.

둘째, 운영 서비스에 대한 만족

이용자들은 관리자의 태도, 안내 방식, 이용 절차의 편리성 등 운영 서비스의 질적 요소에 민감하게 반응한다. 예약 방식이 복잡하거나 현장 대응이 미흡한 경우, 아무리 코스 환경이 우수하더라도 종합 만족도는 낮게 나타날 수 있다. 반대로 친절한 응대, 신속한 문제 해결, 이해하기 쉬운 공지 안내는 고령자 이용자에게 긍정적인 경험으로 남는다.

셋째, 사회적·정서적 경험에 대한 만족

파크골프는 단순한 스포츠가 아니라 심리적 안정과 사회적 교류의 장으로 작용하기 때문에, '누구와 함께 했는가', '어떤 분위기였는가'가 매우 중요한 만족 요인이 된다. 동호회 소속감, 소통의 즐거움, 운동을 통해 느끼는 활력 회복과 감정적 해소감 등은 정서적 가치로 작용하며, 장기적인 참여 지속성을 좌우한다.

2. 파크골프 이용자의 주요 요구 사항

만족 요소만큼 중요한 것이 이용자의 요구사항 분석이다. 만족은 과거 경험을 반영하지만, 요구는 미래의 기대와 불편의 표현이기 때문에 마케팅 전략과 운영 개선에 있어 사전 대응의 핵심이 된다. 파크골프 참여자들이 자주 제기하는 요구 사항은 다음과 같다.

첫째, 예약 및 이용 절차의 간소화

많은 고령자들은 복잡한 예약 방식이나 현장 대기 시스템에 부담을 느끼며, 이용의 장벽으로 인식하는 경우가 많다. 특히 디지털 기기 사용에 익숙하지 않은 이용자들은 간단한 전화 예약, 현장 접수 지원 인력, 명확한 시간표 안내 등 아날로그 기반의 절차를 선호한다.

둘째, 비용 부담에 대한 민감성

파크골프는 생활체육으로 자리 잡고 있지만, 일부 시설에서는 이용료, 장비 대여료, 프로그램 참가비 등이 고령자에게는 부담으로 작용할 수 있다. 특히 저소득층 고령자나 기초수급 대상자는 사회복지 차원에서 요금 감면 정책을 요구하고 있으며, 이는 공공적 가치 실현과 연결되는 영역이다.

셋째, 위급 상황 대응 및 현장 서비스 미비

코스 내 낙상, 장비 고장, 분실물 등의 문제에 대해 즉시 대응 체계가 부족하다는 지적도 있다. 일부 파크골프장에서는 운영 인력이 부족하거나, 응급 상황에 대한 매뉴얼이 부재한 경우가 많다. 고령자를 대상으로 한 스포츠에서는 신속한 응급대처 및 정보 전달 체계 구축이 필수적이다.

넷째, 초보자와 여성 이용자에 대한 배려 부족

초보자나 고령 여성 참여자의 경우 운동 강습이나 기본 안내 부족, 커뮤니티 진입 장벽으로 인해 위축감을 느끼는 경우가 있다. 이들은 '낯설고 어렵다', '환영받지 못한다'는 인식을 가지기 쉬우며, 강습 프로그램 확대, 안내 인력의 세분화, 초보자 전용 타임 운영 등의 개선이 요구된다.

다섯째, 커뮤니티 문화에 대한 개선 요구

일부 운영장에서는 폐쇄적인 동호회 문화, 과도한 서열 구조, 신규 이용자 배제 분위기 등이 나타나기도 한다. 이는 신규 참여자의 유입을 방해할 뿐 아니라, 파크골프 전체 이미지에도 부정적 영향을 줄 수 있다. 따라서 개방성과 환영 문화 조성, 커뮤니티 운영 기준 마련이 필요하다.

3. 파크골프 이용자의 참여 지속성에 영향을 주는 요인

파크골프 이용자가 서비스를 단순히 '한두 번' 이용하는 데 그치지 않고 장기적으로 반복 참여하며 생활 속 습관으로 정착하도록 만드는 요인은 마케팅 전략에서 매우 중요하다. 이를 참여 지속성의 관점에서 보면, 단순한 만족도를 넘어서 이용자의 심리적·사회적 연결감과 기대감이 복합적으로 작용하고 있음을 확인할 수 있다.

첫째, 개인화된 소속감 형성 여부

정기적으로 파크골프를 이용하는 참여자는 대부분 특정 동호회, 팀, 친구 그룹 등에 속해 있으며, 이를 통해 자신이 '누군가와 연결되어 있다'는 정체성을 강화한다. 이런 소속감은 단순한 사교를 넘어서 자기 존재감 회복, 사회적 자아 유지의 기능을 하며, 참여를 지속하게 하는 심리적 기반이 된다.

따라서 운영자와 마케터는 '자신의 자리'가 있다는 느낌을 강화하는 구조(예: 고정조 운영,

닉네임 제공, 팀 점수 기록 등)를 마련할 필요가 있다.

둘째, 긍정적 루틴 경험의 제공

파크골프는 고령자에게 있어 단순한 취미 활동을 넘어 삶의 일상적인 리듬을 형성해 주는 활동이다. 매주 특정 요일과 시간대에 정기적으로 같은 장소에서 운동을 하고, 함께 점심을 먹고, 이야기를 나누는 일련의 과정이 큰 심리적 안정과 정서적 위안이 된다.

이처럼 반복되는 일상 속 루틴이 정착되면, 이용자는 특별한 이유 없이도 파크골프장을 찾게 되며, 이는 마케팅적으로 브랜드 충성도 이상의 '일상 충성도'로 볼 수 있다. 이러한 루틴 경험을 강화하기 위해서는 고정 일정 알림, 참여자 이름 호명, 개별 기록 관리 등의 정서적 접점 관리가 필요하다.

4. 파크골프 이용자의 커뮤니티 문화 인식

파크골프는 혼자 즐기기보다는 함께 라운드를 돌고 이야기를 나누는 집단 참여 스포츠의 성격이 강하다. 이에 따라 소비자들은 단지 시설이나 프로그램을 평가하는 것을 넘어서, '누구와 함께 하느냐', '이 안의 분위기는 어떤가'와 같은 커뮤니티적 요소에 대해 민감하게 반응한다.

첫째, 커뮤니티의 개방성과 환영 분위기

많은 신규 이용자들은 기존 동호회나 팀 내에서 자신이 배척당하지 않을까, 실력이 부족하다고 지적받지 않을까 하는 불안감을 가지고 참여한다. 반대로, 첫 방문 시 이름을 불러주고, 친절히 규칙을 알려주며, 동반자로 편하게 받아주는 분위기는 즉각적인 신뢰와 호감을 형성하고, 다시 방문할 확률을 높인다.

커뮤니티가 폐쇄적일수록 신규 유입이 어려워지고, 내부 구성원만의 권력 구조가 강해질 경우 갈등이 발생할 수 있다. 따라서 "새로운 사람을 반기는 문화", "서열 없는 커뮤니티 운영"이 파크골프의 확산을 위해 필수적이다.

둘째, 커뮤니티 내 역할 분담과 참여 기회 제공

장기 이용자일수록 단순한 참여가 아니라 역할과 책임을 부여받는 형태의 참여를 원한다. 예를 들어 조 편성 담당, 경기 규칙 안내, 신입 회원 맞이 요원 등 작은 역할을 부여하면 이용자는 공동체의 일원으로서의 자부심을 느끼고, 자발적 홍보자 역할도 수행하게 된다.

운영자는 커뮤니티 구성원들의 활동 참여를 독려하고, 재능 기부 시스템, 자율 운영 위원회, 이용자 주도 프로그램 등의 구조를 통해 이용자가 서비스의 소비자를 넘어 '공동 기획자'로 성장할 수 있는 환경을 만들어야 한다.

※ 요약정리

구분	내용
이용자 만족도 요인	• 시설·환경: 코스 안전성, 접근성, 청결도 • 운영 서비스: 친절성, 예약 편의성, 안내의 정확성 • 정서적 만족: 소속감, 활력 회복, 성취감
주요 요구 사항	• 절차 간소화: 쉬운 예약, 대기 시간 축소 • 비용 부담 완화: 요금 감면 요청 • 응급 대응 부족: 낙상·장비 문제 등 대응체계 필요 • 초보자·여성 배려 부족
참여 지속성 요인	• 소속감 형성: 팀 소속, 공동활동, 자기 역할 부여 • 루틴화된 참여: 정기 시간대, 일상의 리듬화, 반복 습관 유도
커뮤니티 문화 인식	• 개방성: 신규 회원 환영, 서열 문화 해소 • 참여 기회: 공동 운영 참여, 역할 분담, 자발적 활동 유도

함께 생각해 봅시다

1. 파크골프의 소비자 만족도는 물리적 시설보다 정서적 만족에서 더 큰 영향을 받는가?
2. 파크골프 서비스에서 '초보자 환영 문화'는 왜 중요한가?
3. 고령자 스포츠에서 '참여의 루틴화'는 어떻게 충성도를 형성하는가?
4. 파크골프 커뮤니티의 서열 문화는 어떻게 개선할 수 있을까?
5. '공공체육시설'로서 파크골프장은 개인 중심이 아닌 공동체 중심으로 운영되어야 하는가?

📖 참고문헌

김영진, 박태수 (2022). "생활체육으로서 파크골프의 마케팅 전략에 관한 연구." 스포츠산업과 정책, 19(3), 87-103.

대한체육회 (2023). 생활체육 참여자 특성 및 만족도 분석 보고서.

송현우, 이지은 (2023). "파크골프 참여자의 만족도와 지속참여 의도에 관한 연구." 여가복지연구, 21(1), 55-72.

박현정, 김상혁 (2022). "커뮤니티 스포츠에서 참여자 소속감이 몰입과 행동의도에 미치는 영향." 스포츠심리학연구, 33(2), 109-127.

Funk, D. C. (2008). Consumer Behaviour in Sport and Events: Marketing Action. Routledge.

Kotler, P., & Keller, K. L. (2020). Marketing Management (15th Ed.). Pearson Education.

제6강
파크골프 마케팅 환경 분석

제1절 파크골프 마케팅 SWOT 분석

1. 파크골프의 강점(Strengths)

파크골프는 다른 스포츠 종목에 비해 비교적 진입장벽이 낮고, 접근성이 높으며, 사회적 기능이 강한 생활체육 종목이라는 점에서 뚜렷한 강점을 갖는다. 무엇보다도 고령자에게 최적화된 스포츠로서 다음과 같은 요소들이 강점으로 작용한다.

첫째, 파크골프는 신체에 부담이 적고 안전성이 높은 운동이다. 전신을 사용하는 운동이지만 고강도 스포츠가 아니기 때문에, 신체 기능이 저하된 고령자들도 쉽게 접근할 수 있다.

둘째, 초기 비용이 낮고 복잡한 장비가 필요하지 않다는 점도 강점이다. 일반 골프에 비해 공, 채, 장비가 단순하며, 연습 없이도 곧바로 게임이 가능해 누구나 쉽게 입문할 수 있다.

셋째, 파크골프장은 대부분 지방자치단체나 복지기관 중심으로 운영되는 공공시설이기 때문에 접근성이 좋고, 비용이 저렴하여 다양한 계층이 부담 없이 이용할 수 있다.

넷째, 운동 자체의 즐거움 외에도 사교적 기능이 강하다는 점은 고령자에게 중요한 가치다. 친구를 만나고, 함께 걷고, 식사를 나누며 일상 속 정서적 안정과 관계적 만족을 동시에 경험할 수 있다.

2. 파크골프의 약점(Weaknesses)

하지만 파크골프는 내적으로 다음과 같은 한계와 제약을 동시에 안고 있다. 이 약점들은 참여자 확대와 서비스 품질 향상에 있어 장기적으로 해결해야 할 과제이다.

첫째, 지역별로 시설의 질과 수급의 편차가 심하다. 일부 지역은 과도하게 혼잡하거나, 코스 관리가 미흡해 이용자 불만을 초래한다

둘째, 전문 인력의 부족 역시 큰 문제다. 체계적인 강습이 가능한 지도자나 프로그램 운영자가 부족하며, 이용자 지원이나 응급 상황 대응이 전문적이지 못한 경우가 많다.

셋째, 파크골프는 여전히 '노인 전용 스포츠'로 고정된 이미지를 갖고 있어, 중장년층 외 세대의 참여를 유도하기 어렵다. 이러한 세대 제한적 이미지가 시장 확장에 제약으로 작용한다.

넷째, 디지털 마케팅 역량이 부족하다. 대부분의 운영기관이 모바일 예약, SNS 홍보, 유튜브 콘텐츠 등 디지털 기반 홍보 전략에 소극적이며, 고령자의 디지털 접근성 역시 낮은 편이다.

3. 파크골프의 기회(Opportunities)

외부 환경의 변화는 파크골프에게 새로운 기회를 제공하고 있다. 이 기회 요인을 적절히 활용하면, 파크골프는 단순한 여가 스포츠를 넘어 복지, 지역경제, 관광, 건강관리와 연결된 종합 콘텐츠로 발전할 수 있다.

첫째, 대한민국은 고령화가 빠르게 진행 중이다. 이에 따라 건강한 노후 생활에 대한 사회적 수요가 높아지고 있으며, 파크골프는 이 요구에 부합하는 대표적인 활동이다.

둘째, 지자체와 정부의 정책 지원 확대는 인프라 확충에 도움이 되고 있다. 생활체육 확대, 고령자 건강 정책, 복지센터 운영 지원 등과 연계해 다양한 협업 모델을 구축할 수 있다.

셋째, 파크골프장은 지역 관광자원 및 커뮤니티 공간으로 확장 가능성이 크다. 지역 축제, 특산품 마케팅, 숙박 연계 관광 콘텐츠 등과 결합하여 지역경제 활성화의 수단이 될 수 있다.

넷째, 현대 사회의 웰빙·슬로라이프 가치관과 파크골프의 속성은 잘 어울린다. 경쟁보다는 여유, 혼자보다는 함께를 추구하는 시대적 흐름과 조화를 이루며 공감 기반 콘텐츠로 자리매김할 수 있다.

4. 파크골프의 위협(Threats)

외부 환경에는 기회만 있는 것이 아니라, 장기적인 성장을 저해할 수 있는 위협 요인도 함께 존재한다. 이를 인식하고 대비하는 것은 매우 중요하다.

첫째, 시설 과밀화와 이용자 충돌 문제가 심화되고 있다. 수요 증가에 비해 공급이 부족한

지역은 예약 갈등, 줄 서기, 대기 시간 증가 등의 문제를 낳는다.

둘째, 파크골프가 노인 중심 스포츠라는 고정관념이 지속된다면, 향후 세대 확대나 가족 단위 확산이 제한될 수 있다. 세대 간 통합이라는 사회적 가치에도 제약을 줄 수 있다.

셋째, 유사 스포츠 종목과의 참여자 확보 경쟁도 존재한다. 특히 게이트볼, 실버 체조, 실내 골프 시뮬레이터 등은 고령층에게 더 안전하거나 편리한 대안으로 인식될 수 있다.

넷째, 기후 및 환경 조건에 대한 의존성도 위협 요인이다. 야외 운동인 파크골프는 미세먼지, 폭염, 강풍 등 자연조건에 크게 좌우되며, 날씨가 나쁘면 참여율이 급감할 수 있다.

※ 요약정리

구분	내용
강점	• 신체 부담이 적고 안전한 저강도 스포츠 • 진입장벽이 낮고 비용이 저렴함 • 공공시설 기반으로 접근성이 높음 • 사교·정서적 만족이 큰 공동체형 운동
약점	• 고령 인구 증가와 건강 여가 수요 확대 • 정부 및 지자체의 정책 지원 증가 • 지역 관광 및 경제와 연계 가능성 • 웰빙·슬로라이프 트렌드 부합
위기	• 고령 인구 증가와 건강 여가 수요 확대 • 정부 및 지자체의 정책 지원 증가 • 지역 관광 및 경제와 연계 가능성 • 웰빙·슬로라이프 트렌드 부합
기회	• 시설 부족에 따른 과밀·대기 문제 • 노인 스포츠 이미지 고착화 위험 • 유사 스포츠와의 경쟁 심화 • 기후 변화에 따른 야외 활동 제약

함께 생각해 봅시다

1. 파크골프는 '노인 스포츠'라는 이미지를 어떻게 탈피할 수 있을까?
2. 파크골프의 가장 큰 기회 요인은 '고령화'인가, '웰빙 트렌드'인가?
3. 공공 중심 파크골프장 운영은 민간 참여 확대와 어떤 균형을 이뤄야 하는가?
4. SWOT 분석에서 도출된 약점을 극복하기 위한 현실적 대응 방안은 무엇인가?
5. 기후변화 및 자연재해에 대비한 파크골프장의 마케팅 및 운영 전략은 어떻게 설계할 수 있을까?

참고문헌

김영진, 박태수 (2022). "생활체육으로서 파크골프의 마케팅 전략에 관한 연구." 스포츠산업과 정책, 19(3), 87-103.

대한체육회 (2023). 전국 생활체육시설 실태조사 및 SWOT 분석 보고서.

박철민 외 (2021). "SWOT 분석을 활용한 스포츠 참여 확산 전략 연구." 한국스포츠경영학회지, 26(2), 35-52.

Kotler, P., & Keller, K. L. (2020). Marketing Management (15th Ed.). Pearson Education.

Armstrong, G., & Kotler, P. (2022). Marketing: An Introduction (14th Ed.). Pearson.

윤성훈, 정유리 (2023). "지방자치단체 파크골프 시설 확충 전략에 관한 정책적 시사점." 지역체육정책연구, 18(1), 15-33

송현우, 이지은 (2023). "고령자 스포츠 참여에 영향을 미치는 외부 환경 요인에 대한 분석." 노인복지연구, 25(1), 101-118.

제2절 파크골프 PEST 분석(정치, 경제, 사회, 기술 환경)

1. 정치적 환경 (Political)

파크골프의 확산은 지방자치단체와 중앙정부의 정책적 의지와 밀접한 관련이 있다. 대부분의 파크골프장은 공공체육시설로 설치되며, 행정기관의 예산 지원과 인프라 제공이 기반이 된다. 특히 고령화 사회를 맞이한 현재, 정부는 고령자 건강관리와 여가활동을 적극 장려하고 있으며, 이를 위해 생활체육 확대, 복지시설과의 연계, 지도자 양성 등 다양한 정책적 지원을 펼치고 있다. 이러한 정책 흐름은 파크골프장 확충, 프로그램 운영, 대회 개최 등 파크골프 전반의 활성화에 긍정적으로 작용한다.

또한 고령자의 사회참여 확대를 위한 공공 일자리 정책과도 연결될 수 있어, 파크골프장은 단순한 체육공간을 넘어 노인복지와 연결된 융합 공간으로 진화하고 있다. 정치적 환경은 결국 파크골프의 공공성과 사회적 역할을 강화하는 방향으로 작용하고 있으며, 마케팅 전략 역시 행정기관과의 협력체계를 포함한 방향으로 설계되어야 한다.

2. 경제적 환경 (Economic)

파크골프는 경제적 진입장벽이 낮은 스포츠로서 고령자층에게 적합한 구조를 갖고 있다. 일반 골프에 비해 초기 비용이 매우 낮고, 공공시설이 다수를 차지하기 때문에 이용 요금이 저렴하고 지속적 참여가 가능하다는 점은 큰 장점이다.

또한 파크골프는 지역경제 측면에서도 의미 있는 기여를 하고 있다. 파크골프장을 중심으로 식당, 소매점, 카페 등 주변 상권의 이용률이 증가하며, 소규모이지만 지속적인 경제 순환을 만들어내고 있다. 일부 지자체에서는 파크골프장과 지역 축제, 농촌 관광, 숙박업을 연계해 지역 활성화 전략의 핵심으로 삼고 있다.

이와 더불어 파크골프는 노인 일자리 창출의 기회로도 주목받고 있다. 코스 관리, 초보자 안내, 행정 보조 등 시니어 대상 직무는 고령자의 사회 참여와 소득 보완 효과를 동시에 얻을 수 있는 경제적 가치로 평가된다. 즉, 파크골프는 개인의 경제 부담은 낮지만 지역과 사회에는 경제적 선순환 구조를 창출할 수 있는 스포츠로 자리매김하고 있다.

3. 사회적 환경 (Social)

파크골프의 성공적 확산은 사회 문화적 환경 변화와도 밀접하게 연결되어 있다. 고령화, 1인 가구 증가, 정서적 고립 심화 등은 고령자의 삶의 질을 위협하는 주요 요인인데, 파크골프는 이를 완화시켜 주는 수단으로 기능한다.

고령자들은 파크골프를 통해 일상의 즐거움을 찾고, 사회적 관계를 유지하며, 정서적 안정과 활력을 얻는다. 동호회 중심의 커뮤니티 활동은 참여자에게 소속감과 자존감을 제공하며, 이는 단순 여가를 넘어 심리적 건강 증진의 수단이 된다.

또한 파크골프는 가족 단위, 세대 통합형 스포츠로 발전할 가능성도 있다. 손주와 할아버지가 함께 라운드를 돌 수 있는 스포츠는 매우 드물며, 파크골프는 그 가능성을 갖춘 몇 안 되는 종목이다. 현대사회에서 강조되는 '웰빙(Well-being)', '슬로 라이프(Slow Life)', '함께의 가치'와도 맞닿아 있는 파크골프는 사회통합적 스포츠 모델로서 더욱 주목받고 있다.

4. 기술적 환경 (Technological)

파크골프는 전통적으로 기술 기반이 강한 스포츠는 아니지만, 최근에는 디지털 기술과의 접목 가능성이 점차 확대되고 있다. 특히 운영 편의성 향상, 소비자 경험 개선, 홍보 채널 다변화를 위해 기술 활용은 필수적으로 고려되어야 한다.

일부 지역에서는 모바일 예약 시스템, QR코드 출석체크, 간편 결제 기능 등을 도입하여 운영 효율을 높이고 있으며, 유튜브를 통한 강습 영상 제공, SNS를 통한 행사 홍보 등도 점차 활성화되고 있다.

또한 고령자 친화형 디지털 키오스크, 음성 안내 기능, 글씨 확대 기능 등은 실제 현장에서의 편의성을 높이는 데 기여하고 있다.

향후에는 GPS 기반 점수 기록 시스템, 개인 기록 저장 및 분석 기능, 가상 라운드 체험 등의 디지털 솔루션이 접목되어, 파크골프의 참여 동기 강화 및 세대 확장에도 도움이 될 수 있다. 이러한 기술적 요소는 파크골프가 변화하는 시대 흐름에 적응하고 스포츠로서의 경쟁력을 유지하는 데 있어 중요한 자원이 된다.

※ 요약정리

구분	내용
정치적	• 정부·지자체의 고령자 복지 및 생활체육 확대 정책 • 파크골프장 설치 및 운영에 대한 정책적 예산 지원 • 공공성 중심 마케팅 및 행정 협력 구조 필요
경제적	• 저비용 고효율 스포츠로 고령자 경제력에 적합 • 지역경제 순환 효과 및 노인 일자리 창출 기회 • 지자체별 재정력 차이에 따른 시설 불균형 고려 필요
사회적	• 고령화 사회에서 정서적 안정, 공동체 활동 욕구 확대 • 동호회 중심 참여로 소속감 형성 • 세대 간 통합형 스포츠로 발전 가능성 있음
기술적	• 모바일 예약, 키오스크, QR 체크인 등 운영 효율화 • 디지털 콘텐츠(강의, 행사 홍보) 활용 가능 • 고령자 친화형 앱 및 점수 기록 시스템 개발 여지 존재

함께 생각해 봅시다

1. 공공체육시설로서의 파크골프는 정치적 지원 없이도 지속 가능한가?
2. 파크골프의 경제적 가치는 개인의 건강관리 외에 어떤 측면에서 발휘되는가?
3. 현대사회에서 파크골프는 여가 스포츠를 넘어선 사회통합 수단이 될 수 있는가?
4. 고령자를 위한 파크골프의 디지털 전환은 어떻게 실현 가능한가?
5. 고령자 중심의 파크골프는 향후 기술 기반 마케팅 전략을 수용할 준비가 되어 있는가?

📖 참고문헌

김영진, 박태수 (2022). "생활체육으로서 파크골프의 마케팅 전략에 관한 연구." 스포츠산업과 정책, 19(3), 87-103.

대한체육회 (2023). 2023 생활체육 참여 실태 및 정책 환경 분석 보고서.

Kotler, P., & Keller, K. L. (2020). Marketing Management (15th Ed.). Pearson Education.

Armstrong, G., & Kotler, P. (2022). Marketing: An Introduction (14th Ed.). Pearson.

이승훈, 김정혜 (2022). "고령자 여가활동과 디지털 격차: PEST 관점에서의 해석." 고령사회복지연구, 17(2), 45-67.

이수영 외 (2021). "스포츠 산업 환경 변화와 기술 융합 가능성 분석." 한국스포츠산업학회지, 28(1), 29-48.

문정원, 박성욱 (2023). "고령친화 스포츠시설 운영에 대한 기술 수용성 분석." 한국레저문화연구, 15(2), 89-108.

제3절 경쟁레저 스포츠와의 비교

1. 파크골프 vs 게이트볼

게이트볼은 파크골프와 마찬가지로 고령층을 주요 이용층으로 하는 대표적인 노인 스포츠다. 소규모 공간에서 짧은 시간에 진행되는 게임 특성, 집단 경기 중심의 사교적 요소, 그리고 낮은 신체 부담 등의 유사성이 있다.

하지만 차이점도 분명하다. 게이트볼은 엄격한 규칙과 팀 전술 요소가 강하게 작용하는 반면, 파크골프는 개인플레이와 단순한 규칙으로 인해 비교적 자유롭고 직관적인 참여가 가능하다. 또한 파크골프는 운동량(걷기 포함)이 더 많고 코스가 넓어, 운동 효과 및 경관 요소에서 우위를 갖는다.

따라서 파크골프는 게이트볼보다 더 유연하고 개방적인 운동 경험을 제공한다는 점을 강조하는 마케팅 전략이 필요하다.

2. 파크골프 vs 실버 요가·체조

실버 요가나 노인 체조는 실내에서 진행되며, 신체의 유연성 확보, 균형감 유지, 심신 안정 등을 목적으로 운영된다. 대부분의 프로그램이 복지관, 경로당, 노인대학 등에서 무료 또는 저비용으로 제공되어 접근성이 높다.

이러한 점에서 체조와 요가는 정기적이고 구조화된 프로그램으로서 생활 리듬 유지에 적합하지만, 야외 활동이나 사회적 교류 요소는 제한적이라는 한계가 있다.

반면, 파크골프는 야외에서의 걷기, 햇빛 노출, 자연경관 감상 등의 요소를 통해 신체뿐 아니라 정서적 회복과 스트레스 해소 효과도 함께 제공할 수 있다.

이러한 차이를 바탕으로 파크골프는 '밖으로 나와 함께 걷는 여가 활동', '건강과 힐링이 결합된 스포츠'라는 메시지를 강화할 필요가 있다.

3. 파크골프 vs 낚시

낚시는 대표적인 정적이고 개인 중심의 여가 활동으로, 중장년층 남성을 중심으로 꾸준한 수요가 있다. 고요한 환경 속에서 몰입을 즐기고, 성과에 대한 보상(물고기)을 직접 확인할 수 있다는 점에서 정서적 만족도가 높다.

하지만 낚시는 날씨와 장소에 민감하고, 준비 과정이 번거로우며, 일부 비용 부담이 큰 경우도 있다. 또한 낚시 자체가 운동으로서의 효과는 거의 없다는 점에서 한계가 있다.

이에 비해 파크골프는 동일한 자연 손에서 진행되지만, 운동성과 사회성을 동시에 갖춘 활동이며, 일상 속에서 짧은 시간 안에 쉽게 접근 가능한 구조라는 점에서 경쟁력이 있다.

즉, 파크골프는 낚시보다 활동성과 접근성이 높으며, 성취감 외에도 신체 건강이라는 부가가치를 제공한다는 차별성을 강조할 수 있다.

4. 파크골프 vs 실내 스크린 골프

스크린 골프는 최근 중장년층은 물론 고령층까지 사용이 확대되고 있는 실내 기반의 골프 시뮬레이션 스포츠이다. 날씨에 관계없이 이용 가능하고, 실제 골프와 유사한 몰입 경험을 제공하며, 기술 향상 욕구와 게임성을 동시에 충족시켜 주는 장점이 있다.

하지만 스크린 골프는 기기 조작, 디지털 인터페이스 사용 능력을 어느 정도 요구하며, 정서적 교류나 걷기 중심의 신체 활동 요소는 부족하다. 또한, 시설 이용료가 상대적으로 높고, 지역별 보급 격차도 크다.

반면 파크골프는 실제 야외 공간을 활용하며, 걷기 중심의 운동성과 공동체 교류를 동시에 실현할 수 있다.

또한, 복잡한 기술이나 장비 없이 누구나 입문할 수 있는 문턱이 낮은 운동으로서 스크린 골프보다 접근성과 대중성이 뛰어나다는 메시지를 강조할 수 있다.

※ 요약정리

구분	내용	
게이트볼	• 팀 중심, 규칙 엄격 • 신체 활동량 적음 • 전략성과 협동성 중시	• 파크골프는 개인플레이 중심 • 자유롭고 단순한 규칙 • 걷기 중심의 운동 효과 우수
실버요가 및 체조	• 실내 진행 • 유연성, 균형감, 정신 안정 중심 • 정기적 프로그램 구성	• 파크골프는 야외 중심 • 자연과 교류하며 정서 회복 가능 • 운동성과 사교성이 결합됨
낚시	• 정적인 활동, 개인 중심 • 몰입감, 성취감 높음 • 자연 속 고요함 추구	• 파크골프는 운동성과 사회성이 동시 확보 • 활동성 높고 접근 쉬움 • 정기적 참여에 적합
스크린 골프	• 실내 스포츠, 기술 중심 • 고비용, 몰입형 시뮬레이션 • 일부 고령자 디지털 기기 사용에 제약	• 파크골프는 실제 코스 체험 가능 • 장비 간편, 비용 저렴 • 커뮤니티 활동에 용이

함께 생각해 봅시다

1. 파크골프는 왜 '고령자를 위한 최적의 운동'으로 자리 잡았는가?
2. 스크린 골프와 파크골프, 어떤 종목이 세대 간 연계 스포츠로 더 적합한가?
3. 파크골프는 실내 레저 스포츠에 비해 어떤 장점과 한계를 갖고 있는가?
4. 정적인 스포츠(낚시, 요가 등)와 비교한 파크골프의 '사회적 기능'은 무엇인가?
5. 파크골프가 경쟁 스포츠와 공존하며 이용자 층을 확대할 수 있는 전략은 무엇인가?

참고문헌

윤상민, 김정은 (2022). 「노년기 스포츠 선택 요인 분석: 파크골프와 게이트볼 비교 중심으로」, 한국노인체육학회지, 18(2), 45-61.

정현지, 박기성 (2021). 「고령자 여가활동으로서의 파크골프와 실버 요가 비교 연구」, 여가복지연구, 13(1), 33-48.

국민체육진흥공단 (2023). 생활체육 참여 유형별 스포츠 종목 경쟁력 분석 보고서.

이도윤, 김은희 (2023). 「시니어 대상 실내 스포츠 이용행태 분석: 스크린 골프와 실버 체육센터 중심으로」, 스포츠산업학회지, 30(3), 77-95.

이승호 외 (2020). 「정서적 치유 중심 여가활동으로서의 낚시와 파크골프 비교 연구」, 지역사회체육학회지, 15(2), 101-118.

Funk, D. C. (2017). Consumer Behaviour in Sport and Events: Marketing Action. Routledge.

Kotler, P. & Armstrong, G. (2022). Principles of Marketing (18th Ed.). Pearson Education.

제7강
파크골프 브랜드 전략

제1절 브랜드 아이덴티티 구축

1. 브랜드 비전 설정

브랜드 비전은 파크골프가 어디로 가고자 하는가, 즉 브랜드가 사회와 소비자에게 장기적으로 제공하고자 하는 가치와 방향성을 의미한다.

지금까지 파크골프가 '고령자를 위한 스포츠'라는 기능적 이미지에 머물렀다면, 브랜드 비전 설정은 이를 넘어 사회적 역할을 수행하는 스포츠, 모든 세대를 연결하는 지역 커뮤니티 기반 여가문화로 진화하기 위한 방향성을 제시해야 한다.

예를 들어 다음과 같은 비전 문구가 이를 잘 반영한다:
"건강한 일상, 함께하는 사회, 모두의 파크골프"
이처럼 브랜드 비전은 제품·서비스 중심의 메시지에서 벗어나, 파크골프가 지향하는 삶의 질 향상, 공동체 강화, 힐링 문화 형성과 같은 가치 중심적 메시지로 설정되어야 한다.
브랜드 비전은 슬로건, 캠페인, 홍보물, 시설 운영 지침 등 다양한 마케팅 및 정책 커뮤니케이션 활동의 기준이 되며, 장기적 관점에서 소비자의 신뢰와 공감을 이끌어내는 핵심 축이 된다.

2. 브랜드 핵심 가치 정의

브랜드 핵심 가치는 파크골프라는 브랜드가 소비자와 사회에 전달하고자 하는 철학과 약속의 본질을 의미한다.
이는 단지 기업의 내부적인 구호가 아니라, 브랜드를 사용하는 사람들이 직접 체감하고 공감할 수 있는 가치 체계이어야 하며, 브랜드의 말과 행동이 일관되게 이 가치에 기반해야 한다.
파크골프의 경우, 핵심 가치는 단순한 운동의 기능성을 넘어서 건강, 소통, 일상성, 포용, 자연친화성이라는 다섯 가지 축으로 정리할 수 있다.
첫째, 건강은 파크골프의 본질적 가치다. 고령자와 중장년층 모두에게 무리 없이 지속할 수 있는 저강도 유산소 운동으로, 관절 부담이 적고 낙상 위험이 낮아 장기적인 건강 관리에 적합하다. 단순한 '운동'이 아니라 삶의 질을 높이는 건강 습관으로의 전환을 가능하게 한다.
둘째, 소통과 공감은 파크골프가 다른 스포츠와 차별화되는 중요한 가치다. 파크골프는 동료와 함께 라운드를 돌고, 경기 중 자연스럽게 대화를 나누며, 경기 후에는 함께 식사를 하거나 커뮤니티 활동에 참여하는 등 사회적 상호작용의 기회를 넓혀주는 스포츠다. 특히 은퇴 후 인간관계가 줄어든 고령자에게는 정서적 안정과 외로움 해소에 기여한다.
셋째, 일상성은 파크골프를 일회성 러저가 아닌, 생활 속 반복 가능한 활동으로 자리 잡게 한다. 매주 정해진 요일, 같은 사람들과 같은 시간에 만나는 규칙성은 참여자의 삶에 리듬과 구조를 회복시키는 효과가 있으며, 이는 우울감 예방이나 자기 효능감 회복에도 긍정적인 영향을 준다.
넷째, 포용성은 파크골프의 민주적 특성에서 비롯된다. 나이, 성별, 운동 능력에 관계없이 누구나 참여할 수 있고, 심지어 처음 운동을 시작하는 초보자도 곧바로 경기에 참여할 수 있다는 점은 매우 큰 장점이다. 파크골프는 모든 계층을 수용할 수 있는 열린 스포츠 플랫폼으로 작동할 수 있다.

다섯째, 자연 친화성은 파크골프의 정서적 가치다. 대부분의 파크골프장은 자연 속에서 펼쳐진 잔디밭, 강변, 공원 등에 위치하고 있으며, 이는 단순한 운동을 넘어 힐링과 재충전의 공간으로 기능한다.

이러한 다섯 가지 핵심 가치는 파크골프의 모든 브랜드 메시지, 홍보 전략, 사용자 경험에 일관되게 스며들어야 하며, 소비자에게 "이 브랜드는 나의 삶을 풍요롭게 해준다"라는 인식을 줄 수 있어야 한다.

3. 시각적·언어적 상징체계 구축

브랜드가 성공적으로 인식되기 위해서는 소비자가 그것을 직관적으로 떠올릴 수 있는 시각적 이미지와 언어적 표현 체계가 뒷받침되어야 한다. 이는 곧 브랜드의 '얼굴'이자, 커뮤니케이션의 출발점이다.

파크골프 브랜드는 고령자와 중장년층을 주 고객으로 하기 때문에, 가독성과 안정성, 감성적 따뜻함을 중심에 두고 시각·언어 체계를 설계할 필요가 있다.

먼저 로고 디자인은 단순하고 명료하면서도, 자연의 이미지를 담은 요소를 중심으로 구성되어야 한다. 예를 들어, 초록 잔디를 형상화한 곡선, 걷는 사람의 실루엣, 원형의 조화는 건강, 평화, 공동체의 이미지를 상징할 수 있다.

색상 구성은 자연친화적이고 시니어 친화적인 톤이 적절하다. 예를 들어, 청록색은 자연과 신뢰를 상징하고, 연한 갈색이나 베이지색 계열은 안정감과 친숙함을 준다.

컬러는 명도 대비가 충분해야 하며, 정보 제공 목적의 안내물이나 간판 등에서도 고령자가 보기 편안한 배색 원칙이 적용되어야 한다.

슬로건 및 브랜드 문구는 단순하지만 감성적 공감이 가능해야 하며, 동시에 파크골프의 핵심 가치를 내포해야 한다.

예시로는

"걷는 만큼 건강해지고, 웃는 만큼 친구가 생긴다."

"인생 9홀, 파크골프와 함께 천천히 걷습니다."

와 같은 표현이 해당된다.

또한 홍보 캠페인이나 SNS에서도 활용 가능한 해시태그 형태의 슬로건, 예를 들면 #파크골프는생활입니다, #세대가함께, #천천히_건강하게_함께 등은 디지털 소비자와의 접점을 확장하는 데 효과적이다.

이처럼 시각적·언어적 상징체계는 브랜드를 일관되게 기억하게 만들고, 파크골프의 이미지를 긍정적으로 고정시키는 핵심 매개체로 작용한다.

4. 브랜드 경험 설계

브랜드는 결국 소비자가 직접 경험한 감정과 기억을 통해 형성된다. 아무리 좋은 비전과 가치가 있어도, 이용자가 실제로 그것을 체감하지 못하면 브랜드는 공허한 구호에 그칠 수 있다.

따라서 브랜드 아이덴티티는 반드시 소비자 경험의 전 과정에 녹아들어야 하며, 이러한 일관된 경험이 브랜드에 대한 충성도를 높이고 구전 마케팅으로도 이어지게 만든다.

파크골프에서의 브랜드 경험은 다음과 같이 다층적으로 설계될 수 있다.

먼저 입장부터 라운드 종료까지의 전 과정이 친절하고 예측 가능하며, 이용자 중심으로 구성되어야 한다. 예를 들어, 예약 과정은 복잡하지 않고, 초보자에게는 직원이나 자원봉사자가 코스 설명과 안전 수칙을 직접 안내한다면, 첫 방문 경험이 매우 긍정적으로 각인된다.

또한, 소통이 자연스럽게 일어나는 공간 구성이 중요하다. 파크골프장은 단순한 운동장이 아닌 '소셜 운동 커뮤니티 공간'으로 기능해야 하며, 그늘막, 테이블, 커피 자판기 같은 요소들이 사회적 상호작용을 유도하는 장치가 된다.

디지털 기반에서도 경험이 일관되게 유지되어야 한다. 예를 들어, 예약 시스템, 유튜브 강습 영상, 안내 앱 등이 고령자에게도 쉽게 작동되고, 보기 쉽게 디자인되어야 한다.

이것은 디지털 기기에 익숙하지 않은 세대를 배려함과 동시에, 새로운 세대와의 연결 통로를 여는 효과도 기대할 수 있다.

마지막으로, 소속감을 높이는 지속적 참여 유도 장치도 필요하다. 예를 들어 생일 이벤트, 명예회원 제도, 소규모 리그전, 지역 간 교류전 등을 통해 이용자는 단순한 참가자가 아니라 브랜드 공동체의 일부로 인식될 수 있다.

이 모든 과정은 '브랜드는 경험을 통해 만들어진다'는 원칙 아래, 설계적 사고에 기반한 일관된 경험 전략으로 실행되어야 한다.

※ 요약정리

구분	내용
브랜드 비전 설명	• 단순 운동 종목에서 벗어나 건강, 공동체, 세대 통합을 실현하는 국민 생활 스포츠로의 방향 제시 • "모두의 스포츠, 함께 걷는 삶" 등 가치 기반 비전 수립 필요
브랜드 핵심가치 정의	• 건강, 공동체, 일상성, 포용성, 자연 친화성 등 파크골프의 사회적·심리적 가치 중심 정체성 확립 • 소비자의 삶을 풍요롭게 하는 브랜드 이미지 구축 필요
시각언어적 상징체계	• 자연을 상징하는 로고, 시니어 친화 색상(청록·베이지 등), 감성적 슬로건 개발 • 브랜드 메시지와 시각 이미지의 통일성을 통한 인식도 및 공감도 제고
브랜드 경험 설계	• 첫 방문부터 커뮤니티 활동까지 일관된 감성적 경험 제공 • 시설, 디지털, 커뮤니티 전반에서 브랜드 가치가 살아 있는 경험 기반 설계 필요

💬 함께 생각해 봅시다

1. 파크골프가 고령자 중심 이미지를 벗고 전 세대를 아우르는 브랜드로 나아가기 위한 조건은 무엇인가?
2. 파크골프 브랜드는 '건강'과 '공동체' 중 어떤 가치를 핵심으로 삼아야 하는가?
3. 디지털 기기에 익숙하지 않은 시니어 세대를 위한 시각·언어적 브랜드 전략은 어떻게 구성되어야 하는가?
4. 브랜드 경험이 실제 참여자 만족도와 충성도에 미치는 영향을 어떻게 설계할 수 있는가?
5. '파크골프는 하나의 생활 문화다'라는 브랜드 비전을 실현하기 위한 지역 커뮤니티 전략은 무엇이 필요한가?

📖 참고문헌

김대은, 오지현 (2023). 「시니어 스포츠의 브랜드 정체성 구축 방안: 파크골프 사례 중심으로」, 스포츠브랜드전략연구, 12(2), 55-74.

윤정희, 박승현 (2022). 「고령자 체육 참여자의 브랜드 태도 형성과정 연구」, 한국스포츠심리학회지, 34(3), 89-108.

이은지, 정태원 (2021). 「공공 스포츠시설의 브랜드 경험이 이용 만족도와 재이용 의도에 미치는 영향」, 체육마케팅연구, 26(1), 101-120.

Kapferer, J.-N. (2012). The New Strategic Brand Management (5th ed.). Kogan Page.

Aaker, D. A. (1996). Building Strong Brands. Free Press.

Keller, K. L. (2013). Strategic Brand Management: Building, Measuring, and Managing Brand Equity (4th Ed.). Pearson.

WHO (World Health Organization) (2021). Age-friendly Environments in Europe: A Handbook of Indicators. Geneva: WHO Press.

이소영 외 (2022). 「시니어 여가서비스 디자인을 위한 브랜드 커뮤니케이션 전략」, 노년문화디자인연구, 5(1), 33-56.

제2절 파크골프 브랜드 네이밍 및 BI 사례

1. 파크골프 브랜드 네이밍의 의미와 방향

브랜드 네이밍은 소비자가 브랜드를 처음 인식하는 '이름'이자, 브랜드의 철학과 이미지를 응축한 상징적 표현이다.

파크골프장에서 사용하는 이름은 단순한 행정구역명이나 순번식 명칭을 넘어서, 해당 시설의 정체성과 이용자 감성을 반영한 의미 중심의 명칭이 되어야 한다.

예를 들어, 단순히 '○○시 파크골프장'이라는 명칭보다, '함께한 길', '늘 푸른 9홀', '한밭누리', '온누리 힐링파크'처럼 함께함, 치유, 자연, 지역성을 담은 표현은 훨씬 풍부한 의미를 전달하며, 이용자에게 기억과 애착을 동시에 유도할 수 있다.

특히 지역문화와 연결된 명칭은 주민의 자부심과 소속감을 고취시키며, 관광객이나 외부 방문자에게는 지역적 스토리와 이미지를 심어주는 브랜딩 수단이 된다.

따라서 네이밍은 파크골프장이 단순한 시설이 아닌 지역 공동체의 정체성과 감성을 담는 공간이라는 점을 고려하여 전략적으로 설계되어야 한다.

2. 시니어 친화적 BI 디자인 원칙

브랜드 아이덴티티(BI)는 브랜드의 시각적 정체성을 형성하는 요소로, 주로 로고, 색상, 서체, 도형 구성 등을 통해 구현된다.

파크골프는 특히 고령자층이 주된 사용자이므로, BI 디자인은 이들의 특성과 감수성을 반영한 시니어 친화적 설계 원칙을 따라야 한다.

첫째, 가독성이 무엇보다 중요하다. 글자의 크기와 두께, 배경과의 대비, 간결한 구성은 시력이 저하된 고령자도 쉽게 인지할 수 있는 정보를 제공해야 한다.

둘째, 색상 선택은 자연 친화적이고 안정감을 줄 수 있어야 한다. 청록색, 연한 갈색, 베이지 등은 편안함과 조화를 상징하며, 파크골프의 자연 속 활동성과도 부합한다.

셋째, 로고나 아이콘의 형태는 복잡하고 날카로운 형태보다는 곡선형, 유기적 이미지가 어울린다. 걷는 사람의 형상, 나무나 해, 풀잎 등은 파크골프의 여유롭고 따뜻한 이미지를 강조할 수 있다.

이처럼 시니어 친화적 BI는 단순한 디자인이 아니라, 소비자의 감각적 수용성과 정서적 공감을 고려한 전략적 커뮤니케이션 수단이다.

브랜드는 눈에 보이는 로고 하나에도 철학과 배려가 담겨 있어야, 소비자에게 오래도록 기억되고 신뢰받을 수 있다.

3. 지역 기반 파크골프장 BI 사례 분석

최근 국내 여러 지자체에서는 파크골프장을 단순한 체육 공간이 아닌 지역의 상징적 장소로 브랜딩 하려는 시도를 확대하고 있다.

이를 위해 이름과 로고, 디자인 요소에 지역의 역사, 문화, 자연 이미지를 결합한 사례들이 등장하고 있다.

예를 들어, 세종시의 '고운파크골프장'은 '고운'이라는 지명에 '고운 사람들'이라는 정서를 더해 친근하면서도 품격 있는 이미지를 구축하고 있으며, 로고에는 부드러운 곡선과 사람 형상이 조화를 이룬다.

부산의 '바람언덕 파크골프장'은 해양도시 부산의 특성과 바닷바람이 부는 언덕이라는 지역 지형을 반영해 이름을 구성했고, 파도와 바람개비를 형상화한 로고로 지역성과 브랜드 정체성을 함께 표현하고 있다.

이러한 BI 사례들은 단순한 시각 효과를 넘어서, 시설 자체를 하나의 스토리로 만들고, 이용자에게 이야기와 경험을 함께 전달하는 문화 콘텐츠화 전략으로 볼 수 있다.

즉, BI는 브랜드의 얼굴이자, 이용자의 감정과 기억을 이끌어내는 스토리텔링 도구로 기능한다.

4. 파크골프 브랜드 일관성 유지 전략

브랜드는 한 번의 경험으로 완성되지 않는다. 지속적이고 일관된 노출과 체험을 통해 서서히 구축되는 것이 브랜드이다.

따라서 브랜드 네이밍과 BI 디자인이 성공적으로 구현되기 위해서는, 모든 운영과 커뮤니케이션 과정에서 브랜드 일관성을 유지하는 전략이 필수적이다.

첫째, BI 가이드라인 매뉴얼을 통해 로고 사용 방식, 컬러 톤, 글꼴, 배치 방식 등을 명확히 규정하여 모든 안내판, 홍보물, 유니폼, 간행물 등에 동일한 이미지를 적용해야 한다.

둘째, 직원 및 자원봉사자 교육을 통해 브랜드가 전달하고자 하는 철학과 가치, 이미지 표현 방식 등을 공유하고, 브랜드 전달자로서의 역할을 수행할 수 있도록 해야 한다.

셋째, 온라인과 오프라인에서의 표현 통일성도 중요하다. 홈페이지, SNS, 유튜브 영상, 예약 애플리케이션 등에서도 동일한 디자인 요소와 슬로건이 반복되어야 하며, 이를 통해 소비자는 '파크골프장'에 대한 일관된 이미지와 신뢰를 갖게 된다.

마지막으로, 브랜드 점검 체계를 통해 이용자의 브랜드 인식, 만족도, 추천 의향 등을 주기적으로 확인하고, 필요시 BI 전략을 유연하게 조정할 수 있어야 한다.

브랜드는 고정된 조형물이 아니라, 소비자와의 지속적인 관계 속에서 살아 움직이는 유기체이기 때문이다.

※ 요약정리

구분	내용
브랜드 네이밍의 방향	• 행정명 중심에서 벗어나 정체성 감성 중심 명칭 필요 • 지역성과 상징성 반영한 명칭 설계 • "함께한 길", "늘 푸른 9홀" 등 감성적 이름으로 기억도·호감도 강화
시니어 친화적 BI원칙	• 글자 크기·가독성, 색상 안정성, 단순하고 부드러운 로고 필수 • 청록·베이지 등 자연 친화 색상, 곡선형 아이콘 활용 • 시각적 배려와 감성적 접근 동시 고려
지역기반 BI사례	• 세종 '고운파크골프장': 지명+감성 결합 • 부산 '바람언덕': 지형적 상징 접목 • 지역 이미지·스토리와의 결합으로 문화 콘텐츠화 가능

구분	내용
브랜드 일관성 유지 전략	• BI 매뉴얼화(간판, 문서, 유니폼 등) • 운영자 교육 통한 브랜드 공유 • 온라인/오프라인 통합 홍보 전략 • 이용자 피드백 기반 점검 및 조정체계 필요

함께 생각해 봅시다

1. 파크골프장 명칭은 단순한 위치 정보보다 지역성과 정체성을 담아야 하는가?
2. 시니어 이용자를 고려한 BI 설계에서 가장 중요한 요소는 무엇인가?
3. BI 디자인과 슬로건이 실제 이용자의 참여율이나 만족도에 영향을 줄 수 있는가?
4. 지역성과 브랜드 아이덴티티를 동시에 반영한 파크골프장의 사례를 어떻게 평가할 수 있는가?
5. 공공 파크골프 시설에서도 일관된 브랜드 전략이 필요한가? 아니면 자율성이 우선인가?

참고문헌

김도윤, 정지영 (2023). 「지방자치단체 공공 스포츠시설의 브랜드 네이밍 전략」, 지역브랜드연구, 9(1), 63-82.

박해진, 송유정 (2022). 「시니어 친화적 BI 디자인 요소 분석: 공공시설 사례를 중심으로」, 시각디자인연구, 25(2), 111-130.

이상희, 김한솔 (2021). 「지역문화와 스포츠시설 네이밍 전략 간 연계성 분석」, 문화마케팅학회지, 14(3), 45-61.

Kapferer, J.-N. (2012). The New Strategic Brand Management (5th Ed.). Kogan Page.

Aaker, D. A. (1996). Building Strong Brands. Free Press.

김유진 외 (2023). 「시니어 스포츠시설의 이용자 감성 경험 설계 연구: 파크골프장을 중심으로」, 고령사회디자인연구, 7(1), 27-49.

대한지방행정연구원 (2022). 지방체육시설의 통합 브랜드 전략과 디자인 통일화 방안. 정책자료집.

제3절 브랜드 충성도 형성과 유지 전략

1. 초기 인식과 긍정적 첫인상 형성

브랜드 충성도의 첫 단계는 소비자가 브랜드에 대해 어떤 첫인상을 갖는가에 달려 있다.
초기 인식이 긍정적일수록 이후의 태도 형성과 행동으로 연결될 가능성이 높아지므로, 첫 방문자나 체험자의 감정과 만족도는 매우 중요한 출발점이 된다.
예를 들어 파크골프장을 처음 방문했을 때, 안내판이 친절하고 쉽게 읽히며, 직원이 반갑게 인사하고 초보자를 자연스럽게 도와주는 환경이 조성되어 있다면, 이용자는 심리적 장벽 없이 긍정적인 브랜드 이미지를 형성하게 된다.
또한 무료 체험 프로그램, 신입회원 환영 이벤트, 간단한 안내 리플릿 제공 등도 초기 인식 개선에 도움이 된다.
이처럼 브랜드 충성도는 한 번의 긍정적 경험에서 시작되며, 그 경험이 반복될 수 있도록 설계된 '첫인상 전략'이 중요하다.

2. 정서적 유대감과 소속감 구축

브랜드에 대한 충성은 단순한 기능적 만족만으로는 형성되지 않는다.
특히 파크골프처럼 운동과 공동체가 결합된 스포츠에서는, 브랜드와 이용자 간의 정서적 연결과 심리적 소속감이 충성도의 핵심 요인이 된다.
이용자가 파크골프장을 단지 운동하러 가는 장소가 아닌, "나의 사람들과 정기적으로 모이는 생활 속 공간"으로 인식할 때, 브랜드는 그 사람의 삶과 감정 속에 자리 잡는다.
이를 위해 동호회 구성, 정기 모임, 커피 타임, 생일 축하, 명예 회원증 제공 등 소통과 감정 공유 기반의 커뮤니티 프로그램이 필요하다.
또한, 운영자는 이용자의 이름을 기억하고, 자주 만나는 사람들과 팀을 구성할 수 있도록 배려하는 등 '이용자 개별 경험'을 중심에 둔 서비스를 제공해야 한다.
이와 같은 정서적 유대감은 단기적 만족보다 훨씬 강력한 브랜드 충성의 기반이 된다.

3. 일관된 브랜드 경험 제공

브랜드 충성도를 유지하기 위해서는 브랜드와 관련된 모든 접점에서 일관된 경험을 제공해야 한다.

이는 파크골프장 내부 서비스뿐만 아니라, 안내문, 홈페이지, SNS, 시설 유지 관리 등 모든 영역에 걸쳐 해당된다.

예를 들어 파크골프장마다 로고나 안내 디자인이 달라 혼란을 주거나, 예약 시스템이 지점마다 상이하면, 소비자는 브랜드에 대한 일관성과 신뢰성에 의문을 갖게 된다.

반면, 모든 시설에서 동일한 슬로건, 친숙한 안내 방식, 통일된 응대 서비스가 반복되면, 이용자는 "이 브랜드는 내가 아는 방식 그대로 움직인다"는 심리적 안정감을 갖게 된다.

이러한 일관된 브랜드 경험은 소비자에게 예측 가능성과 신뢰를 제공하며, 이는 결국 브랜드에 대한 지속적 호감과 애착으로 전환된다.

4. 지속적 피드백과 관계 유지 활동

브랜드 충성도는 단순히 '한 번 형성된 감정'을 유지하는 것이 아니라, 지속적인 관심과 관리를 통해 강화되는 관계이다.

이를 위해 브랜드 운영자는 소비자와의 양방향 소통 시스템을 갖추고, 피드백을 적극적으로 수렴하며, 필요할 경우 이에 맞춰 브랜드 경험을 개선하는 태도를 보여야 한다.

파크골프장에서는 정기적인 이용자 만족도 조사, 의견함 운영, 서비스 개선 요청 접수 등이 필요하며,

특히 제안한 의견이 실제로 반영되고 있다는 점을 이용자에게 알려주는 '응답하는 브랜드' 이미지가 중요하다.

또한 장기 이용자를 대상으로 한 감사 메시지, 우수 이용자 표창, 충성회원 할인 제도 등 관계 지속을 위한 리워드 시스템도 효과적이다.

브랜드는 관계의 집합체이며, 그 관계는 이용자의 경험이 존중받고 있다는 감정이 축적될 때 비로소 충성으로 전환된다.

※ 요약정리

구분	내용
초기 인식과 첫인상 형성	• 첫 방문자의 경험이 브랜드 인식의 출발점 • 안내 친절성, 초보자 배려, 체험 프로그램 등으로 긍정적 인상 구축
정서적 유대감과 소속감 구축	• 단순 기능 만족을 넘어 정서적 연결과 공동체 형성이 핵심 • 동호회, 생일 이벤트, 명예회원 제도 등을 통한 감정적 유대 강화
일관된 브랜드 경험 제공	• 브랜드 접점마다 동일한 서비스, 디자인, 메시지 제공 • 예측 가능성과 신뢰를 통해 브랜드 이미지 정착
지속적 피드백과 관계 유지	• 이용자 의견 수렴과 반영을 통해 관계 강화 • 감사 메시지, 충성회원 리워드 등으로 반복 이용 유도 및 감정적 애착 증진

함께 생각해 봅시다

1. 브랜드 충성도를 형성하는 데 있어 '첫인상'은 얼마나 결정적인가?
2. 파크골프장의 정서적 유대감은 어떻게 형성되고, 그것이 브랜드 충성에 어떤 영향을 주는가?
3. 일관된 브랜드 경험이 소비자의 재방문과 구전 마케팅에 미치는 효과는 무엇인가?
4. 공공 스포츠시설에서 브랜드 리워드 시스템을 도입하는 것이 정당한가? 실현 가능성은 있는가?
5. 브랜드 충성도 유지를 위한 피드백 시스템은 어느 정도까지 개방적이어야 하는가?

참고문헌

이은지, 장성우 (2022). 「브랜드 충성도 형성 요인에 관한 연구: 지역 스포츠시설 이용자를 중심으로」, 체육마케팅연구, 27(1), 65-84.

송미경, 김경한 (2021). 「스포츠 브랜드 경험이 충성도에 미치는 영향: 감정적 반응의 매개 역할」, 한국스포츠산업학회지, 36(2), 91-109.

이한솔 외 (2020). 「공공시설에서의 고객경험관리(CXM)와 브랜드 애착에 관한 실증 연구」, 공공디자인연구, 14(3), 33-54.

Oliver, R. L. (1999). "Whence Consumer Loyalty?" Journal of Marketing, 63(Special Issue), 33-44.

Aaker, D. A. (1991). Managing Brand Equity. The Free Press.

Reichheld, F. F. (2001). Loyalty Rules!. Harvard Business School Press.

박태수, 김지영 (2023). 「고령층 스포츠 이용자의 브랜드 충성도 결정요인 연구: 파크골프 사례 중심」, 고령사회복지연구, 18(1), 107-128.

제8강
4P 기반 파크골프 마케팅 전략

제1절 제품(Product)-프로그램 및 서비스 디자인

1. 이용자 맞춤형 프로그램 구성

파크골프장에는 다양한 연령대와 운동 수준을 가진 이용자들이 방문한다. 따라서 단일화된 교육이나 획일적인 이용 방식을 제공하는 것은 사용자 만족도를 낮출 수 있다. 이에 따라 마케팅 관점에서는 이용자의 특성과 목적에 따라 다양화된 프로그램을 설계할 필요가 있다.

예컨대 파크골프를 처음 접하는 사람들을 위해 기본자세, 장비 사용법, 룰 설명 등을 포함한 입문자 교육 프로그램을 운영할 수 있다. 일정 기간에 걸쳐 정기적으로 운영되는 이 프로그램은 초보자의 불안감을 해소하고 초기 적응을 돕는다.

중급자에게는 실제 경기력을 향상시킬 수 있도록 홀 운영 전략, 코스별 공략법, 점수 관리법 등을 중심으로 하는 심화 기술 프로그램이 필요하다. 단순한 반복 훈련이 아니라 실전 상황을 반영한 코칭이 포함되어야 실질적인 향상을 도모할 수 있다.

한편, 고령 이용자를 위한 프로그램은 '운동 효과'뿐 아니라 '건강 안전'을 중심으로 구성되어야 한다. 낙상 예방을 위한 안전 걷기 중심 프로그램은 보폭 조절, 균형 훈련, 코스 내 위험지점 인식 훈련 등으로 구성될 수 있다.

또한 파크골프를 가족 간 소통의 장으로 활용할 수 있도록, 조부모와 손자녀 세대가 함께 참여할 수 있는 세대통합형 프로그램도 마련할 수 있다. 참여자는 기술 수준과 관계없이 함께 라운드를 돌고, 놀이처럼 즐기며 교류할 수 있다.

이와 같이 세분화된 프로그램 설계는 이용자 만족도를 높이고, 파크골프장을 단순 운동장이 아닌 맞춤형 여가공간으로 인식하게 만드는 핵심 전략이다.

2. 체계적 교육 시스템 및 지도자 프로그램 개발

제품 전략에서 또 하나의 중요한 축은 파크골프의 지속적인 성장과 전문화 기반을 형성하는 체계적인 교육 시스템 구축과 지도자 육성이다.

이용자가 단순한 흥미로 시작한 파크골프 활동을 생활체육의 일환으로 꾸준히 지속하기 위해서는, 프로그램이 반복성과 구조성을 갖추고 있어야 하며, 전문성을 인정받는 교육 콘텐츠를 갖추어야 한다.

파크골프 교육 시스템은 스윙 자세나 클럽 선택법과 같은 기술 교육에만 국한되어서는 안 된다. 실제 코스 운영에서의 전략, 타인과의 매너, 경기 규칙 숙지 등 포괄적인 스포츠 인식과 기능을 균형 있게 전달해야 한다.

예를 들어, 초보자에게는 스트로크의 원리와 몸의 균형 유지에 대해 단계적으로 안내하고, 중급자에게는 공의 탄도 이해와 바람, 경사도와 같은 외부 환경 요소를 고려한 코스 전략을 포함해 교육을 진행할 수 있다.

이러한 구성은 실전 감각을 키우는 동시에 참가자의 몰입을 높여준다.

또한, 지도자 프로그램의 개발도 필수적이다. 단순한 자원봉사나 활동 지도 차원을 넘어서, 공식 커리큘럼을 통한 전문 교육을 기반으로 지역별 지도자를 육성해야 한다. 이들은 교육 외에도 라운드 진행, 신규회원 멘토링, 동호회 운영 등 다양한 역할을 수행하게 되며, 이는 브랜드 품질의 관리주체로 기능하게 된다.

파크골프장이 지역 사회에서 공공체육문화의 중추 공간이 되기 위해서는 이처럼 전문 인력이 지역 단위에서 꾸준히 재생산되고, 현장에서 신뢰받을 수 있는 교육 구조가 선행되어야 한다.

3. 감성 중심의 서비스 디자인 요소 적용

파크골프는 기능적 만족을 넘어, 정서적 만족을 충족시키는 스포츠 서비스 공간이어야 한다. 고령자에게는 하루의 일정, 사회적 만남, 몸과 마음의 안정이라는 여러 복합적 목적을 갖고 라운드를 찾는 경우가 많으며, 서비스 디자인은 이들의 정서적 욕구를 포용하는 방향으로 구성되어야 한다.

예를 들어, 파크골프장 내부에 충분한 휴게 공간과 나무 그늘, 정서적 안정감을 주는 조경 시설이 마련되어 있으면, 참가자는 신체적으로 뿐만 아니라 심리적으로도 쾌적함을 느끼게 된다. 이는 곧 라운드 종료 후에도 머물고 싶은 환경이 되어, 머무름의 시간 자체가 브랜드 경험이 된다.

또한, 첫 방문 고객에게 친절한 인사와 함께 제공되는 환영 안내 자료(웰컴 키트)는 서비스 경험의 질을 높인다. 이 키트에는 코스 설명, 동호회 가입 안내, 경기 규칙 요약서 등이 포함될 수 있으며, 소소한 기념품을 함께 제공함으로써 고객은 '환영받고 있다'는 감정을 느낀다.

정기 이용자에게는 생일 축하 메시지, 자주 이용하는 고객에 대한 감사 카드, 또는 SNS에서 이용자 사진과 명언을 함께 공유하는 '오늘의 라운드' 콘텐츠를 운영할 수 있다.

이와 같은 감성적 서비스 요소는 브랜드에 대한 애착과 감정적 충성도를 높이고, 입소문을 통한 자발적 홍보 효과를 유발하는 긍정적 순환 고리를 형성한다.

4. 커뮤니티 기반의 융합 프로그램 개발

파크골프는 단순히 운동을 위한 공간을 넘어, 지역 주민과 외부 커뮤니티가 만나고 협력하는 사회적 플랫폼으로 확장될 수 있는 가능성이 크다. 제품 전략의 관점에서도, 파크골프가 갖는 커뮤니티 기능은 매우 전략적인 자산이다.

예를 들어, 파크골프장을 중심으로 지역 경로당이나 복지관과 연계한 건강관리 프로그램을 구성할 수 있다. 이 프로그램은 의료 상담과 파크골프 활동을 연계하여, 운동과 건강 점검을 결합한 종합 복지 서비스의 형태로 발전시킬 수 있다.

또한, 주민자치회와 협력하여 구민 참여형 친선 대회를 정기적으로 개최하면, 이용자 간 소속감을 고취시키고 지역 내 파크골프장의 공공적 가치를 강화할 수 있다.

아이들과 함께 참여하는 프로그램도 중요하다. '세대공감 파크골프 캠프'는 조부모와 손자녀가 함께 팀을 이루어 게임에 참여하면서 자연스럽게 세대 간 교류를 촉진시킬 수 있다. 이는 파크골프장을 세대 연결의 장으로 진화시키는 전략이 된다.

이처럼 커뮤니티 기반 융합 프로그램은 단기 이벤트에 그치지 않고, 지속적인 참여 구조와 지역기관 간 협업 체계로 발전되어야 하며, 결과적으로 파크골프는 하나의 '문화적 브랜드'로 지역사회에 깊이 스며들게 된다.

※ 요약정리

구분	내용
이용자 맞춤형 프로그램 구성	• 연령, 기술 수준, 생활 리듬에 맞춘 다양화된 참여 프로그램 필요 • 입문자, 중급자, 고령자, 가족 대상 프로그램 등으로 세분화하여 반복 참여와 재방문 유도
체계적 교육 시스템 개발	• 기능 교육을 넘어 경기 전략, 매너, 건강관리 등 포함한 종합 학습 필요 • 지도자 양성과정을 통해 지역 내 리더 육성 및 서비스 품질 통일성 확보
감성 중심 서비스 디자인 적용	• 정서적 경험과 고객 감동을 위한 환경 설계 필요 • 환영 키트, 생일 축하, 휴게 공간, SNS 공유 등 감성적 연결을 유도하여 브랜드 충성도 제고
커뮤니티 연계형 프로그램 개발	• 지역 기관과 협업하여 융합형 참여 프로그램 기획 • 세대통합 캠프, 복지연계형 운동 프로그램, 지역축제 협업 등으로 사회적 가치 실현 및 브랜드 이미지 향상

함께 생각해 봅시다

1. 파크골프 프로그램의 세분화는 이용자 충성도 형성에 어떤 영향을 미치는가?
2. 파크골프 지도자 육성은 스포츠 시설의 질적 성장을 어떻게 견인할 수 있는가?
3. 정서적 서비스 디자인 요소는 고령 이용자에게 어떤 감성적 가치를 제공하는가?
4. 파크골프는 어떻게 지역사회 통합 플랫폼으로 기능할 수 있는가?
5. 파크골프 제품 전략은 단순 스포츠 제공을 넘어 어떤 문화적 경험을 창출해야 하는가?

📖 참고문헌

신은경, 김태희 (2023). 「고령자 체육활동 참여 유형별 맞춤형 프로그램 개발 연구」, 고령사회스포츠학회지, 5(2), 33-54.

조유정, 백승우 (2022). 「체험 중심 스포츠 마케팅 전략이 이용자 감정 몰입에 미치는 영향 분석」, 한국체육산업경영학회지, 37(1), 77-93.

김민서 외 (2021). 「감성 기반 서비스 디자인이 고령 이용자의 여가시설 만족에 미치는 영향」, 디자인문화연구, 34(3), 99-117.

강지훈, 이세라 (2023). 「공공체육시설의 커뮤니티 연계 프로그램 운영사례 분석: 생활체육과 복지의 융합 모델」, 지역사회체육연구, 17(1), 61-80.

박정은 (2020). 「고령친화 스포츠 공간에서의 감성 서비스 디자인 원칙에 대한 탐색적 연구」, 고령자문화디자인연구, 4(2), 41-59.

Lee, S. & Choi, H. (2022). "Designing Leisure Sports Programs for the Elderly: A Behavioral and Emotional Perspective." International Journal of Gerontology and Active Living, 4(1), 12-28.

Jang, Y., & Kim, H. (2023). "Community-Based Golf Programs and Social Integration: A Case Study on Intergenerational Park Golf Activities." Journal of Community Wellness, 6(2), 88-103.

제2절 가격(Price) - 요금정책과 접근성

1. 가격 민감도와 합리적 요금 체계 구축

파크골프의 주요 이용자층은 은퇴 이후 고정 소득이 제한된 중장년층과 고령자이다. 이들은 여가 활동에 대한 니즈는 크지만 가격 민감도가 높고, 불필요한 비용에 대해 매우 신중한 소비 성향을 보인다.

따라서 파크골프장은 단순히 '저렴한 가격'을 넘어서 '가격 대비 만족도(가성비)'를 높이는 구조로 요금 체계를 설계해야 한다.

예를 들어, 한 번의 라운드 요금이 3,000~5,000원 수준이라고 하더라도, 이용자는 그 안에서 시설의 청결성, 코스 유지 상태, 안내의 친절도, 편의시설 수준까지 종합적으로 판단한다.

즉, 가격은 '수치' 자체보다도 '인지된 가치'에 따라 평가받는다.

합리적 요금 체계를 구축하기 위해서는 다음과 같은 전략이 필요하다:
 - 이용자 유형에 따른 요금 차등제 도입 (예: 장년층 할인, 월간 회원권, 동호회 단체 요금 등)
 - 시간대별 요금 분리 (예: 오전 비혼잡 시간대 할인 운영)
 - 라운드 수에 따른 할인권 운영 (예: 10회 이용 시 1회 무료)

이처럼 가격 전략은 단순한 비용 설정이 아니라, 이용자의 심리적 수용 범위와 만족 기대를 동시에 고려한 설계로 접근해야 하며,

이는 곧 파크골프에 대한 브랜드 호감도와 지속 이용률을 결정짓는 요인이 된다.

2. 사회적 배려 요금제와 복지 연계

파크골프는 단순한 레저 활동을 넘어, 고령자의 건강 유지, 사회적 교류, 정신적 안정을 동시에 제공하는 복지적 성격이 강한 스포츠다.

따라서 가격 정책 수립 시에는 단순한 수익성보다는 '사회적 배려'와 '공공성 확대'라는 가치를 함께 고려해야 한다.

예를 들어, 기초생활수급자, 독거노인, 장애인, 다문화 가정 등 사회적 약자를 대상으로 하는 무료 이용권, 또는 연간 이용료 면제 제도는 단순한 요금 할인 이상의 상징성을 갖는다.

이와 같은 배려는 파크골프장이 지역 복지의 한 축으로 기능하며, 행정기관이나 복지기관과의 협업 기반을 형성할 수 있게 해준다.

또한, 노인 일자리 연계와 연동된 요금 전략도 유의미하다. 예를 들어 파크골프장 관리나 이용 안내를 수행하는 고령자에게는 근무 외 별도 할인 혜택을 제공하고, 그들이 실질적으로 여가 활동도 함께 할 수 있도록 하는 구조를 설계할 수 있다.

이러한 사회적 요금 정책은 단순히 '할인'이 아닌, '존중'과 '참여'를 촉진하는 브랜드 전략으로 기능하며, 파크골프를 포용적 스포츠로 자리 잡게 하는 핵심 도구로 작용한다.

3. 지역 간 접근성 격차와 요금 형평성 문제

전국적으로 파크골프 시설은 빠르게 증가하고 있으나, 지역 간 시설 밀도와 운영 방식, 요금 수준에는 여전히 큰 차이가 존재한다.

대도시권에서는 대부분 무료로 개방되는 반면, 일부 농촌 지역이나 민간 위탁 운영 시설에서는 이용료가 상대적으로 높거나 시설 접근성이 떨어지는 경우가 많다.

이러한 차이는 이용자의 이용 기회 불균형을 초래하고, 특정 지역에서는 '요금 장벽'이 존재하는 공공 스포츠'라는 부정적 인식을 만들 수 있다.

특히 교통 접근성이 낮은 지역에서는 이동 비용까지 포함한 '총 체감 비용'이 실질적 이용 제약 요인이 된다.

따라서 요금 정책은 지역 간 형평성을 고려해 다음과 같은 방식으로 설계될 수 있다.

- 광역 단위의 공공요금 가이드라인 마련
- 교통 불편 지역 대상 셔틀버스 운영 또는 요금 보조
- 행정지원을 통한 농촌형 파크골프장 요금 감면 제도 도입
- 장거리 이용자를 위한 '일일 종합 이용권' 할인 운영

지역 간 요금 형평성은 단순한 공정성 문제를 넘어, 브랜드 이미지의 일관성과 파크골프의 전국적 통합성을 유지하는 데 있어 중요한 전략적 요소로 작용한다.

4. 지속 가능한 운영을 위한 수익 구조 설계

현재 많은 파크골프장이 무료 혹은 저비용으로 운영되고 있지만, 장기적으로는 시설 유지관리, 장비 보수, 프로그램 운영, 인건비 등 지속 가능한 재정 기반 확보가 필요한 시점이다.

따라서 가격 전략은 단순히 '최대한 낮추는' 것이 아니라, 이용자의 만족을 해치지 않으면서도

운영기관이 자립할 수 있는 수익 모델을 병행 설계해야 한다.

예를 들어, 소액 유료화 정책을 통해 소정의 이용료를 받고, 그 수익을 다시 코스 보수, 정기 이벤트 운영, 안전시설 강화 등 '환원형 서비스'로 사용하는 구조를 명확히 제시한다면,

이용자는 이를 요금이 아닌 '기여'의 형태로 받아들일 수 있다.

또한,

- 기념품 판매,
- 프로그램 유료 강좌 운영,
- 민간 후원 유치,
- 카페테리아 운영 수익 재투입과 같은 부가 수익원을 다양화하는 전략도 필요하다.

장기적 관점에서 가격 전략은 이용자의 부담을 최소화하면서도, 브랜드의 지속가능성을 담보하는 균형 지점을 찾아야 하며, 이는 곧 파크골프가 단기적 트렌드가 아닌 지속 가능한 지역 스포츠 문화로 정착되는 데 있어 핵심적인 역할을 하게 된다.

※ 요약정리

구분	내용
가격 민감도와 합리적 요금 체계	• 고령층 중심의 가격 민감도 고려 • 이용자 유형, 시간대, 이용 횟수에 따라 요금 차등화 • 가성비 중심 설계로 인지된 만족도 강화
사회적 배려와 복지 연계 요금제	• 기초수급자, 독거노인, 장애인 대상 무료 또는 할인 제도 • 노인 일자리 연계 할인 등 복지성과 참여성 강화 • 파크골프의 공공성과 포용성 실현
지역 간 접근성과 요금 형평성	• 대도시–농촌 간 요금 불균형 해소 필요 • 교통·시설 인프라 격차 해소 위한 요금 보조 및 셔틀 도입 • 공공요금 가이드라인 통한 전국적 형평성 확보
지속가능성 기반 수익 설계	• 소액 유료화 통한 시설 운영비 마련 • 수익의 서비스 재투입을 통한 이용자 수용성 확보 • 기념품, 유료 프로그램, 후원 등 부가 수익 다변화로 운영 자립성 강화

함께 생각해 봅시다

1. '무상 운영'과 '소액 유료화' 중 어떤 방식이 파크골프장의 지속 가능성에 더 효과적인가?
2. 고령자 가격 민감도를 고려할 때, 어떤 요금체계가 가장 수용 가능성이 높은가?
3. 사회적 배려 요금제는 단순 복지를 넘어서 브랜드 전략이 될 수 있는가?
4. 지역 간 요금 불균형 문제는 어떻게 해소할 수 있을까?
5. 파크골프 수익구조 설계 시 부가 서비스는 어떤 형태가 가장 현실적이며 바람직한가?

참고문헌

장진우, 윤지훈 (2022). 「고령자 체육시설 이용요금 민감도에 따른 정책 방향 분석」, 고령사회체육연구, 6(2), 33-55.

이예린, 조재한 (2021). 「생활체육시설의 가격 정책이 브랜드 인식에 미치는 영향: 공공성 인식의 매개 역할」, 체육행정경영학회지, 35(1), 77-94.

한정훈, 김지성 (2020). 「공공체육시설 요금정책의 지역 간 격차에 관한 연구」, 지방행정연구, 20(3), 109-130.

황수민, 박준석 (2023). 「체육복지 관점에서 본 사회적 약자 대상 요금제도의 실천 가능성 분석」, 사회체육과 복지학연구, 12(1), 91-108.

이현우, 김서윤 (2022). 「지역 스포츠시설의 지속 가능한 운영을 위한 수익모델 유형 비교」, 스포츠경영경제연구, 29(2), 55-73.

Kim, M., & Choi, Y. (2021). "Pricing Equity in Community-Based Sports Facilities: Balancing Access and Sustainability." International Journal of Sports Policy and Management, 13(2), 134-151.

Lee, J. H., & Park, D. (2023). "Senior-friendly Pricing Strategies in Public Leisure Facilities: Case of Urban and Rural Disparities." Journal of Active Aging and Sport, 7(1), 22-40.

제3절 유통(Place) - 인프라 배치와 지역 전략

1. 생활권 중심의 인프라 분산 배치 전략

파크골프의 접근성을 높이기 위해 가장 중요한 요소 중 하나는 이용자가 일상적으로 도달 가능한 거리 내에 시설이 위치하는 것이다.

특히 고령자의 경우 이동수단 제한, 신체적 피로, 교통 혼잡 등을 고려할 때, 도보 또는 대중교통으로 30분 이내에 접근 가능한 범위 내 시설 확보가 핵심 과제가 된다.

이에 따라 파크골프 인프라는 '대규모 집중형'보다는 생활권 단위의 소규모 분산형 배치가 더욱 효율적일 수 있다.

예를 들어, 대도시에서는 자치구별 또는 동 단위로 최소 1개 이상 설치하고,

소도시나 농촌 지역에서는 중심지에서 10~15분 이내 접근 가능한 위성형 시설을 확보함으로써 지리적 불균형을 최소화할 수 있다.

또한, 도심 속 공원, 하천변, 유휴 녹지 공간을 활용한 파크골프장 조성은 환경친화성과 접근성, 비용 효율성을 동시에 만족시키는 전략이 될 수 있다.

이러한 분산 배치는 '지역 기반 여가문화' 형성에도 기여하며, 파크골프의 일상 속 정착을 촉진하는 기반이 된다.

2. 고령자 중심 접근성 설계

파크골프는 다른 스포츠와 달리 이용자 중심의 설계 철학이 무엇보다 중요하다.

특히 주 고객층이 60대 이상 고령자임을 고려할 때, 유통 전략의 핵심은 단순한 거리의 문제를 넘어선 접근성의 질적 설계에 있다.

첫째, 경사 없는 평지 중심의 부지 확보가 우선적으로 고려되어야 한다. 고령자에게는 코스 내부의 경사뿐 아니라, 시설 진입로, 주차장과 코스 사이의 동선 등도 모두 접근 장벽이 될 수 있다.

둘째, 대중교통과의 연계성 확보가 중요하다. 버스 정류장에서 도보 5분 이내 접근 가능하거나, 노선 일부를 조정해 파크골프장 인근까지 연계하는 정책이 필요하다.

또한 셔틀버스 운영은 거동이 불편한 고령자를 위한 유용한 대안이 될 수 있다.

셋째, 안내 및 표지 시스템의 가독성과 친절성 역시 중요한 요소이다. 고령자도 이해하기 쉬운

큰 글씨, 시각적 아이콘 중심의 표지판, 코스 번호와 화살표 등의 안내체계는 심리적 불편을 줄이고 이용 편의성을 높이는 요소가 된다.

이처럼 파크골프장은 물리적 거리뿐 아니라, 인지적·정서적 거리까지 줄이는 다차원적 접근성 설계가 필요하며, 이는 이용자 만족도와 이용 지속성을 결정짓는 핵심 요인이 된다.

3. 지역사회 자원과의 연계 기반 구축

파크골프장의 운영은 단지 운동 시설을 제공하는 것에 머물지 않고, 지역사회 내 다양한 자원과 연결될 때 그 가치를 극대화할 수 있다.

즉, 유통 전략은 공간 배치를 넘어, 지역 조직과의 연계 전략까지 포함해야 한다.

먼저, 복지기관(노인복지관, 경로당, 보건소 등)과의 협업을 통해 파크골프장을 건강 관리와 사회참여의 복합 공간으로 활용할 수 있다.

예를 들어, 주 1회 복지관 회원과 함께하는 건강 걷기+파크골프 프로그램은 체육과 복지를 융합하는 모델이 될 수 있다.

또한, 지역학교와 연계한 세대통합 프로그램 운영도 주목할 만하다. 중고등학교 또는 청소년센터와 협력하여 손자녀 세대와 조부모 세대가 함께 참여하는 '세대 공감형 교류 골프 캠프' 등을 기획하면, 파크골프장의 사회적 가치가 더욱 확대된다.

이 외에도, 지역 자원봉사단, 자치회, 마을기업, 소상공인 등과 연계하여 라운드 후 간단한 건강 식사 제공, 로컬 기념품 판매, 축제와의 연계 운영 등이 가능하다.

이처럼 유통 전략을 지역 공동체와의 관계망 중심으로 설계할 경우, 파크골프는 지역 활성화의 거점이자 복합 커뮤니티 공간으로 진화할 수 있다.

4. 지역 균형 발전을 위한 공공 배분 전략

파크골프의 공간적 유통 전략은 단순한 시설 배치가 아니라, 지역 간 자원의 형평성 보장이라는 공공 정책적 함의를 담고 있다.

현재까지의 분포를 보면 수도권 및 대도시 지역에는 비교적 다양한 규모의 시설이 확보되어 있는 반면, 일부 농촌 지역이나 산간지역은 시설 부족, 유지관리 인력 미확보, 예산 미지원 등의 문제로 인해 접근성이 낮고 활용도도 떨어지는 실정이다.

이러한 불균형은 단순한 스포츠 향유 기회의 문제를 넘어, 지역 주민의 건강권, 문화권,

여가권의 불균등 문제로 확산될 수 있다

따라서 국가 및 광역자치단체는 파크골프 인프라의 공공 분포 전략을 수립해야 하며, 이를 통해 도시·농촌 간, 중심지·변두리 간의 여가 복지 격차를 해소해야 한다.

구체적으로는,

- 지역 간 시설 공급 기준의 상향 평준화,
- 농촌형 소규모 코스의 표준 모델화 및 예산 지원,
- 시설 유지·보수 인력의 공공 고용 연계,
- 지역 주민 참여형 운영 구조 설계 등이 필요하다.

궁극적으로 파크골프 유통 전략은 지역적 형평성과 접근성이라는 사회적 책임을 이행하면서, 전국 어디서나 평등하게 이용 가능한 생활형 스포츠 인프라 구축의 방향으로 설계되어야 한다.

※ 요약정리

구분	내용
생활권 중심의 인프라 분산 배치	• 고령자 이동성 고려해 대규모 집중보다 생활권 중심 소규모 분산 배치 필요 • 하천변, 공원, 유후지 활용한 입지 전략으로 접근성 및 친환경성 동시 확보
고령자 중심 접근성 설계	• 평지 위주 부지 선정, 대중교통 연계성 강화, 시니어 친화형 표지판 등 • 물리적·심리적 거리 모두 줄이는 질적 접근성 확보 전략 필요
지역사회 자원과의 연계 기반 구축	• 복지기관, 청소년센터, 주민조직 등과 연계한 프로그램 운영 • 파크골프장을 지역 커뮤니티 활동의 거점으로 기능하게 하는 복합 공간 전략
지역 균형 발전을 위한 공공 전략	• 도시-농촌 간 인프라 불균형 해소 필요 • 농촌형 소규모 모델 개발 및 예산 지원, 주민참여형 운영체계 마련 • 스포츠 복지 형평성과 정책 기반 인프라 재배분 필요

함께 생각해 봅시다

1. 파크골프장은 대규모 집중형 시설보다 생활권 분산형이 더 효과적인가?
2. 파크골프의 유통 전략 설계에서 '거리'보다 더 중요한 접근성 요소는 무엇인가?
3. 지역 복지기관과의 연계를 통해 파크골프장을 어떻게 '복합 커뮤니티 플랫폼'으로 발전시킬 수 있을까?
4. 지역 간 인프라 불균형을 해소하기 위한 파크골프장 공공 배분 기준은 어떻게 설정해야 하는가?
5. 지방자치단체가 파크골프 유통 전략에서 수행해야 할 역할은 무엇이며, 민간과의 협업은 어떻게 조율되어야 하는가?

참고문헌

정윤지, 김기찬 (2022). 「생활체육시설 입지전략과 고령자 접근성에 관한 연구」, 지역체육학연구, 18(2), 77-94.

고승훈, 박혜진 (2021). 「공공 스포츠 인프라의 지역 간 불균형 분석과 정책 제언」, 스포츠복지정책연구, 4(1), 25-47.

이은별, 최동민 (2023). 「고령자 중심 스포츠 시설 설계 가이드라인 연구: 파크골프 사례 중심으로」, 시니어스포츠디자인연구, 6(1), 51-70.

남지현, 유재명 (2020). 「지역 커뮤니티 스포츠 공간의 복합 기능화 전략에 대한 탐색」, 문화체육정책학회지, 23(3), 101-123.

강다은 외 (2023). 「공공체육시설 운영에서의 주민참여형 거버넌스 모델 탐색」, 지방자치행정연구, 19(1), 87-108.

Kim, J., & Han, K. (2022). "Designing Age-friendly Leisure Facilities in Urban Environments: A Case Study of Park Golf Centers." Journal of Urban Sports Infrastructure, 3(2), 15-31.

Park, Y., & Seo, J. (2023). "Spatial Equity in Public Sports Infrastructure: Evaluating Distribution Gaps in Rural Regions." International Review for Community Health and Sport, 5(1), 42-58.

제4절 촉진(Promotion) - 홍보 채널과 콘텐츠

1. 전통 매체 기반의 공공 홍보 강화

파크골프의 주요 이용자층인 고령자, 특히 70대 이상 세대는 디지털 미디어보다 전통 매체에 더 익숙하며, 여전히 신문, 방송, 지역 소식지, 마을 게시판 등을 통해 정보를 얻는 비중이 높다.

따라서 홍보 전략의 첫 단계는 지역 기반의 공공 매체를 활용한 홍보 채널 확보이다.

예를 들어, 지역 일간지나 노인 대상 전문 잡지에 파크골프장 개장 소식, 프로그램 일정, 동호회 모집 안내 등을 정기적으로 게재하면 노출 빈도를 높일 수 있다.

또한, 지역 방송국(케이블 TV 등)과 연계한 파크골프 체험 프로그램 방송이나, '우리 동네 라운드 이야기' 같은 다큐 콘텐츠도 정서적 공감을 유도할 수 있는 효과적인 수단이다.

마을회관, 주민센터, 복지관 등에 크게 인쇄된 전단지나 포스터를 비치하고, 안내 방송으로 정보를 전달하는 것도 고령자 대상 전통적인 홍보 방식으로 유효하다.

전통 매체 기반 홍보는 단지 정보 제공 차원이 아니라, 신뢰와 정서적 친밀감을 기반으로 한 공공 이미지 제고 전략으로 활용되어야 한다.

2. 디지털 플랫폼을 통한 세대 확장 전략

중장년층, 50~60대 이용자를 중심으로 디지털 미디어의 활용도는 빠르게 증가하고 있으며, 이를 기반으로 파크골프는 보다 젊은 세대를 향한 확장 전략도 함께 수립할 수 있다.

우선, 파크골프장의 공식 블로그, 유튜브 채널, SNS 계정(카카오채널, 인스타그램, 페이스북 등)을 통해 영상 중심의 콘텐츠 제작이 중요하다.

예를 들어,
 - 초보자를 위한 '입문자용 3분 스윙 강좌',
 - 매 라운드의 명장면을 담은 '오늘의 베스트 샷',
 - 동호회 활동 후기 중심의 '동네 라운더 브이로그',
 - 시즌별 팁을 정리한 '파크골프 Q&A' 영상 등은

디지털 채널을 통한 정보 확산뿐 아니라, 참여와 구독을 유도하는 콘텐츠 전략으로 기능한다.

또한, 유튜브 채널 운영 시에는 고령자를 고려하여 화면 구성, 자막 크기, 음성 내레이션을 모두 고령자 친화적으로 구성해야 하며, 중장년층 이상 이용자도 쉽게 접근할 수 있도록 QR코드 연계 인쇄물이나 스마트폰 사용법 교육 연계도 함께 고려되어야 한다.

디지털 홍보는 단지 홍보 수단이 아니라, 파크골프가 '정체된 고령자 전용 종목'이 아니라 젊은 감성도 수용할 수 있는 열린 스포츠라는 인식을 제공하는 핵심 도구가 될 수 있다.

3. 체험 중심의 현장 캠페인과 참여형 이벤트 운영

홍보는 '알리는 것'만으로는 부족하며, 실제로 '경험하게 하는 것'이 훨씬 더 강한 인식을 남긴다.

특히 파크골프처럼 낯설지만 쉽게 접근 가능한 스포츠는 한 번의 직접 체험이 참여 전환율을 높이는 데 효과적이다.

이를 위해 지역 축제, 걷기 행사, 건강 박람회, 복지관 개방 행사 등과 연계한 이동형 체험 부스 설치가 매우 유용하다.

소형 파크골프 연습 코스를 설치하고, 간단한 미니 게임이나 3타 챌린지 이벤트를 운영하면 참여자는 흥미를 느끼고 자연스럽게 파크골프의 매력을 체험하게 된다.

또한, 동호회 연합 대회나 지역 간 교류전 같은 참여형 공개 행사는 기존 참가자들의 소속감을 강화하면서 신규 이용자에게도 '함께할 수 있는 활동'이라는 메시지를 효과적으로 전달할 수 있다.

이와 같은 체험형 홍보는 제품 중심이 아닌 경험 중심의 마케팅 전략으로, 브랜드와 소비자의 관계를 실질적으로 형성하는 중요한 촉진 수단이다.

4. 브랜드 스토리텔링과 감성 콘텐츠 기획

현대 소비자는 단지 정보에 의해 움직이기보다는, 정서적 연결과 공감을 통해 브랜드에 접근하는 경향이 강하다.

따라서 파크골프 홍보에서는 제품 설명 중심이 아니라, 이용자의 삶과 감정을 담아낸 감성 콘텐츠가 더욱 효과적이다.

예를 들어,

- 파크골프를 통해 건강을 되찾은 사례,

- 은퇴 후 삶의 의미를 찾은 이야기,
- 손자와 함께 라운드 하며 세대를 연결한 할아버지의 일기,
- 친구를 사귀며 외로움을 극복한 동호회원의 수기 등은

그 자체가 강력한 브랜드 스토리로 작용한다.

이러한 이야기는 짧은 에세이, 영상 인터뷰, 사진 중심 콘텐츠 등 다양한 형태로 제작될 수 있으며, 홍보물, 지역 커뮤니티지, 복지관 게시판, SNS 페이지 등 다양한 채널에서 확산될 수 있다.

또한, 파크골프의 사계절 변화, 자연 풍경, 동료들과의 웃음 장면 등을 담은 감성 이미지 콘텐츠도 사람들의 정서에 깊이 남는 홍보 방식이다.

브랜드 스토리텔링은 결국 파크골프가 단순히 '운동'이 아닌,
'사람의 삶을 바꾸고 감정을 채우는 스포츠'라는 브랜드 이미지 구축의 정점을 형성하는 전략이다.

※ 요약정리

구분	내용
전통 매체 기반 공공 홍보 전략	• 고령층 중심의 정보 획득 경로 고려 • 지역 신문, 방송, 게시판 활용 • 주민센터, 복지관 중심의 포스터·전단지 등 물리적 채널을 통한 정서적 신뢰 형성
디지털 플랫폼을 통한 세대 확장	• 유튜브, 블로그, SNS 채널 운영을 통한 젊은 층 접근성 강화 • 영상 콘텐츠 중심의 친숙한 정보 제공 • 자막, 내레이션, QR코드 등 고령층 친화적 디지털 구성 필요
체험 중심 캠페인 및 이벤트	• 지역 행사 연계 체험 부스, 미니 게임 등 현장 중심 홍보 • 공개 대회, 동호회 교류전 등을 통해 실질적 참여 유도 • '보고 듣는' 홍보에서 '직접 해보는' 홍보로의 전환
브랜드 스토리텔링 및 감성 콘텐츠	• 이용자 수기, 삶의 변화 사례 등 감정 중심 스토리 제작 • 자연 풍경, 라운드 장면 등 시각 중심 이미지 콘텐츠 • 스포츠의 기능을 넘어 '공감과 감동'을 담은 브랜드 홍보 강조

함께 생각해 봅시다

1. 고령자 대상 파크골프 홍보에서 전통 매체와 디지털 매체 중 어떤 채널이 더 효과적인가?
2. 디지털 콘텐츠는 파크골프의 세대 확장에 얼마나 실질적인 기여를 할 수 있을까?
3. 체험형 이벤트는 파크골프 브랜드 인지도 향상에 어떤 전략적 장점을 가지는가?
4. 감성 콘텐츠가 브랜드 충성도에 미치는 영향은 어느 정도인가?
5. 파크골프 홍보 전략에서 공공성과 상업성은 어떻게 균형을 맞춰야 하는가?

참고문헌

이세진, 박소현 (2023). 「공공체육시설 이용자 특성에 따른 매체 홍보 수용도 분석」, 지역체육커뮤니케이션연구, 7(2), 43-62.

장준석, 고유정 (2022). 「디지털 콘텐츠 마케팅이 중장년 스포츠 참여 확대에 미치는 영향」, 스포츠디지털마케팅연구, 5(1), 88-106.

정하연 (2021). 「체험 마케팅을 활용한 지역 스포츠 종목의 활성화 전략」, 문화체육진흥정책연구, 11(3), 119-138.

윤지애, 김대우 (2023). 「감성 스토리텔링 기반 스포츠 브랜딩 전략 연구: 시니어 대상 콘텐츠 중심으로」, 스포츠브랜드커뮤니케이션학회지, 4(2), 71-92.

김선진 외 (2020). 「노년층 여가스포츠 참여 유도에 있어 콘텐츠 유형별 선호도 분석」, 고령사회디자인연구, 6(1), 29-48.

Lee, J., & Cho, Y. (2022). "Strategic Communication for Senior Sports Participation: Combining Digital Outreach and Storytelling." International Journal of Active Aging and Communication, 4(1), 21-38.

Park, S., & Lim, H. (2023). "Event-Based Promotion in Community Sports: Evidence from Intergenerational Golf Events." Journal of Public Leisure Studies, 9(1), 57-75.

제9강
디지털 마케팅과 콘텐츠 전략

제1절 SNS(인스타그램, 유튜브) 마케팅 사례

1. 인스타그램 기반 브랜드 이미지 강화 전략

인스타그램은 비주얼 중심 플랫폼으로, 파크골프의 자연 친화적이고 감성적인 요소를 부각시키기에 매우 적합한 채널이다. 특히 인스타그램에서는 이미지와 해시태그를 통해 소비자의 감성적 공감대를 형성할 수 있다.

파크골프 마케팅에서는 경기 장면을 단순히 보여주는 데 그치지 않고, 코스의 사계절 변화, 아침 안갯속 라운드, 웃으며 걷는 이용자들, 가족 단위 플레이 모습 등을 정성껏 촬영하여 업로드하는 것이 중요하다.

이러한 이미지는 '건강', '힐링', '자연과 함께하는 여가'라는 메시지를 직관적으로 전달할 수 있다. 또한, 해시태그 전략도 병행해야 한다. 예를 들어 #파크골프, #힐링스포츠, #세대공감, #골프보다_쉬운_운동, #걷기운동, #부모님과함께 등과 같은 해시태그를 꾸준히 사용하면 검색 노출 효과를 높일 수 있다.

결국, 인스타그램은 파크골프를 단순한 스포츠가 아닌, 삶을 풍요롭게 하는 라이프스타일 브랜드로 포지셔닝하는 데 중요한 역할을 하게 된다.

2. 유튜브 기반 콘텐츠 확산 전략

유튜브는 현대 소비자가 가장 많이 사용하는 영상 기반 플랫폼으로, 정보 전달과 감성 전달을 동시에 수행할 수 있는 강력한 매체이다. 특히 파크골프처럼 아직 대중적으로 널리 알려지지 않은 스포츠는, 유튜브를 통해 간접 체험과 친숙성 형성을 동시에 달성할 수 있다.

파크골프 관련 유튜브 마케팅에서는 초보자를 대상으로 하는 간단한 입문 강좌 영상을 제작하는 것이 효과적이다. 예를 들어 "파크골프 5분 완전 정복"과 같은 제목을 사용하여, 스윙 방법, 기본 규칙, 라운드 방법 등을 알기 쉽게 소개하면, 처음 접하는 사람들도 부담 없이 접근할 수 있다.

또한 실제 라운드 장면을 담은 동행 브이로그 형식의 콘텐츠는 자연스럽게 운동 분위기와 코스의 매력을 전달하는 데 유리하다. 플레이어의 실제 소감, 날씨 변화, 코스 뷰 등을 솔직하게 담아내면 영상 시청자는 마치 자신이 함께 걷고 있는 것 같은 간접 체험을 느끼게 된다. 건강 관리에 관심이 많은 중장년층을 겨냥해서는, 파크골프와 건강을 연결 짓는 콘텐츠가 유용하다.

예를 들어 "혈압 개선에 좋은 파크골프 운동법", "하루 1만 보 걷기의 대안, 파크골프" 같은 주제는 실질적인 정보 제공과 브랜드 인식 개선을 동시에 이끌 수 있다.

이와 함께, 지역 대회나 친선 경기에서 촬영한 명장면 하이라이트 영상을 짧고 감각적으로 편집해 SNS와 연계하는 것도 좋은 전략이다. 결국 유튜브를 통한 콘텐츠 확산은 파크골프에 대한 친근성, 전문성, 재미를 동시에 구축하는 홍보 축이 될 수 있다.

3. 참여형 SNS 캠페인 기획

SNS 마케팅의 핵심은 소비자가 콘텐츠를 수동적으로 소비하는 것이 아니라, 직접 참여하고 확산시키는 주체로 만드는 것에 있다. 특히 파크골프처럼 체험 기반 스포츠는 참여형 캠페인을 통해 직접 경험한 감정을 공유하게 만들 때 더욱 강력한 홍보 효과를 거둘 수 있다.

파크골프에서는 인스타그램을 중심으로 참여형 인증 이벤트를 기획할 수 있다. 예를 들어 "#우리동네파크골프"라는 해시태그를 달고, 자신이 라운드 한 모습, 스코어카드, 친구와의 플레이 장면 등을 올리도록 유도하는 방식이다.

추첨을 통해 소정의 기념품을 제공하거나, 우수 게시물을 공식 계정에서 소개해 주는 방식으로 참여자에게 보상을 제공하면, 자연스럽게 바이럴 효과가 확산된다.

또한 가족 단위 이용자나 고령층 이용자를 대상으로 "부모님과 첫 파크골프 체험" 캠페인, "걷기 왕 도전! 하루 1만 보 달성 이벤트" 등을 운영하면 건강, 세대 소통, 생활 스포츠라는 파크골프의 긍정적 이미지를 다양한 연령층에 전파할 수 있다.

이러한 참여형 SNS 캠페인은 파크골프장을 찾는 이용자 스스로가 브랜드 홍보의 주체가 되는 효과를 창출하며, 동시에 이용자의 충선도를 높이는 데에도 크게 기여한다.

4. 지역 연계형 SNS 공동 마케팅

파크골프의 성공적인 확산을 위해서는 개별 시설 수준의 홍보를 넘어, 지역 전체를 하나의 브랜딩 단위로 묶는 공동 마케팅 전략이 필요하다. 특히 소도시나 농촌 지역에서는 파크골프장을 중심으로 관광, 건강, 여가를 연계한 통합 홍보가 효과적이다.

예를 들어 지자체, 관광공사, 지역상권이 함께 협력하여 "○○시 힐링 파크골프 페스티벌" 같은 대형 이벤트를 기획하고, 이를 인스타그램, 유튜브, 지역 커뮤니티 채널을 통해 통합적으로 홍보할 수 있다.

행사에서는 미니 체험 코스, 지역 특산품 연계 장터, 건강 걷기 프로그램 등을 함께 운영하여 방문객이 단순 스포츠 체험을 넘어 지역 문화까지 경험할 수 있도록 구성한다.

지역 내 카페, 음식점, 숙박업소 등과 협력하여 파크골프 이용자 할인 이벤트를 실시하거나, '인증샷 업로드 시 지역 기념품 증정'과 같은 프로모션을 SNS 중심으로 운영하면 지역 경제 활성화와 파크골프 브랜드 확산을 동시에 이룰 수 있다.

이와 같이 지역 연계형 SNS 마케팅은 파크골프를 단순한 운동장이 아니라, 지역 생활관광 자원 및 커뮤니티 플랫폼으로 확장시키는 전략이 된다. 또한 이를 통해 파크골프장의 지속적 이용자 확보와 지역민의 자긍심 고취라는 이중 효과를 달성할 수 있다.

※ 요약정리

구분	내용
인스타그램 기반 브랜드 강화	• 자연·힐링·가족 중심 이미지 콘텐츠 제작 • 해시태그(#파크골프, #힐링스포츠 등) 활용 통한 노출 강화 • 파크골프를 라이프스타일 브랜드로 포지셔닝
유튜브 기반 콘텐츠 확산	• 초보자 가이드, 라운드 브이로그, 건강 정보 영상 제작 • 친근하고 이해하기 쉬운 영상 콘텐츠로 신뢰성 구축 • '보고 배우는 스포츠' 이미지 형성
참여형 SNS 캠페인 기획	• 이용자 인증샷, 해시태그 챌린지 등 자발적 참여 유도 • 가족, 건강, 세대 소통 주제 활용하여 파크골프 긍정 이미지 확산 • 소비자가 브랜드 확산 주체가 되는 전략 구축
지역 연계형 SNS 공동 마케팅	• 지자체·관광공사·지역 상권 연계 통합 마케팅 • 지역 축제·특산품 연계한 복합 체험형 홍보 추진 • 파크골프를 지역 생활관광·커뮤니티 플랫폼으로 확장

함께 생각해 봅시다

1. 인스타그램을 활용한 감성 마케팅은 파크골프 브랜드 이미지에 어떤 변화를 가져올 수 있는가?
2. 유튜브 콘텐츠 기획 시 초보자 대상 영상과 체험형 브이로그 중 어느 형태가 파크골프 확산에 더 효과적인가?
3. 참여형 SNS 캠페인은 파크골프 이용자 충성도 형성에 어떤 기여를 할 수 있는가?
4. 지역 연계형 SNS 마케팅 전략은 파크골프의 지속 가능한 성장에 어떤 영향을 미칠 수 있는가?
5. SNS를 통한 파크골프 홍보 시 고령층과 젊은 층을 모두 고려하는 콘텐츠 전략은 어떻게 구성해야 하는가?

참고문헌

오유진, 한동희 (2023). 「SNS 플랫폼별 스포츠 종목 홍보 효과 분석: 인스타그램과 유튜브 비교 연구」, 스포츠마케팅커뮤니케이션연구, 6(2), 41-63.

조하영, 김성민 (2022). 「참여형 디지털 마케팅이 소비자 경험에 미치는 영향: 스포츠 레저 산업을 중심으로」, 디지털콘텐츠학회논문지, 23(5), 1051-1062.

이수민 외 (2021). 「지역축제와 SNS 연계 마케팅 전략의 효과성 분석」, 관광커뮤니케이션연구, 18(3), 77-94.

김은지, 박광호 (2020). 「감성 콘텐츠 기반 스포츠 브랜드 스토리텔링 전략 연구」, 스포츠브랜드디자인학회지, 5(1), 29-50.

장유진, 서지은 (2023). 「고령층 스포츠 이용자 대상 SNS 접근성 향상 전략」, 고령사회디지털커뮤니케이션연구, 7(1), 61-79.

Park, S., & Choi, Y. (2022). "YouTube as a Marketing Platform for Senior Sports Programs: Opportunities and Challenges." Journal of Digital Sport Communication, 4(1), 15-32.

Lee, H., & Jung, M. (2023). "Community-based SNS Promotion Strategies for Local Sports Facilities: A Case Study on Golf Parks." International Journal of Public Sport and Leisure Studies, 7(2), 88-107.

제2절 웹사이트 및 앱 기반 서비스 구축

1. 이용자 친화적 웹사이트 구축 전략

파크골프 웹사이트는 단순히 시설 정보를 나열하는 공간을 넘어, 이용자의 관점에서 직관적이고 친절한 정보 탐색이 가능한 플랫폼이어야 한다. 특히 고령층 이용자의 비율이 높은 점을 고려할 때, 가독성과 접근성을 최우선으로 설계해야 한다.

첫째, 홈페이지는 간결하고 큰 글씨를 사용해야 한다. 복잡한 메뉴 구조나 작고 세밀한 글자체는 정보 접근성을 낮추므로, 메뉴는 최대 2단계 이내로 구성하고, 버튼은 명확하게 크고 누르기 쉽게 배치해야 한다.

이용자 친화적 웹사이트 구축

둘째, 필요한 핵심 정보(예: 위치, 운영시간, 요금, 예약 방법)는 메인 화면에서 바로 확인할 수 있도록 '원클릭 정보 접근 체계'를 구축해야 한다.

셋째, 사진과 영상 등 비주얼 중심의 콘텐츠를 풍부하게 제공하여, 글을 읽지 않고도 시설의 분위기, 코스 전경, 이용 방법 등을 직관적으로 이해할 수 있게 해야 한다. 또한, 고령 이용자를 고려해 텍스트 음성 변환 기능(TTS)이나, 폰트 크기 조정 기능을 추가로 제공하는 것도 디지털 접근성을 높이는 데 매우 유효하다.

이용자 친화적 웹사이트는 정보 제공뿐만 아니라, 파크골프에 대한 첫인상과 브랜드 신뢰를 좌우하는 핵심 창구가 된다.

2. 모바일 앱을 통한 실시간 서비스 제공

현대 사회에서 대부분의 정보 접근과 서비스 이용은 스마트폰을 통한 모바일 환경에서 이루어지고 있다. 파크골프 역시 이러한 흐름에 발맞추어, 전용 모바일 앱을 통한 실시간 서비스 제공을 강화할 필요가 있다.

특히 중장년층 이상의 스마트폰 보급률이 꾸준히 상승하고 있으며, 간편한 조작만 가능하다면 고령 이용자들도 모바일 서비스를 적극 활용할 수 있다.

모바일 앱을 구축할 때는 무엇보다 이용자 편의성을 최우선으로 고려해야 한다. 사용자는 앱을 통해 직접 예약을 진행하고, 원하는 시간대의 코스 이용 가능 여부를 손쉽게 확인할 수 있어야 한다.

또한 예약 완료, 취소, 대기 확정 등의 상황에 따라 실시간 푸시 알림을 제공하여, 사용자가 상황을 즉각적으로 인지하고 대응할 수 있도록 해야 한다. 결제 시스템 역시 앱 안에서 간편하게 완료할 수 있도록 설계해야 한다. 이용권 구입, 쿠폰 결제, 시즌권 등록 등 다양한 결제 옵션을 제공하고, 최소한의 절차로 빠르게 결제가 이뤄지게 해야 한다. 추가로, 코스 내 이동을 돕기 위해 GPS 기반 코스 맵 안내 기능을 탑재하면, 특히 초보 이용자나 외부 방문객들이 더욱 편리하게 시설을 이용할 수 있다.

이러한 모바일 앱 기반 실시간 서비스는 파크골프장을 보다 현대적이고 스마트한 스포츠 공간으로 인식시키는 동시에, 이용자 만족도와 재방문율을 높이는 중요한 수단이 된다.

3. 예약 및 커뮤니티 기능 강화

디지털 플랫폼 구축에서 가장 중요한 것은 단순히 정보를 나열하는 것이 아니라, 이용자의 능동적 참여를 유도하는 구조를 마련하는 것이다.

파크골프 웹사이트와 앱에서는 편리한 예약 시스템과 활발한 커뮤니티 기능을 동시에 제공함으로써 이용자 만족을 극대화할 수 있다. 예약 시스템은 단순한 개인 예약 외에도, 팀 단위 예약이나 동호회 단체 예약까지 지원할 수 있도록 다양성을 갖추어야 한다. 사용자는 예약 가능 시간대를 쉽게 확인하고, 클릭 몇 번 만으로 예약을 완료할 수 있어야 하며, 변경이나 취소도 복잡한 절차 없이 간편하게 처리할 수 있어야 한다. 잔여 인원 확인, 대기자 등록, 자동 알림 등 세부 기능을 갖춘다면, 이용자 불편을 최소화하고 만족도를 크게 높일 수 있다.

한편, 커뮤니티 기능은 파크골프 이용자 간 관계 형성과 정보 공유의 장을 제공한다. 동호회 가입 및 활동 지원, 대회 신청과 결과 공유, 이용 후기 게시판, 포토 갤러리 운영 등을 통해, 이용자들은 온라인에서도 지속적으로 교류하며 브랜드에 대한 소속감과 충성도를 높일 수 있다.

특히 고령층 이용자들이 자신의 활동을 기록하거나, 다른 회원들과 소소한 교류를 이어가는 경험은, 단순 시설 이용 이상의 가치를 제공한다. 이처럼 예약과 커뮤니티 기능의 강화는 파크골프장이 단순한 운동장이 아닌, 온라인과 오프라인을 아우르는 생활 속 스포츠 커뮤니티 공간으로 발전하는 데 중요한 역할을 하게 된다.

4. 데이터 기반 맞춤형 서비스 개발

웹사이트와 모바일 앱이 단순 정보 제공 창구로 기능하는 시대는 지났다. 오늘날의 디지털 플랫폼은 이용자 데이터를 축적하고 분석하여, 개인 맞춤형 서비스 제공까지 이어지는 통합적 플랫폼으로 발전해야 한다.

파크골프장에서도 이용자의 예약 기록, 이용 빈도, 선호 시간대, 참가 대회 이력 등 다양한 데이터를 체계적으로 수집하고 분석해야 한다. 이러한 데이터를 기반으로, 예를 들어 특정 이용자에게 선호 시간대 예약 오픈 시 사전 알림을 보내거나, 일정 횟수 이상 라운드를 완료한 이용자에게 리워드 혜택을 제공하거나, 연령대와 활동 성향에 맞는 맞춤형 프로그램(예: 초보자 강습, 중급자 대회)을 추천할 수 있다.

또한 집단 데이터를 분석하면, 지역별 이용 패턴이나 시설 이용률 등을 파악하여 향후 시설 확충, 프로그램 개편, 이벤트 기획에 실질적인 근거를 제공할 수 있다. 데이터 기반 맞춤형 서비스는 이용자에게는 '나를 위한 특별한 서비스'라는 감정적 만족을, 운영자에게는 운영 효율성 향상과 전략적 의사결정 지원이라는 실질적 가치를 가져다준다.

결국 데이터 기반 전략은 파크골프장을 이용자 중심의 지능형 스포츠 서비스 공간으로 진화시키는 핵심 동력이 된다.

※ 요약정리

구분	내용
이용자 친화적 웹사이트 구축	• 고령자 고려한 간결한 레이아웃, 큰 글씨, 직관적 메뉴 구성 • 핵심 정보(위치, 시간, 요금) 원클릭 접근 제공 • 비주얼 콘텐츠 및 접근성 지원 기능(TTS, 폰트 조정) 강화
모바일 앱을 통한 실시간 서비스 제공	• 코스 예약, 결제, 위치 안내 등 실시간 편의 기능 제공 • 푸시 알림 통한 0 용자 커뮤니케이션 강화 • 심플한 디자인과 조작 용이성으로 고령자 접근성 확보
예약 및 커뮤니티 기능 강화	• 개인·팀·동호회 예약 기능 다변화 • 예약 변경·대기 시스템 구축 • 후기, 포토갤러리 동호회 운영 등 온라인 커뮤니티 기능 통해 이용자 소속감 및 충성도 증진
데이터 기반 맞춤형 서비스 개발	• 이용자 행동 데이터 수집 및 분석 • 선호 시간대 알림, 개인 맞춤 추천, 리워드 프로그램 운영 • 운영 효율화 및 전략적 마케팅 데이터 기반 마련

💬 함께 생각해 봅시다

1. 고령자 이용자가 많은 파크골프장의 웹사이트는 어떤 접근성 디자인 원칙을 우선해야 하는가?
2. 모바일 앱을 통해 파크골프장의 이용 경험을 어떻게 스마트화할 수 있는가?
3. 예약 기능 강화와 커뮤니티 활성화 기능 중 어느 쪽이 이용자 충성도 형성에 더 큰 영향을 미칠까?
4. 파크골프장 디지털 플랫폼에서 데이터 기반 맞춤형 서비스 제공이 갖는 장점과 한계는 무엇인가?
5. 웹사이트·앱 기반 디지털 전환이 파크골프 브랜드 이미지에 미치는 긍정적/부정적 효과는 무엇인가?

참고문헌

민지, 송지호 (2023). 「고령자 친화적 디지털 스포츠 플랫폼 설계 원칙 연구」, 디지털헬스케어디자인연구, 8(2), 59-78.

윤지영, 이한울 (2022). 「스포츠시설 모바일 앱 서비스의 이용자 경험(UX) 분석」, 스포츠디지털마케팅학회지, 5(1), 21-39.

박지현, 강현석 (2021). 「비대면 스포츠 예약 플랫폼의 기능성과 이용 만족도 간 관계 분석」, 스포츠산업경영학회지, 36(2), 93-111.

이준희, 조유라 (2022). 「커뮤니티 기반 체육시설 운영의 온라인 플랫폼화 가능성 연구」, 스포츠사회학연구, 31(1), 55-74.

김가람 외 (2020). 「데이터 기반 개인화 마케팅 전략이 스포츠 참여율에 미치는 영향」, 스포츠정보과학회지, 25(4), 99-118.

Choi, S., & Lee, M. (2023). "Developing User-Centered Mobile Applications for Senior-Friendly Sports Facilities." International Journal of Sport Management and Digital Innovation, 4(1), 33-51.

Kim, Y., & Park, D. (2022). "Smart Service Strategies for Public Leisure Facilities in the Post-COVID Era." Journal of Digital Public Services, 5(2), 72-89.

제3절 참여형 콘텐츠(챌린지, 리뷰 등) 활용 전략

1. 챌린지를 통한 자발적 참여 유도

챌린지는 소비자가 능동적으로 브랜드와 상호작용하게 만드는 대표적 디지털 마케팅 기법이다. 특히 스포츠 분야에서는 활동성과 도전성이라는 종목 특성과 자연스럽게 맞물리기 때문에, 참여자의 감정적 돌입과 자발적 확산 효과를 동시에 기대할 수 있다.

파크골프 마케팅에서도 다양한 형태의 챌린지를 기획하여 소비자 스스로 브랜드를 확산하는 주체로 전환시킬 수 있다.

예를 들어, 초보자를 대상으로 하는 "나의 첫 파크골프 챌린지"는 처음 라운드하는 모습을 사진이나 짧은 영상으로 SNS에 공유하도록 유도할 수 있다.

이때 특정 해시태그를 지정하여 콘텐츠 검색성과 집합성을 높이고, 우수 참여자에게 소정의 상품(예: 골프 장갑, 기념 텀블러 등)을 제공하여 참여 동기를 강화할 수 있다.

보다 숙련된 이용자를 대상으로는 "3홀 연속 버디 도전"이나 "파크골프 걷기 왕 챌린지(1만 보 걷기)" 같은 기술 중심, 건강 중심 챌린지를 운영할 수 있다.

챌린지를 통한 참여는 단순 홍보를 넘어 소비자가 자신의 성취를 자랑하고, 동료를 초대하여 확산시키는 확장형 네트워크 효과를 발생시킨다.

이러한 챌린지 기획은 파크골프장의 이용자층을 넓히고, 브랜드를 활동적이고 긍정적인 이미지로 각인시키는 데 매우 유효한 전략이 된다.

2. 이용자 리뷰 활성화 전략

디지털 소비 환경에서 이용자 리뷰는 광고보다 강력한 신뢰 요소로 작용한다. 특히 스포츠나 레저 분야에서는 직접 경험자의 평가가 신규 이용자의 참여 결정에 막대한 영향을 미친다.

따라서 파크골프장에서도 이용자 리뷰를 체계적으로 수집, 관리, 활용하는 전략이 반드시 필요하다.

웹사이트와 모바일 앱에 간편 리뷰 작성 시스템을 구축하여, 이용자가 라운드를 마친 후 즉시 후기 작성 요청을 받을 수 있도록 해야 한다.

별점 평가(5점 만점), 간단한 문장형 소감, 추천 여부 등을 손쉽게 작성할 수 있도록 하면 리뷰 작성 장벽을 낮출 수 있다.

작성 유도를 위해 소정의 인센티브(다음 라운드 할인권, 음료 쿠폰, 소정의 기념품 제공)를 제공하는 것도 좋은 방법이다. 또한 '이 주의 베스트 리뷰' 선정이나, '신규 이용자 후기 추천 게시판'을 운영하여 작성자의 자부심과 동기를 자극하는 구조를 마련해야 한다.

작성된 리뷰는 단순 저장에 그치지 않고, 홈페이지 메인 페이지, SNS 공식 계정, 뉴스레터 등에 적극적으로 노출시켜 이용자 경험을 공유하고 파크골프장의 신뢰성을 강화하는 콘텐츠로 재활용할 수 있다.

결국 리뷰 활성화 전략은 파크골프장의 브랜드 신뢰도를 구축하는 동시에, 잠재 이용자의 심리적 장벽을 낮추는 가장 직접적이고 강력한 수단이 된다.

3. 미션형 이벤트를 통한 이용자 경험 확장

단순한 참여를 넘어서, 이용자가 일정 목표를 향해 지속적으로 도전하는 미션형 이벤트는 스포츠 종목의 특성과 소비자의 자기 효능감을 동시에 자극할 수 있는 전략이다.

파크골프 마케팅에서는, 예를 들어 "30일 파크골프 습관 만들기 프로젝트"를 운영할 수 있다. 참가자는 한 달 동안 주 2회 이상 파크골프 라운드에 참여하거나, 누적 걸음 수 목표(예: 20만 걸음 달성)를 달성하는 과제를 수행해야 한다.

완주자에게는 인증서와 소정의 선물을 제공하고, 성취 과정을 SNS에 공유하도록 유도하면 개인의 성취와 브랜드 인식 확산이 동시에 이루어진다.

또 다른 유형으로는 "동호회 챌린지 대항전"을 기획할 수 있다. 호회 단위로 참가하여, 라운드 횟수, 참여율, 평균 스코어 등을 경쟁하는 방식이다. 최우수 팀에게는 지역 대회 출전 기회, 부상, 단체 유니폼 제공 등의 혜택을 주어 소속감, 팀워크, 도전 욕구를 자극할 수 있다.

이처럼 미션형 이벤트는 파크골프 참여를 일회성 체험이 아닌 지속적 습관으로 연결시키고, 참가자에게 성취감과 커뮤니티 소속감을 강화하는 경험을 제공하는 중요한 전략이 된다.

4. SNS 연계형 이용자 콘텐츠 리포스팅 전략

SNS 연계형 콘텐츠 전략은 소비자가 스스로 만든 콘텐츠를 공식 채널에 적극적으로 공유함으로써, 자발적 확산과 관계 강화 효과를 동시에 누리는 전략이다.

파크골프장에서는 이용자가 올린 라운드 사진, 인증샷, 챌린지 완료 장면, 미션 달성 스토리 등을 적극적으로 수집하고, 공식 인스타그램, 페이스북, 블로그, 웹사이트에 리포스팅(재공유)하여 브랜드 커뮤니티를 활성화할 수 있다.

이를 위해 사전 동의(공식 계정 리그램 가능성 공지)를 받고, 매주 '베스트 인증샷', '감동 스토리상' 같은 프로그램을 운영하여 참여자에게 공식 채널에 소개되는 경험을 선사해야 한다. 특히 고령 이용자에게도 SNS 참여 경험을 제공하기 위해, 복지관이나 동호회 차원에서 SNS 사진 촬영·업로드 교육 프로그램을 지원하는 것도 좋은 방법이다.

이러한 노력을 통해 고령자들도 디지털 커뮤니티의 일원이 되고, 스스로 브랜드 홍보에 참여하는 긍정적 경험을 축적할 수 있다

결국 SNS 연계 리포스팅 전략은 파크골프장을 '모두가 함께 만드는 스포츠 공간'으로 자리매김시키는 핵심 도구가 되며, 브랜드 충성도와 자발적 확산력을 지속적으로 강화하는 강력한 기반이 된다.

※ 요약정리

구분	내용
챌린지를 통한 자발적 참여 유도	• 초보자·숙련자 대상 다양한 SNS 챌린지 운영 • 해시태그 확산 및 성취형 미션 도입 • 소정의 보상 제공으로 참여 동기 강화 및 브랜드 친숙성 증대
이용자 리뷰 활성화 전략	• 간편 리뷰 작성 시스템 구축 및 인센티브 제공 • 우수 리뷰 선정 및 공식 채널 공유 • 이용자 경험 공유를 통한 브랜드 신뢰성과 신규 이용자 유입 촉진
미션형 이벤트를 통한 이용자 경험 확장	• 장기 도전 프로젝트(30일 챌린지), 동호회 대항전 운영 • 성취감·소속감 강화하여 지속 참여 유도 • 파크골프를 생활 습관으로 연결시키는 구조적 이벤트 전략 구축
SNS 연계형 이용자 콘텐츠 리포스팅 전략	• 이용자 생산 콘텐츠(UGC) 공식 채널 재공유 • 베스트 인증샷, 감동 스토리 선발 프로그램 운영 • '모두가 함께 만드는 브랜드' 이미지 구축 및 커뮤니티 활성화

함께 생각해 봅시다

1. SNS 챌린지형 캠페인이 파크골프 브랜드 확산에 가지는 강점과 한계는 무엇인가?
2. 이용자 리뷰를 신뢰성 있게 관리하고 활성화하기 위해 어떤 장치가 필요할까?
3. 미션형 이벤트가 단기 참여를 넘어 장기적 스포츠 습관 형성에 어떻게 기여할 수 있는가?
4. SNS 리포스팅 전략은 브랜드 이미지에 어떤 정성적 변화를 가져오는가?
5. 고령자 이용자도 적극적으로 참여할 수 있는 참여형 콘텐츠 전략은 어떻게 설계해야 하는가?

📖 참고문헌

한지민, 박소희 (2022). 「디지털 챌린지 마케팅이 스포츠 브랜드 인지도에 미치는 영향」, 스포츠마케팅커뮤니케이션연구, 7(1), 55-74.

최승훈, 임은영 (2023). 「UGC(이용자 생산 콘텐츠) 활용 전략이 커뮤니티 활성화에 미치는 영향 연구」, 디지털브랜드전략학회지, 5(2), 37-58.

김도형, 윤정아 (2021). 「체험 기반 스포츠 이벤트가 지속적 스포츠 참여에 미치는 영향」, 생활체육과학연구, 19(4), 89-107.

정다은, 송현석 (2023). 「리뷰 콘텐츠의 신뢰성과 스포츠 시설 선택 행동 간 관계 분석」, 스포츠소비자행동연구, 10(2), 21-41.

이한솔 외 (2022). 「고령층 대상 디지털 참여형 콘텐츠 기획 방안 연구」, 고령사회디지털커뮤니케이션연구, 6(2), 59-78.

Lee, H., & Choi, J. (2023). "Building Sports Brand Loyalty through Challenge-based Campaigns: A Case Study of Golf Communities." International Journal of Sport Marketing and Innovation, 5(1), 12-30.

Park, S., & Lim, Y. (2022). "User-Generated Content in Sports Marketing: Opportunities and Ethical Challenges." Journal of Digital Sport Communication, 6(2), 73-90.

제10강
이벤트 및 커뮤니티 마케팅

제1절 파크골프 대회 기획 및 운영 사례

1. 대회의 기획 목적과 콘셉트 설정

파크골프 대회 기획의 출발점은 명확한 목적과 콘셉트 설정이다. 대회는 단순히 승패를 가리는 행사가 아니라, 참여자 경험 향상, 커뮤니티 형성, 지역사회 기여, 브랜드 가치 제고라는 다면적 목적을 달성해야 한다. 예를 들어, 고령자 중심 커뮤니티 활성화를 목적으로 하는 경우, "○○시 어르신 파크골프 페스티벌"처럼 축제형 친선 대회를 기획할 수 있다.

또는, 기술 향상을 독려하고 경쟁심을 자극하기 위해 "초급자·중급자 클래식 대회"처럼 기량별 리그전 형태로 대회를 설계할 수도 있다. 특히 가족 단위 이용자 확대를 목표로 할 경우, "세대공감 가족 파크골프 대회"를 기획하여 조부모와 손자녀가 팀을 이뤄 함께 경기하도록 하는 등 대회 콘셉트를 참여자의 특성과 시설의 브랜드 방향성에 맞춰 세심하게 조정해야 한다.

콘셉트 설정은 대회 운영 전반의 톤 앤 매너(tonality), 홍보 전략, 참가자 모집 방식까지 모든 기획 요소를 일관성 있게 연결하는 기본이 된다.

2. 대회 운영 프로세스와 참가자 경험 설계

성공적인 파크골프 대회는 단순히 경기만 잘 치르는 것이 아니라, 참가자가 전 과정에서 긍정적 경험을 얻도록 세밀하게 설계된 운영 프로세스를 갖추어야 한다.

대회 운영은 참가자 모집 → 경기 운영 → 시상 및 피드백까지 일련의 흐름을 고려해 체계적으로 구성되어야 한다. 모집 단계에서는 참가자의 참여 장벽을 낮추기 위해 간편한 온라인 신청 시스템을 구축하고, 신청 시 참가비, 준비물, 대회 규칙 등 필요한 정보를 명확하게 제공해야 한다.

경기 당일에는 참가자 편의를 위해 현장 접수 안내, 경기장 동선 관리, 홀별 심판 배치를 철저히 준비해야 하며, 특히 고령 참가자가 많을 경우 휴게 공간, 물 제공, 의료 인력 상시 대기 같은 안전·편의 요소를 강화해야 한다.

시상식 역시 단순한 상장·상품 수여에 그치지 않고, 참가자 전원이 축하받을 수 있는 세리머니, 기념촬영, 소감 발표 시간을 마련하여 참가자의 자긍심과 소속감을 높이는 연출이 필요하다.

이처럼 대회의 전 과정은 참가자가 단순 참가자가 아니라, 행사의 주인공이자 브랜드의 일부로 느낄 수 있도록 설계되어야 한다

3. 대회 콘텐츠 차별화 전략

파크골프 대회를 단순히 경기만 하는 행사로 끝내서는 참가자들의 인상에 오래 남기 어렵다. 특히 동일한 포맷의 대회가 반복되면 이용자들은 금세 흥미를 잃을 수 있다.

따라서 대회는 기본적인 경기 외에도 참가자 경험을 풍성하게 만들 수 있는 다양한 콘텐츠를 추가하여 차별화해야 한다. 가장 기본적인 차별화 방법은 경기 방식에 변화를 주는 것이다.

남녀혼합 경기, 세대 혼합 팀 경기, 초보자 리그와 상급자 리그 분리 운영 등은 참가자들의 수준과 특성에 맞춰 경쟁의 재미를 살릴 수 있는 방식이다. 특히 '최고 장타상', '홀인원상', '가장 빠른 라운드 완주상'처럼 경기 기록 외의 특별상을 운영하면 모든 참가자가 다양한 목표를 가지고 대회에 임할 수 있다.

여기에 더해, 대회 도중 참가자들의 긴장감을 풀어주고 즐거움을 배가시키는 중간 이벤트를

기획할 수 있다. 예를 들면, 특정 홀에서는 퍼팅 정확도 게임을 열거나, 특정 스코어를 기록한 참가자에게 깜짝 선물을 제공하는 '숨은 미션'을 운영할 수 있다.

또한 대회 외곽에서는 라운드를 하지 않는 시간 동안 참가자와 관람객이 즐길 수 있도록 파크골프 장비 체험 부스, 건강 상담 코너, 지역 특산품 플리마켓 같은 부대 행사를 함께 열 수 있다. 이를 통해 파크골프 대회는 단순한 경기 대회를 넘어, '지역사회가 함께 즐기는 스포츠 축제'로 확대될 수 있다.

콘텐츠 차별화는 참가자에게 새로운 경험과 재미를 제공하고, 대회에 대한 긍정적인 기억을 심어줘 재참가율을 높이고 브랜드 인지도를 강화하는 핵심 전략이 된다.

4. 대회 이후 커뮤니티 연계 및 지속성 관리

파크골프 대회는 단발성 이벤트로 끝나는 것이 아니라, 대회를 계기로 이용자 커뮤니티를 활성화하고 지속적인 관계를 구축하는 것이 더욱 중요하다.

대회 이후를 관리하지 않는다면, 단발적인 홍보 효과만 얻고 장기적 성장은 기대하기 어렵다. 우선 대회 종료 직후에는 참가자들에게 감사 메시지를 발송하고, 대회 결과 요약, 사진, 주요 장면을 담은 간단한 리포트를 홈페이지, SNS, 이메일 등을 통해 공유해야 한다. 이 과정에서 참가자들이 본인의 이름이나 사진이 포함된 게시물을 보면 자부심을 느끼고, 브랜드에 대한 친밀감을 더욱 높이게 된다.

또한 참가자 리뷰나 후기 이벤트를 열어 대회에 대한 솔직한 평가와 제안을 받으면, 다음 대회 개선에 필요한 실질적 자료를 확보할 수 있다. 러한 피드백 수집 과정은 이용자가 운영 과정에 목소리를 낼 수 있게 함으로써 브랜드에 대한 소속감과 애착을 높이는 효과도 얻을 수 있다.

특히 대회를 통해 새롭게 유입된 이용자들은 이후에도 꾸준히 시설을 이용하도록 유도해야 한다. 이를 위해 신규 동호회 모집, 정기 교류전 개최, 초급자 대상 심화 강습 프로그램 개설 등을 통해 대회 참가자들이 자연스럽게 커뮤니티에 소속될 수 있도록 유도하는 후속 프로그램을 준비해야 한다.

이처럼 대회 이후 커뮤니티 연계와 지속성 관리는 파크골프장을 단순 이용 공간이 아니라, '사람과 사람이 관계를 맺고 성장하는 커뮤니티 허브'로 진화시키는 핵심 전략이 된다.

※ 요약정리

구분	내용
대회의 기획 목적과 콘셉트 설정	• 참여자 경험, 커뮤니티 형성, 브랜드 제고 등 목적 명확화 • 고령자, 가족, 초급자 등 대상별 맞춤형 대회 콘셉트 설정 • 대회 목적에 따른 운영 방향 일관성 확보
대회 운영 프로세스와 참가자 경험 설계	• 간편한 신청 시스템 구축, 현장 편의성 강화, 안전관리 체계화 • 모든 과정에서 참가자가 주인공이 되도록 경험 중심 설계 • 경기, 시상, 피드백 전 과정 품질 관리
대회 콘텐츠 차별화 전략	• 경기방식 변형(혼합 경기, 특별상 수여), 중간 이벤트 운영 • 퍼팅 챌린지, 플리마켓, 장비 체험 등 부대행사 기획 • 대회를 지역 스포츠·문화 축제로 확장
대회 이후 커뮤니티 연계 및 지속성 관리	• 감사 메시지 발송, 대회 후기 공유, 피드백 수집 • 신규 동호회 조직, 정기 교류전 운영으로 커뮤니티 강화 • 참가자 관계를 브랜드 충성도 향상과 장기 이용 연결로 유도

함께 생각해 봅시다

1. 파크골프 대회 기획 시 가장 우선시해야 할 것은 '공정한 경기 운영'인가, '참가자 경험 극대화'인가?
2. 고령자 중심 대회와 가족 중심 대회는 어떤 기획 요소에서 가장 큰 차이를 보여야 하는가?
3. 대회 콘텐츠 차별화 전략이 재참가율과 브랜드 충성도에 미치는 영향은 어느 정도인가?
4. 파크골프 대회 이후 커뮤니티를 유지·확대하기 위해 어떤 지속적 프로그램이 필요한가?
5. 단발성 이벤트로 끝나지 않고 파크골프 대회를 지역 생활 스포츠 문화로 정착시키기 위해 필요한 조건은 무엇인가?

📖 참고문헌

장유리, 이도현 (2022). 「생활체육 대회의 기획요소가 참가자 만족도에 미치는 영향 연구」, 스포츠이벤트경영학회지, 6(1), 29-48.

김현우, 조수민 (2023). 「스포츠 이벤트 콘텐츠 차별화 전략과 참가자 재참가 의도 간의 관계」, 스포츠산업경영학회지, 38(2), 67-85.

박진아, 최성훈 (2021). 「지역 스포츠 이벤트의 지속 가능성 확보 방안 연구」, 지방체육정책연구, 13(2), 103-124.

이서영, 한재윤 (2022). 「고령자 스포츠 이벤트 운영에서의 참여 경험 개선 전략」, 고령사회체육연구, 8(1), 59-78.

최지훈 외 (2020). 「생활체육 대회 참가자 후기 콘텐츠의 활용 전략」, 디지털스포츠커뮤니케이션학회지, 4(2), 75-93.

Brown, A., & Lee, S. (2023). "From Participation to Community: Post-Event Strategies for Sports Events." International Journal of Community Sports Studies, 7(1), 12-30.

Kim, J., & Park, Y. (2022). "Experience Design for Senior Sports Competitions: Case Studies and Future Directions." Journal of Active Aging and Leisure Innovation, 5(2), 58-74.

제2절 체험행사 및 로컬 페스티벌 연계

1. 파크골프 체험행사의 기획 및 운영 전략

체험행사는 비이용자에게 파크골프를 처음 접하게 하고, 기존 이용자에게는 새로운 즐거움을 제공하는 브랜드 입문 채널로서 중요한 역할을 한다.

성공적인 체험행사를 기획하기 위해서는 무엇보다 참여의 진입장벽을 최대한 낮추는 것이 중요하다. 복잡한 규칙 설명이나 긴 대기 시간 없이, 간단한 기본 동작(스윙, 퍼팅) 체험 → 미니 코스 시도로 이어지는 프로그램을 구성해야 한다.

행사는 접근성이 좋은 지역 공원, 광장, 하천변 등지에 설치하며, 현장에서는 체험 진행을 돕는 전문 진행요원(퍼실리테이터)을 배치하여 초보자도 편안하게 체험할 수 있는 친절한 분위기를 조성해야 한다.

또한 체험 완료 후에는 무료 이용권 증정, 파크골프 강습회 초청, SNS 인증 이벤트 참여 권유 등을 통해 후속 참여를 유도하는 장치를 마련함으로써, 단발성 체험을 시설 방문과 커뮤니티 가입으로 연결시킬 수 있다.

이처럼 체험행사는 파크골프 대중화의 최전선이며, "쉽고 재미있는 스포츠"라는 인식을 심어주는 핵심 접점이 된다.

2. 지역 축제 및 이벤트와의 연계 전략

로컬 페스티벌은 지역 주민들이 자발적으로 참여하고, 다양한 활동을 경험하는 커뮤니티 기반 대규모 행사이다.

파크골프는 이러한 축제와 연계될 때 자연스럽게 다양한 연령층에 노출되고, 지역 문화와 결합하여 브랜드 확장성을 확보할 수 있다.

축제 연계 방식은 다양하다.

예를 들어, 지역 봄꽃 축제나 하천축제에 파크골프 체험 부스를 설치하고, 가볍게 즐길 수 있는 미니 파크골프 대회, 퍼팅 챌린지 이벤트를 운영하는 방식이다.

또는 지역 건강 페스티벌, 고령자 체육대회 같은 행사에 '워킹 골프'라는 개념으로 건강 걷기 + 파크골프 체험 패키지 프로그램을 구성할 수도 있다.

이러한 방식은 파크골프를 단순 스포츠가 아니라 "자연과 함께하는 건강 문화 활동"으로 포지셔닝하는 데 효과적이다. 또한 지역 상권(식당, 카페, 기념품점)과 제휴하여, 체험 참가자에게 할인 혜택을 제공하면 지역 경제 활성화에도 기여할 수 있어, 지자체 및 지역 단체의 지원과 협조를 쉽게 얻을 수 있다.

3. 타깃별 맞춤형 체험 프로그램 개발

모든 체험행사가 일률적일 필요는 없다. 참여 대상(타깃)의 특성에 맞춘 맞춤형 프로그램을 개발하는 것이 체험의 몰입도와 만족도를 높이는 핵심 전략이다.

예를 들어, 고령층 대상은 쉬운 난이도의 퍼팅 중심 체험, 건강 체크 부스 병행, 휴식 공간 충분 확보하고, 가족 대상은 부모-자녀 팀 퍼팅 챌린지, 가족 대항 미니 토너먼트 운영하며, 청소년 대상은 빠른 템포의 미션형 코스 체험, SNS 인증 미션 연계 이벤트를 진행한다. 외국인 관광객 대상은 간단한 규칙 설명 후 체험 & 기념품 증정 프로그램을 운영한다.

이처럼 세대별, 관심사별로 체험 내용과 운영 방식을 세밀하게 조정하면 가자 개개인에게 의미 있는 경험을 제공할 수 있다.

또한, 체험 결과를 기록하거나 즉석 사진 촬영, '수료증' 제공 등 작은 보상이나 기억할 수 있는 장치를 마련하면 발성 체험을 지속적 관심으로 전환하는 데 효과적이다.

결국 맞춤형 체험 프로그램은 파크골프에 대한 개인적 친밀감과 감정적 애착을 높이는 데 핵심적 역할을 한다.

4. 지속 가능한 체험·축제 연계 모델 구축

체험행사나 축제 연계는 한 번의 이벤트로 끝나서는 안 된다. 지속 가능한 운영 모델을 구축하여, 지역 사회 내에서 파크골프를 일상적인 문화로 뿌리내리게 해야 한다.

이를 위해서는 다음과 같은 전략이 필요하다.

- 연 1회 대규모 체험 축제 + 월 1회 소규모 정기 체험회 운영

- 지역 축제별 특성에 맞춘 체험 프로그램 맞춤 기획

- 참가자 DB 관리 및 체험 후 후속 프로그램(초급 강습, 동호회 가입) 연계

- 지역 행정기관, 복지관, 건강센터 등과 협약 체결하여 안정적 협력 체계 구축

또한, 체험행사의 운영 주체를 단순한 시설 관리자에서 지역 동호회, 자원봉사자 등으로 점진적으로 확대하면 지역 커뮤니티 주도형 파크골프 문화로 발전시킬 수 있다.

지속 가능한 체험·축제 연계는 결국 파크골프를 "누구나 쉽게 즐기고, 함께 성장하는 지역 커뮤니티 스포츠"로 자리 잡게 하는 기반이 된다.

※ 요약정리

구분	내용
파크골프 체험행사의 기획 및 운영 전략	• 쉬운 접근성과 간편 체험 중심 프로그램 구성 • 공원, 광장 등 접근성 높은 장소 활용 • 체험 완료 후 후속 참여(이용권 제공, 강습회 초청 등) 유도
지역 축제 및 이벤트와의 연계 전략	• 지역 축제(꽃 축제, 건강 페스티벌 등) 내 체험 부스 설치 • 건강 걷기+파크골프 패키지 프로그램 개발 • 지역 상권 연계 할인 이벤트 운영 및 지역 경제 활성화 기여
타깃별 맞춤형 체험 프로그램 개발	• 고령층, 가족, 청소년, 외국인 등 대상별 맞춤 체험 프로그램 설계 • 난이도, 체험방식, 보상 방식 차별화 • 즉석 기록, 사진 촬영, 수료증 제공 등 감정적 애착 강화
지속 가능한 체험·축제 연계 모델 구축	• 대규모 체험 축제 + 소규모 정기 체험회 병행 • 지역 기관과 협약 체결 통한 체계적 지원 확보 • 지역 커뮤니티 주도형 파크골프 문화 확산 및 장기적 이용자 기반 조성

💬 함께 생각해 봅시다

1. 파크골프 체험행사에서 참여 진입장벽을 낮추기 위한 가장 효과적인 방법은 무엇인가?
2. 지역 축제와 연계할 때 파크골프 체험 부스는 어떤 위치와 구성 요소를 갖추어야 최대 효과를 낼 수 있는가?
3. 고령자와 가족 단위 이용자를 동시에 만족시킬 수 있는 파크골프 체험 프로그램은 어떻게 설계해야 하는가?

4. 체험 참가자를 지속적 이용자 또는 동호회 회원으로 전환시키기 위해 필요한 후속 전략은 무엇인가?
5. 파크골프 체험 및 축제 연계를 지역 스포츠 문화로 정착시키기 위해 필요한 정책적/조직적 지원은 무엇인가?

참고문헌

박정은, 이서연 (2022). 「스포츠 체험행사의 기획요소가 체험만족 및 지속참여 의도에 미치는 영향」, 스포츠이벤트경영학회지, 6(2), 49-68.

김지혜, 윤기현 (2021). 「지역 축제와 스포츠 체험 프로그램 연계 효과 분석」, 지역문화관광연구, 15(1), 77-95.

이우진, 정윤아 (2023). 「생활스포츠 체험행사의 타깃 맞춤형 프로그램 설계 방안 연구」, 생활체육과학연구, 20(2), 99-118.

송하린, 조상혁 (2020). 「커뮤니티 기반 스포츠 활성화를 위한 체험행사 지속 운영 전략」, 지방체육정책연구, 14(1), 55-73.

오세진 외 (2022). 「지역 스포츠 축제와 지역 경제 활성화 간의 관계 연구」, 스포츠사회학연구, 31(3), 83-104.

Park, J., & Lee, M. (2023). "Designing Sustainable Community Sports Festivals: Case Study on Golf Park Initiatives." Journal of Sport Event Management and Innovation, 8(1), 17-36.

Kim, H., & Choi, S. (2022). "Experiential Marketing Strategies for Local Sports Programs: Focus on Senior and Family Segments." International Journal of Sports Tourism Studies, 5(2), 58-75.

제3절 동호회 및 커뮤니티 기반 마케팅

1. 동호회 조직 및 활성화 전략

파크골프 동호회는 단순한 소모임을 넘어, 이용자와 시설, 그리고 브랜드를 연결하는 중요한 커뮤니티 기반이다. 따라서 체계적이고 전략적인 동호회 조직과 활성화가 필수적이다.

초기 단계에서는 파크골프장 운영 주체가 중심이 되어 다양한 기준에 따라 동호회를 조직하는 것이 바람직하다. 예를 들어, 연령별(60대 이상, 70대 이상), 수준별(초급자, 중급자, 상급자), 라이프스타일별(가족 중심, 주말 중심 등)로 다양한 동호회를 기획할 수 있다.

동호회 조직을 지원할 때는 정기 모임 스케줄 제공, 예약 편의성 제공, 초기 회비 지원 등 활동 초기의 안정성을 높이는 서비스를 함께 제공해야 한다. 또한, 동호회 간 친선 경기, 합동 이벤트를 통해 서로 교류할 수 있는 기회를 제공하면, 자연스럽게 네트워크가 확대된다.

동호회 활성화의 핵심은 '소속감'과 '성취감'을 느끼게 하는 것이다. 이를 위해 전용 슬로건, 유니폼, 기념품 등을 마련하여 브랜드화된 동호회 문화를 만들어가는 것도 좋은 전략이다.

결국 동호회는 파크골프장의 지속적 이용자 기반과 충성 고객군을 형성하는 핵심 축이 된다.

2. 커뮤니티 중심 이벤트 및 프로그램 기획

동호회가 자생력을 갖추기 위해서는 단순한 라운드 활동만으로는 부족하다. 정기적인 커뮤니티 중심 이벤트와 프로그램을 통해 활동의 즐거움과 특별한 경험을 지속적으로 제공해야 한다.

예를 들어, 동호회 대항전을 정기적으로 개최하여 친근한 경쟁 분위기를 조성하고, 우승팀에게는 소정의 트로피나 기념품을 수여함으로써 성취감을 강화할 수 있다.

가족 단위 회원을 위해서는 '패밀리 파크골프 데이'를 운영하여, 부모와 자녀, 조부모와 손자녀가 함께 팀을 이루어 플레이하는 이벤트를 기획할 수 있다.

이 과정에서 '베스트 패밀리 팀상' 같은 특별상도 마련하면 세대 간 소통의 장으로 파크골프를 자리 잡게 할 수 있다.

또한 계절별로 특색 있는 테마 이벤트를 개최하는 것도 좋은 방법이다.

봄에는 벚꽃 라운드 챌린지, 여름에는 이른 아침 라운드 이벤트, 가을에는 단풍 걷기와 파크골프를 결합한 프로그램 등을 통해 스포츠와 자연 체험을 동시에 즐길 수 있는 다채로운 경험을 제공할 수 있다.

커뮤니티 중심 이벤트는 단순 이용을 넘어 브랜드와 함께하는 특별한 생활 경험을 만드는 전략이다.

3. 커뮤니티 리더 육성과 자율 운영 지원

동호회나 커뮤니티가 장기적으로 지속 성장하기 위해서는 시설 주도에서 벗어나, 회원 자율 운영 체계로 발전하는 것이 필수적이다. 이를 위해 커뮤니티 리더를 발굴하고 육성하는 전략이 필요하다.

리더 육성은 단순히 직책을 부여하는 것이 아니라, 실질적인 리더십 역량을 강화하는 과정을 포함해야 한다. 예를 들어, 연 1~2회 리더 워크숍을 개최하여 모임 운영 방법, 갈등 관리 방법, 이벤트 기획, 신규 회원 환영 방법 등을 교육하고, 리더들끼리도 교류할 수 있도록 해야 한다.

또한, 리더에게는 실질적인 동기 부여도 필요하다. 시설 이용권 할인, 명예 리더 인증서 수여, 소규모 지원금 지급, 시설 SNS 채널에서 리더 활동 소개 등을 통해 운영에 대한 긍정적 피드백과 자부심을 심어주는 것이 중요하다.

커뮤니티가 자율적으로 운영될 때 회원들의 참여도는 더욱 높아지고, 시설 운영자의 직접 관리 부담은 줄어들며, 커뮤니티 내 자생적 성장과 신규 회원 유입이 자연스럽게 이루어진다.

결국 커뮤니티 리더 육성과 자율 운영 지원은 브랜드 커뮤니티의 생명력을 지속시키는 핵심 전략이 된다.

4. 커뮤니티 기반 바이럴 마케팅 전략

충성도 높은 커뮤니티는 자연스럽게 파크골프 브랜드의 바이럴(자발적 확산) 기반이 된다. 만족한 회원들은 자신도 모르게 주변 사람들에게 파크골프를 추천하고, SNS, 메신저, 지역 모임 등을 통해 구전 마케팅 효과를 발생시킨다.

이러한 바이럴 효과를 전략적으로 강화하기 위해서는 커뮤니티 회원이 참여할 수 있는 다양한 이벤트를 기획해야 한다.

예를 들어, '지인 초청 챌린지'를 통해 동호회 회원이 지인을 초대하면 소정의 상품을 지급하거나, '나의 첫 파크골프 후기 공모전'을 열어 SNS에 감동적인 체험 후기를 올리도록 유도할 수 있다.

또한, 동호회별 공식 SNS 계정을 개설하고, 동호회 활동, 모임 사진, 대회 참가 기록 등을 시설 공식 채널에 정기적으로 소개함으로써 커뮤니티 활동 자체를 콘텐츠화하여 외부 확산을 촉진할 수 있다.

커뮤니티 기반 바이럴 전략은 단순한 광고보다 훨씬 더 진정성 있고 신뢰도 높은 브랜드 이미지를 구축하며, 장기적으로 파크골프의 대중화와 시설 활성화를 동시에 이끄는 동력이 된다.

※ 요약정리

구분	내용
동호회 조직 및 활성화 전략	• 초급자·연령별·라이프스타일별 동호회 구성 지원 • 초기 모임 주최, 전용 예약 지원, 친선전 개최 • 소속감 강화(슬로건, 유니폼, 기념품 등) 통한 지속적 활동 기반 마련
커뮤니티 중심 이벤트 및 프로그램 기획	• 동호회 대항전, 패밀리 라운드, 시즌별 테마 라운드 개최 • 자연과 스포츠를 결합한 체험 프로그램 기획 • 특별한 커뮤니티 경험을 통해 파크골프의 생활화 및 긍정적 인식 강화
커뮤니티 리더 육성과 자율 운영 지원	• 리더 교육(운영, 갈등관리, 신규회원 환영 등) 실시 • 명예 리더 인증, 소규모 지원금 제공 등 동기 부여 • 자율 운영 체계 구축을 통한 커뮤니티 자생력 및 지속성 확보
커뮤니티 기반 바이럴 마케팅 전략	• 지인 초청 이벤트, 후기 공모전, SNS 콘텐츠화 전략 추진 • 동호회 활동을 브랜드 콘텐츠로 활용하여 외부 확산 유도 • 진정성 기반 구전 마케팅을 통한 대중적 신뢰도 및 인지도 상승 도모

함께 생각해 봅시다

1. 동호회 조직 시 연령별 세분화와 수준별 세분화 중 어떤 기준이 더 효과적인가?
2. 커뮤니티 중심 이벤트는 단순 라운드 참여에 비해 어떤 차별적 경험 가치를 제공하는가?
3. 커뮤니티 리더 육성 과정에서 가장 중요한 교육 내용은 무엇이어야 하는가?
4. 지인 초청 기반 바이럴 전략이 파크골프 신규 이용자 확산에 효과적인 이유는 무엇인가?
5. 시설 주도형 커뮤니티 운영과 자율 운영 커뮤니티 간 장단점은 무엇인가?

📖 참고문헌

정지윤, 박현철 (2022). 「생활 스포츠 커뮤니티 활성화 방안에 관한 연구」, 생활체육과학연구, 20(1), 33-54.

김주희, 이성민 (2021). 「스포츠 커뮤니티 리더십이 회원 만족도 및 지속 참여 의도에 미치는 영향」, 스포츠경영학회지, 36(3), 87-104.

윤혜진, 강준석 (2023). 「커뮤니티 기반 스포츠 마케팅 전략 연구: 동호회 중심 사례 분석」, 스포츠마케팅커뮤니케이션연구, 7(2), 45-63.

박소영, 김도형 (2020). 「구전 마케팅이 스포츠 시설 신규 이용자 유치에 미치는 영향 연구」, 스포츠소비자행동연구, 9(2), 71-90.

최수진 외 (2021). 「자율 운영형 생활체육 커뮤니티의 성공 요인 분석」, 지방체육정책연구, 13(1), 55-73.

Lee, J., & Park, H. (2023). "Strategies for Sustainable Growth of Sports Communities: A Case Study on Golf and Leisure Groups." International Journal of Sports and Community Management, 6(1), 22-41.

Kim, Y., & Choi, S. (2022). "Word-of-Mouth Marketing in Leisure Sports: Community Influence and Expansion Mechanisms." Journal of Digital Sport Communication, 5(2), 58-74.

제11강
파크골프와 지역사회 연계 전략

제1절 지자체 협업 모델 사례

1. 공공시설 연계형 파크골프장 조성 모델

지자체 협업의 가장 기본적 형태는 공공 부지를 활용하여 파크골프장을 조성하고, 지역민에게 개방하는 모델이다. 이 모델에서는 도시공원, 하천변 녹지, 유휴 부지 등을 활용하여 비교적 저렴한 비용으로 파크골프장을 조성할 수 있다.

지자체는 토지 제공과 초기 조성비 일부를 부담하고, 운영은 위탁 관리 방식(공단, 체육회, 민간 전문업체 등)을 통해 이루어질 수 있다. 대표 사례로는 '○○시 건강공원 파크골프장'처럼 기존 공원의 일부를

파크골프 코스로 전환하여 다목적 이용 공간을 만드는 방식이 있다.

이 모델의 장점은 토지 매입비 부담이 없고, 지역 주민들에게 새로운 여가 공간을 제공하여 건강 증진, 지역 커뮤니티 활성화, 관광 자원화까지 연계할 수 있다는 점이다. 공공시설 연계형 모델은

파크골프가 지역사회 필수 인프라로 자리 잡는 데 가장 현실적이고 효과적인 접근법이 된다.

2. 지역 건강증진 프로그램 연계 모델

파크골프는 운동 강도가 적당하고, 걷기 운동과 유사한 신체 활동을 제공하기 때문에 지역 건강증진 사업과의 연계성이 매우 높다. 이 모델에서는 지자체 보건소, 건강생활지원센터, 노인복지관 등과 협력하여 파크골프를 지역민의 생활체육 프로그램으로 정식 편성한다.

예를 들어, '○○구 건강 100세 프로그램' 내에 주 2회 파크골프 라운드 및 초급 강습을 포함시키고, 참여자에게 건강 체크(혈압, 혈당 등)와 운동 처방을 함께 제공하는 형태가 가능하다.

이 경우, 지자체는 사업 예산으로 강사료, 장비 구매, 코스 이용료 일부를 지원하고, 시설은 강습 장소 제공, 코스 관리, 프로그램 운영을 맡는다. 지역 건강증진 프로그램 연계 모델은 특히 고령층, 만성질환자, 비활동성 인구에게 건강한 운동 습관을 형성하는 데 매우 효과적이며, 파크골프장의 이용률 증가와 사회적 가치 제고에도 크게 기여한다.

3. 지역축제 및 관광자원 연계 모델

파크골프는 지역 축제, 관광 상품과 연계하여 레저·관광형 지역 활성화 모델로 발전할 수 있다. 이 모델에서는 지자체가 추진하는 지역축제(예: 꽃 축제, 문화축제, 전통시장축제 등)나 관광 프로그램과 파크골프를 결합하여 방문객들에게 특별한 체험 기회를 제공한다.

예를 들어,

- '○○시 봄꽃 페스티벌' 기간 중 '야외 파크골프 체험존' 운영
- 지역 특산품(예: 사과, 인삼)과 연계한 '파크골프 & 로컬푸드 체험 패키지' 판매
- 관광 코스 중 하나로 파크골프 미니 라운드 포함

이러한 연계는 관광객의 체류 시간을 늘리고, 지역 상권 이용을 촉진하며, 파크골프에 대한 대중적 인지도를 획기적으로 높일 수 있다.

지역축제 및 관광자원 연계 모델은 파크골프를 단순 스포츠가 아닌 지역경제 활성화의 한 축으로 성장시키는 전략적 접근이 된다.

4. 지역사회 커뮤니티 활성화 모델

파크골프는 단순히 개인이 즐기는 스포츠를 넘어서, 이용자 간 커뮤니티 형성과 지역 공동체 강화를 촉진하는 매개체로 작용할 수 있다.

이 모델에서는 지자체와 협력하여

- 동별 파크골프 동호회 조직 지원,
- 읍면동 대항 친선전 개최, 세대 통합 프로그램(조부모-손자녀 팀 경기) 운영 등을 추진할 수 있다.

특히, 고령 인구 비율이 높은 지역에서는 '실버 파크골프 리그'를 운영하여, 노년층의 사회적 고립 예방, 정신건강 증진, 생활 만족도 향상에 기여할 수 있다. 또한 마을 단위 대회, 지역 내 동호회 리그 운영 등을 통해 자연스럽게 주민 간 교류가 활성화되고, 지역 정체성과 소속감을 강화하는 데에도 효과적이다.

지역사회 커뮤니티 활성화 모델은 파크골프장을 '건강·여가·관계'를 모두 아우르는 지역 사회적 자산으로 만들어낸다.

※ 요약정리

구분	내용
공공시설 연계형 파크골프장 조성 모델	• 도시공원, 하천변 등 공공부지를 활용하여 파크골프장 조성 • 지자체는 토지 제공 및 일부 조성비 지원, 민간 또는 공공기관이 운영 • 주민 건강 증진과 지역 커뮤니티 활성화 효과
지역 건강증진 프로그램 연계 모델	• 보건소, 건강센터 등과 연계하여 건강 관리 프로그램에 파크골프 포함 • 주 2회 라운드, 건강 체크 병행 • 고령층·만성질환자 대상 운동 습관 형성 및 이용자 기반 확대
지역축제 및 관광자원 연계 모델	• 지역 축제나 관광 코스와 파크골프 체험 결합 • 미니 라운드 체험존, 특산품 패키지 상품 기획 • 관광객 체류 시간 증가, 지역 상권 활성화 및 파크골프 대중화 기여
지역사회 커뮤니티 활성화 모델	동호회 조직, 친선전 개최, 세대 통합 대회 운영 ▶ 고령층 사회적 고립 예방, 주민 간 유대감 강화 ▶ 파크골프장을 건강·여가·커뮤니티 허브로 발전

함께 생각해 봅시다

1. 공공시설 연계형 파크골프장 조성 시 고려해야 할 최우선 요소는 무엇인가?
2. 지역 건강증진 프로그램에 파크골프를 효과적으로 통합하기 위한 전략은 무엇인가?
3. 지역축제와 파크골프 체험 프로그램을 연계할 때 발생할 수 있는 장점과 위험 요소는 무엇인가?
4. 파크골프를 기반으로 한 지역사회 커뮤니티 활성화가 장기적으로 지역사회에 미치는 긍정적 영향은 무엇인가?
5. 지자체가 파크골프 활성화를 위해 민간과 협력할 때 가장 이상적인 지원 방식은 무엇인가?

참고문헌

이윤재, 김은영 (2023). 「생활스포츠 인프라 확충을 위한 지자체 협력 방안 연구」, 생활체육과학연구, 21(1), 41-61.

박준호, 최은경 (2022). 「고령자를 위한 지역 건강증진 스포츠 프로그램 개발 사례 연구」, 지역사회보건학회지, 38(2), 78-96.

김현정, 송지훈 (2021). 「관광축제와 체험형 스포츠 콘텐츠의 연계 효과 분석」, 관광학연구, 45(3), 112-130.

정세영, 이수지 (2022). 「지역 커뮤니티 스포츠 활성화와 사회적 가치 창출」, 스포츠사회학연구, 32(1), 55-74.

Park, J., & Choi, M. (2023). "Local Government Partnerships in Community Sports Development." International Journal of Sports and Community Management, 6(1), 22-41.

제2절 지역관광과의 융합(스포츠 관광)

1. 파크골프장 기반 지역 특화 관광 상품 개발

파크골프장을 지역관광의 중심 콘텐츠로 삼기 위해서는, 단순 이용 시설을 넘어 특화된 관광 상품으로 발전시키는 노력이 필요하다.

이를 위해 첫 번째로 고려할 수 있는 방법은 파크골프장을 지역 고유 자원과 연계하여 테마화하는 것이다.

예를 들어, 산림이 우거진 지역에서는 '자연 치유형 파크골프 체험 프로그램'을, 전망이 좋은 해안가에서는 '바다 전망 파크골프 투어'를 기획할 수 있다.

또한 지역 특산품이나 농촌 체험과

결합하여, '파크골프 + 로컬푸드 체험', '파크골프 + 농촌마을 투어' 같은 패키지를 개발하면, 단순 라운드 이상의 복합적인 관광 경험을 제공할 수 있다.

관광객이 파크골프를 단순 스포츠가 아닌 지역 문화와 자연을 체험하는 여정으로 인식하게 된다면, 재방문 의사와 체류 기간 연장 효과를 동시에 기대할 수 있다.

이와 같은 지역 특화형 파크골프 관광 상품 개발은 지역 고유성을 살리면서도 차별화된 경쟁력을 확보하는 데 핵심적인 전략이 된다.

2. 대회 및 이벤트를 활용한 관광 유입 확대

파크골프와 지역관광을 융합하는 두 번째 전략은 대회 및 이벤트를 통해 외부 관광객을 적극 유입하는 것이다.

파크골프는 비교적 기술 장벽이 낮고, 다양한 연령층이 즐길 수 있기 때문에, 전국 단위 또는 지역 단위 대회를 개최하면 참가자뿐만 아니라 가족, 지인까지 동반 방문을 유도할 수 있다.

예를 들어,

'○○시 전국 파크골프 오픈대회'를 개최하여 2박 3일 일정으로 운영하고, 대회 참가자들에게는 지역 관광 코스(온천, 지역 명소 탐방 등) 할인 혜택을 제공하는 식이다.

또한, 대회 전후로 열리는
- 퍼팅 챌린지 대회,
- 커플 라운드 챌린지,
- 가족 단위 이벤트 경기

등을 함께 운영하면, 단순 대회 참가를 넘어 지역 축제처럼 확장할 수 있다.

이러한 방식은 대회 참가자를 지역 경제 활동으로 자연스럽게 연결시키며, 파크골프 대회의 사회적 가치를 높이는 동시에 지역 전체의 브랜드 이미지 강화에도 크게 기여할 수 있다.

3. 숙박, 식음료, 체험 프로그램과의 연계 강화

지역관광과 파크골프를 성공적으로 융합하기 위해서는 숙박, 식음료, 기타 체험 프로그램과의 연계성을 강화하는 것이 필수적이다.
파크골프만 즐기고 바로 귀가하게 하면 지역경제 기여도가 낮지만, 숙박과 지역 체험을 함께 제공하면 관광객 체류 시간이 자연스럽게 늘어나고, 소비가 확대된다.

예를 들어,
- 파크골프장 인근 숙소와 제휴하여 '1박 2일 파크골프 패키지'를 기획하거나,
- 지역 전통시장의 음식 체험, 농촌마을의 로컬푸드 체험을 라운드 일정에 포함시키는 식이다.

또한, 체험형 관광상품으로
- '전통 공방 체험 + 파크골프',
- '하루 한옥 체험 + 야간 파크골프 라운드'

등을 구성하면, 파크골프를 주제로 한 여행이 더욱 풍성한 이야기를 갖게 된다.

이러한 연계 강화 전략은 관광객에게 종합적 만족감을 제공하고, 지역경제 선순환 구조를 만드는 데 중요한 역할을 하게 된다.

4. 고령자·가족 단위 맞춤형 스포츠 관광 모델 개발

파크골프는 고령자와 가족 단위 이용자에게 특히 높은 접근성을 지니고 있기 때문에, 이들 대상에 특화된 스포츠 관광 모델을 개발하는 것이 매우 중요하다.

고령자 대상으로는

- 건강 걷기 코스와 연계한 파크골프 투어 프로그램,
- 저강도 체험형 라운드 + 온천 휴식 패키지

같은 상품을 기획할 수 있다.

이런 상품은 체력 부담을 최소화하면서도, 건강한 여가를 즐기려는 고령층 관광객에게 큰 매력을 줄 수 있다.

가족 단위 대상으로는

- 조부모-손자녀 세대 통합 파크골프 체험,
- 가족 대항전 라운드 프로그램,
- 가족사진 촬영 서비스(코스 라운드 중 제공)

등을 패키지화하면, 단순 스포츠 체험을 넘어 세대 간 소통과 추억을 남기는 여행으로 승화시킬 수 있다.

이처럼 고령자와 가족을 타깃으로 한 맞춤형 모델을 개발하면, 기존 스포츠 관광이 주로 젊은 층에 편중된 한계를 극복하고, 전 세대가 함께 즐길 수 있는 지역형 스포츠 관광 시장을 새롭게 열 수 있다.

※ 요약정리

구분	내용
파크골프장 기반 지역 특화 관광 상품 개발	• 자연환경, 특산물, 문화자원과 연계한 테마형 파크골프 상품 개발 • 파크골프를 지역문화 체험과 결합하여 재방문 유도 및 체류시간 연장
대회 및 이벤트를 활용한 관광 유입 확대	• 전국 대회, 챌린지 이벤트 등을 통한 참가자 및 동반 관광객 유입 • 대회 일정에 지역 관광 프로그램 결합하여 지역경제 활성화 기여
숙박, 식음료, 체험 프로그램과의 연계 강화	• 숙박·식음료·체험형 관광상품과 파크골프를 패키지화 • 1박 2일 프로그램, 지역시장 탐방, 전통체험 등과 연계하여 종합적 관광 경험 제공
고령자·가족 단위 맞춤형 스포츠 관광 모델 개발	• 건강 걷기 코스 + 파크골프, 온천 휴양과 연계한 고령자 대상 프로그램 기획 • 세대 통합 체험, 가족 대항전 등 가족 단위 참여 모델 개발로 전 세대 관광객 흡수

💬 함께 생각해 봅시다

1. 파크골프를 지역 특화 관광 상품으로 발전시키기 위해 가장 중요한 요소는 무엇인가?
2. 파크골프 대회 개최가 지역 관광에 긍정적 영향을 미치기 위해 사전에 준비해야 할 주요 사항은 무엇인가?
3. 숙박, 식음료, 체험 프로그램을 파크골프 관광 상품과 연계할 때 발생할 수 있는 시너지 효과와 리스크는 무엇인가?
4. 고령자 및 가족 단위 스포츠 관광 모델이 지역 스포츠 관광 시장에 미치는 잠재적 파급 효과는 무엇인가?
5. 지역관광과 스포츠를 융합할 때 지속 가능한 성장을 위해 반드시 고려해야 할 정책적 과제는 무엇인가?

📖 참고문헌

김민주, 이서연 (2022). 「스포츠 관광과 지역경제 활성화의 상관관계 연구」, 스포츠관광학연구, 10(2), 45-63.

박지은, 정승현 (2021). 「생활체육을 활용한 지역 관광 콘텐츠 개발 전략」, 관광연구논총, 36(1), 87-105.

윤지호, 강세영 (2023). 「고령자 대상 스포츠 관광상품 개발을 위한 기초 연구」, 고령사회체육학회지, 7(1), 51-70.

이은정, 김정호 (2022). 「지역 축제와 스포츠 이벤트 통합 운영 방안 연구」, 축제이벤트연구, 16(2), 33-52.

Choi, S., & Park, J. (2023). "Developing Integrated Sports Tourism Packages: Lessons from Regional Golf Tourism Cases." International Journal of Sport and Tourism Innovation, 5(2), 19-38.

제3절 ESG 관점에서의 지역 기여 방안

1. 친환경 파크골프장 조성과 운영

파크골프장에서의 환경적 책임을 다하기 위해서는 친환경적 조성과 운영 관리를 실천하는 것이 필수적이다.

첫 번째로 고려할 점은 코스 설계 및 조성 단계에서부터 기존 자연환경을 최대한 훼손하지 않는 방향을 설정하는 것이다. 예를 들어, 기존 수목을 살리고, 토양을 최소한으로 교란하는 설계를 적용하며, 자연 지형을 그대로 활용하는 '로우 임팩트(Low Impact) 코스 디자인'을 채택할 수 있다.

운영 단계에서도

- 화학비료 대신 친환경 퇴비 사용,
- 최소한의 물 사용을 위한 스마트 관개 시스템 도입.
- 태양광 에너지 이용한 클럽하우스 운영 등의 친환경 경영을 적용할 수 있다.

또한, 환경 보호 캠페인(예: '그린라운드 캠페인')을 통해 이용자들에게도 친환경적인 이용 문화를 확산시키는 노력이 병행되어야 한다.
이와 같은 친환경적 접근은 파크골프장이 단순 스포츠 시설을 넘어,
지속 가능한 지역 생태계와 조화롭게 공존하는 공간으로 자리매김하는 데 기여한다.

2. 사회적 가치 창출을 위한 프로그램 운영

파크골프장은 지역사회 내 다양한 계층이 함께 이용하는 공간인 만큼, 사회적 포용성과 공동체 복지 실현에도 적극 기여할 수 있다.
이를 위해 우선, 고령자, 장애인, 저소득층 등 사회적 취약계층을 대상으로 한 무상 강습 프로그램, 특별 할인 혜택, 무료 이용의 날 같은 포용적 프로그램을 기획할 수 있다.
또한, 지역 아동센터, 복지관, 학교 등과 연계하여 '청소년 파크골프 교실', '다문화 가족 파크골프 체험 행사' 등을 정기적으로 운영하면, 파크골프가 세대 간, 계층 간 소통과 교류를 촉진하는 공간이 될 수 있다.
이와 더불어, 지역 내 봉사단체, 사회적기업과 협력하여 '파크골프장 환경정화 봉사', '장애인

파크골프 대회' 같은 사회 공헌 프로젝트를 진행하면, 브랜드 이미지 향상은 물론 지역사회에 실질적 가치를 환원할 수 있다.

사회적 가치 창출을 위한 프로그램 운영은 결국 파크골프장이 '함께하는 스포츠', '모두를 위한 공간'이라는 긍정적 사회적 이미지를 구축하는 데 핵심적인 역할을 한다.

3. 투명한 거버넌스와 지역 참여형 운영 체계 구축

ESG 관점에서 건전한 거버넌스를 확립하는 것도 매우 중요하다. 특히 파크골프장은 공공적 성격을 지니는 시설인 만큼, 운영 과정의 투명성과 지역 주민의 참여 보장이 핵심 과제가 된다. 이를 위해 파크골프장 운영 위원회를 구성할 때 운영 주체뿐만 아니라 지역 주민, 동호회 대표, 사회단체 관계자 등 다양한 이해관계자를 포함시켜야 한다.

이 위원회는 시설 운영 방향, 요금 정책, 프로그램 구성 등에 대해 정기적으로 논의하고 피드백을 반영하는 역할을 담당한다. 또한, 운영 현황(예: 이용자 수, 수입·지출 현황, 프로그램 운영 결과 등)을 정기적으로 공개하고, 주요 의사결정 과정도 투명하게 알림으로써 지역민의 신뢰를 확보해야 한다.

나아가, 지역 소상공인과의 협력(식음료 제공, 기념품 판매 등)을 통해 운영 이익이 지역 내로 환원될 수 있도록 구조를 설계하면, 지속 가능한 지역 상생 모델을 만들 수 있다.

투명한 거버넌스와 지역 참여형 운영은 결국 파크골프장을 '지역이 함께 소유하고 성장시키는 공동 자산'으로 발전시키는 기반이 된다.

4. 지속 가능한 지역사회 발전을 위한 장기 계획 수립

마지막으로, 파크골프장은 단기적 이용 활성화에 그치지 않고, 지속 가능한 지역사회 발전에 기여하는 장기 계획을 수립해야 한다 이를 위해 지역 인구 변화, 건강 트렌드, 환경 변화 등을 고려하여 10년, 20년을 내다보는 파크골프장 발전 비전을 설정할 필요가 있다.

예를 들어,

- 미래 세대(청소년) 대상 파크골프 보급 확대,
- 지역별 소규모 파크골프 네트워크 구축,
- 파크골프와 지역 의료·복지기관 간 연계 강화

- 등을 장기 전략으로 설정할 수 있다.

또한, 매년 지역 주민 대상 만족도 조사, 사회적 가치 영향 평가 등을 실시하여 장기 발전 방향을 지속적으로 점검하고 수정해 나가는 것도 중요하다.

지속 가능한 지역사회 발전을 위한 장기 계획은 파크골프장이 일회성 시설이 아닌, 지역사회와 함께 성장하고 미래를 준비하는 스포츠 문화 거점으로 자리 잡게 만든다.

※ 요약정리

구분	내용
친환경 파크골프장 조성과 운영	• 자연 훼손 최소화, 친환경 자재 및 에너지 활용 • 친환경 퇴비, 스마트 관개 시스템, 태양광 에너지 도입 • 그린라운드 캠페인 등 이용자 대상 환경 보호 문화 확산
사회적 가치 창출을 위한 프로그램 운영	• 고령자, 장애인, 저소득층 대상 무상 강습·할인 프로그램 운영 • 청소년·다문화 가족 체험 행사 기획 • 지역 봉사단체 협력 사회공헌 프로젝트 추진
투명한 거버넌스와 지역 참여형 운영 체계 구축	• 운영위원회에 지역 주민 및 이해관계자 참여 보장 • 운영 현황 및 주요 결정사항 투명 공개 • 지역 상생 구조 설계로 운영 수익 지역 환원
지속 가능한 지역사회 발전을 위한 장기 계획 수립	• 미래 세대 대상 파크골프 보급 확대, 소규모 네트워크 구축 • 의료·복지기관과 연계한 복합적 건강 프로그램 개발 • 주기적 만족도 조사와 사회적 가치 평가를 통한 방향 수정

함께 생각해 봅시다

1. 파크골프장의 친환경 조성을 위해 현실적으로 가장 우선해야 할 요소는 무엇인가?
2. 사회적 가치 창출을 위한 파크골프 프로그램 운영 시 가장 중요한 대상은 누구이며, 그 이유는 무엇인가?
3. 투명한 거버넌스를 구축하기 위해 운영위원회에 반드시 포함해야 할 주체는 누구인가?
4. 장기적으로 파크골프장이 지역사회에 기여하기 위해 준비해야 할 전략적 과제는 무엇인가?
5. ESG 관점에서 파크골프장의 지역사회 기여 성과를 어떻게 측정하고 관리할 수 있을까?

참고문헌

이민수, 김가영 (2022). 「스포츠 시설의 ESG 경영 전략 연구」, 스포츠산업경영학회지, 37(2), 45-66.

정수진, 김형준 (2023). 「친환경 스포츠 시설 조성과 지역사회 기여 사례 분석」, 생활체육과학연구, 22(1), 81-99.

한수연, 오세훈 (2021). 「사회적 가치 창출을 위한 생활스포츠 프로그램 운영 전략」, 스포츠사회학연구, 30(3), 55-72.

박진영, 윤태호 (2022). 「지방자치단체와 스포츠 시설의 거버넌스 혁신 연구」, 지방행정연구, 36(2), 115-134.

김정훈, 이서영 (2023). 「지역 기반 스포츠 커뮤니티 활성화 방안」, 지역사회체육학회지, 35(1), 91-109.

이주현, 박소연 (2022). 「지속가능경영 관점에서 본 스포츠 시설 운영 모델 분석」, 스포츠경영학연구, 40(2), 75-93.

Kim, S., & Lee, H. (2023). "Sustainable Community Sports Facilities: ESG Implementation and Outcomes." International Journal of Sport and Society, 14(1), 32-49.

제12강
지자체 및 기업 협력 간 스폰서십 전략

제1절 기업 브랜드와 파크골프의 콜라보 사례

1. 장비 및 용품 브랜드와의 컬래버레이션

파크골프 시장이 성장하면서, 문 장비와 용품에 대한 수요도 꾸준히 증가하고 있다. 이에 따라 클럽, 볼, 캐디백, 장갑, 의류 등 파크골프 관련 제품을 제조하거나 판매하는 기업들은 파크골프장과 협력하여 다양한 콜라보 프로젝트를 추진할 수 있다.

예를 들어, 특정 파크골프장에서는 A사의 클럽을 공식 장비로 지정하고, 장비 렌털 서비스와 함께 A사 제품을 직접 체험해 볼 수 있는 기회를 제공할 수 있다. 또한 A사는 코스 내 주요 지점에 브랜드존을 설치하거나, '○○브랜드배 파크골프 대회'를 개최하여 제품 홍보와 함께 브랜드 인지도를 높일 수 있다.

이러한 장비·용품 기업과의 콜라보는 이용자에게는 고품질 장비 체험 기회를 제공하고, 기업에게는 자연스러운 제품 노출과 긍정적 브랜드 이미지를 확보하는 상호 원원(win-win) 효과를 가져온다.

2. 건강·의료 브랜드와의 컬래버레이션

파크골프는 건강을 중시하는 중장년층과 고령층에게 특히 인기가 높은 스포츠다. 따라서 건강식품, 헬스케어 기기, 의료기관 등 건강·의료 관련 기업들과의 협업도 매우 유효한 전략이 될 수 있다.

예를 들어, B제약회사는 파크골프장을 방문하는 이용자 대상으로 무료 건강검진 부스를 운영하거나, '건강 골프 캠페인'을 통해 건강 관리와 운동의 중요성을 알리는 프로그램을 연계할 수 있다. 또한 건강식품 브랜드에서는 라운드 참가자에게 무료 샘플을 제공하거나, '○○ 건강 파크골프 챌린지' 같은 이벤트를 후원할 수 있다.

이러한 협업은 단순 광고를 넘어, '건강한 삶'이라는 키워드를 매개로 파크골프와 기업 브랜드를 자연스럽게 연결시키며, 이용자에게는 실질적 혜택을, 기업에는 긍정적 브랜드 인식을 심어줄 수 있다.

3. 금융·보험 브랜드와의 컬래버레이션

파크골프 이용자의 주요 연령대가 경제적으로 안정된 중장년층과 고령층이라는 점에 착안하여, 금융·보험업계도 파크골프와의 컬래버레이션을 적극적으로 모색할 수 있다.

예를 들어, C은행이나 D생명보험사는 파크골프장을 후원하면서 '○○은행 파크골프 챌린지' 같은 이름으로 친선 대회를 개최하거나, 시설 내에 금융 상담 부스를 설치하여 은퇴설계, 건강보험 상담을 진행할 수 있다.

또한 장기 이용 회원에게는 우대금리 적금상품, 보험료 할인 혜택 등을 제공하는 연계 프로모션도 기획할 수 있다.

이런 금융·보험 브랜드와의 협업은 이용자에게는 실질적인 금융·보장 혜택을 제공하고, 기업에게는 타깃 고객층과의 접점을 확대할 수 있는 고부가가치 마케팅 전략으로 작용한다.

4. 지역 특산품·관광 브랜드와의 컬래버레이션

파크골프는 주로 지역사회 기반으로 운영되기 때문에, 지역 특산품 브랜드나 관광마케팅 기관과의 협업 가능성도 매우 높다.

예를 들어, 지역 농산물 브랜드는 파크골프 대회 경품으로 특산물을 제공하거나, 대회 기간 동안 '로컬푸드 마켓'을 열어 방문객들에게 신선한 농산물을 판매할 수 있다.

또한 지역 관광공사는 파크골프장을 관광 루트에 포함시키거나, '○○시 파크골프 투어 패키지'를 기획하여 지역 숙박업소, 식당, 관광지와 연계한 통합 상품을 운영할 수 있다.

이런 지역 브랜드와의 협업은 파크골프장이 지역경제 활성화에 기여하는 스포츠로 성장하는 데 도움이 되고, 지역 브랜드 역시 스포츠를 매개로 대중 접점을 확장하는 효과를 얻을 수 있다.

※ 요약정리

구분	내용
장비 및 용품 브랜드와의 컬래버레이션	• 파크골프 클럽, 볼, 의류 브랜드와 협력 • 장비 체험 기회 제공, 공식 장비 지정, 브랜드 대회 개최 • 이용자 경험 향상과 기업 브랜드 노출 효과 동시 달성
강·의료 브랜드와의 컬래버레이션	• 제약회사, 건강식품, 의료기관과 연계 • 건강 캠페인, 무료 검진, 샘플 제공 프로그램 운영 • '건강한 삶' 이미지 구축과 이용자 혜택 제공
금융·보험 브랜드와의 컬래버레이션	• 은행, 보험사와 협력하여 친선 대회 개최 및 상담 부스 설치 • 금융상품, 보험상품과 연계한 혜택 제공 • 중장년층·고령층 타깃 금융 마케팅 강화
지역 특산품·관광 브랜드와의 컬래버레이션	• 지역 농산물, 특산품, 관광공사 등과 협력 • 특산물 경품 제공, 지역투어 패키지 운영 • 지역경제 활성화 및 파크골프 대중 접점 확대에 기여

함께 생각해 봅시다

1. 파크골프와 장비·용품 브랜드가 협력할 때 가장 효과적인 콜라보 방법은 무엇인가?
2. 건강·의료 브랜드와 파크골프가 협력할 때, 이용자 만족도를 높이기 위한 핵심 포인트는 무엇인가?
3. 지역 특산품과 파크골프를 결합할 때, 지역경제 활성화에 실질적으로 기여하기 위한 조건은 무엇인가?
4. 지역 특산품과 파크골프를 결합할 때, 지역경제 활성화에 실질적으로 기여하기 위한 조건은 무엇인가?
5. 기업 컬래버레이션이 파크골프장 운영에 가져올 수 있는 부정적 효과는 무엇이며, 이를 최소화하기 위한 방안은 무엇인가?

📖 참고문헌

이준호, 박수진 (2022). 「스포츠 마케팅에서 브랜드 컬래버레이션 효과 연구」, 스포츠마케팅커뮤니케이션연구, 7(1), 35-54.

김소영, 오태환 (2023). 「건강 스포츠와 헬스케어 브랜드 협력 전략」, 헬스케어산업연구, 18(2), 67-85.

최민정, 이대호 (2021). 「스포츠와 금융 상품 연계 마케팅 사례 분석」, 스포츠경영학연구, 39(1), 49-70.

윤지현, 김태훈 (2022). 「지역 스포츠 축제와 특산품 마케팅 연계 전략 연구」, 관광경영학연구, 43(2), 98-117.

박정은, 한유진 (2023). 「스포츠 이벤트와 지역경제 활성화: 협력 모델 사례」, 지역사회체육학회지, 37(1), 25-44.

Lee, H., & Kim, J. (2023). "Sports Brand Collaborations and Consumer Engagement: Best Practices." International Journal of Sports Marketing, 12(1), 14-32.

Choi, S., & Park, M. (2022). "Collaborative Marketing Strategies in Sports and Local Communities." International Journal of Sport and Community Innovation, 8(2), 50-69.

제2절 스폰서십 기획과 ROI 분석

1. 스폰서십 목표 설정과 전략적 방향성 수립

성공적인 스폰서십 기획의 출발점은 정확한 목표 설정과 전략적 방향성 수립에 있다. 우선 스폰서십의 기본 목표를 브랜드 인지도 향상, 제품 체험 기회 제공, 타깃 고객과의 직접 소통, 또는 기업의 ESG 경영 실천 등으로 구체화해야 한다.

파크골프에서는 특히, 고령자 및 가족 단위 타깃 강화, 지역사회 밀착형 이미지 구축, 건강과 여가를 강조한 브랜드 포지셔닝 등이 주요 전략 목표가 될 수 있다.

이러한 목표를 설정한 후, 어떤 방식(대회 후원, 시설 후원, 이벤트 협력 등)으로 참여할 것인지, 또 스폰서십 기간과 범위를 어떻게 설정할 것인지를 전략적으로 설계해야 한다. 목표가 불명확하거나 전략이 일관되지 않으면 스폰서십 활동이 단발성에 그치고, 기대하는 효과를 거두지 못할 위험이 크다.

따라서 스폰서십 기획 초반부터 기업과 파크골프장 또는 대회 운영 주체 간 긴밀한 사전 협의와 공동 기획이 필수적이다.

2. 스폰서십 콘텐츠와 브랜드 노출 설계

스폰서십의 효과를 극대화하기 위해서는 단순한 로고 노출을 넘어서
콘텐츠 중심의 체험형 스폰서십 설계가 필요하다.

예를 들어, 파크골프 대회를 후원하는 경우,
- 코스 내 특정 홀을 기업명으로 명명(예: '○○은행 5번 홀'),
- 참가자 전원에게 기업 로고가 삽입된 기념품 제공,

- 브랜드 홍보 부스 설치 및 이벤트 운영,
- SNS를 통한 대회 실황 중계와 스폰서 소개 콘텐츠 제작 등 다양한 방식으로 브랜드와 참가자 간 접점을 늘릴 수 있다.

또한, 이용자가 자연스럽게 브랜드를 체험할 수 있도록 장비 대여, 간식 제공, 건강상담 부스 등 생활밀착형 콘텐츠를 개발하는 것도 중요하다.
이런 다양한 콘텐츠 설계는 기업 브랜드에 대한 호감도를 높이고, "강요 없이 스며드는" 자연스러운 브랜드 경험을 제공하게 된다. 브랜드 노출은 수량보다 '질'이 중요하며, 참가자와 관람객의 기억에 남는 체험을 설계하는 것이 핵심이다.

3. 스폰서십 성과 측정 지표 설정

스폰서십의 효과를 객관적으로 평가하기 위해서는 사전에 명확한 성과 측정 지표(KPI)를 설정해야 한다.

성과 지표는 기본적으로
- 브랜드 인지도 변화,
- 제품 및 서비스 인지도 상승,
- SNS 노출 및 확산량,
- 행사 참가자 수 및 참여율,
- 현장 판매 증대 효과 등을 포함할 수 있다.

파크골프 스폰서십의 경우, 현장 참가자 대상 만족도 조사, SNS 해시태그 사용량 모니터링, 브랜드 홈페이지 방문자 수 변화, 프로모션 쿠폰 사용률 등 다양한 방식으로 데이터를 수집할 수 있다.
또한, 스폰서십 전후를 비교하는 방식으로 브랜드 인식조사를 실시하거나, 설문조사를 통해 참가자의 기억 속 브랜드 연상도를 평가하는 것도 좋은 방법이다.
성과 측정 지표를 설정하고 데이터를 수집하면 단순 홍보 효과를 넘어
스폰서십의 실질적 ROI를 분석할 수 있는 기반을 마련할 수 있다.

4. 스폰서십 ROI(투자수익률) 분석과 개선 전략 수립

스폰서십 활동의 최종 평가는 ROI(Return on Investment) 분석을 통해 이루어진다. 즉, 기업이 투자한 금액 대비 얼마만큼의 브랜드 가치 상승, 매출 증가, 시장 영향력 확대를 이끌어냈는지를 분석하는 것이다.

ROI 분석은 정량적 분석과 정성적 분석을 함께 고려해야 한다.
정량적으로는
- 브랜드 노출 빈도,
- 신규 고객 유입 수,
- 판매 증대율 등을 수치로 측정할 수 있고,

정성적으로는
- 브랜드 이미지 향상,
- 고객 충성도 강화,
- 지역사회 기여 인식 상승 등을 평가할 수 있다.

ROI 분석 결과를 기반으로, 향후 스폰서십 프로그램의 방향을 수정하거나, 더 효과적인 콘텐츠 개발, 타깃층 세분화 전략 등을 수립할 수 있다.
스폰서십은 일회성으로 끝나는 것이 아니라, 지속적 성과 관리와 개선을 통해 브랜드 자산을 장기적으로 강화하는 과정이어야 한다.

※ 요약정리

구분	내용
스폰서십 목표 설정과 전략적 방향성 수립	• 브랜드 인지도, 제품 체험, 타깃 소통, ESG 실천 등 목표 구체화 • 대회 후원, 시설 후원, 이벤트 협력 등 전략적 접근 • 명확한 목표와 일관된 전략 수립의 중요성 강조
스폰서십 콘텐츠와 브랜드 노출 설계	• 홀 명명, 기념품 제공, 홍보 부스 운영, SNS 중계 등 다양한 콘텐츠 활용 • 생활밀착형 체험 콘텐츠 기획으로 자연스러운 브랜드 경험 제공 • 질 높은 노출 설계가 핵심
스폰서십 성과 측정 지표 설정	• 브랜드 인지도, SNS 확산량, 행사 참가율, 판매 증대 등 KPI 설정 • 사전·사후 비교 평가, 현장 조사, 온라인 데이터 분석을 통한 효과 측정 • 객관적 데이터 확보로 신뢰성 강화
스폰서십 ROI 분석과 개선 전략 수립	• 투자 대비 브랜드 가치 상승, 매출 증대, 고객 충성도 강화 분석 • 정량적·정성적 성과 모두 평가 • 지속적 성과 관리와 프로그램 개선을 통한 장기적 브랜드 자산 강화 도모

💬 함께 생각해 봅시다

1. 파크골프 스폰서십 목표를 설정할 때 가장 우선 고려해야 할 요소는 무엇인가?
2. 스폰서십 콘텐츠 기획 시 브랜드 노출을 자연스럽게 이루기 위한 가장 효과적인 방법은 무엇인가?
3. 파크골프 스폰서십의 성과를 객관적으로 측정하기 위해 가장 중요한 지표는 무엇이며, 그 이유는 무엇인가?
4. 스폰서십 ROI 분석 결과를 활용하여 다음 스폰서십 전략을 어떻게 개선할 수 있을까?
5. 스폰서십이 실패했을 경우 기업 브랜드 이미지에 미치는 부정적 영향을 최소화하는 방법은 무엇인가?

📖 참고문헌

이준영, 박소희 (2023). 「스포츠 스폰서십 효과 분석과 ROI 측정 방법 연구」, 스포츠마케팅커뮤니케이션연구, 8(1), 25-44.

김나영, 정성훈 (2022). 「생활스포츠 이벤트의 스폰서십 전략 수립과 평가」, 스포츠경영학연구, 40(2), 59-77.

최지은, 박태성 (2021). 「스포츠 스폰서십 콘텐츠 전략과 소비자 반응 분석」, 소비자행동연구, 36(3), 101-119.

윤태호, 오유진 (2022). 「스포츠 마케팅에서 투자 수익률(ROI) 분석 사례 연구」, 마케팅연구, 47(2), 88-107.

김수정, 이정호 (2023). 「브랜드 경험을 강화하는 스포츠 이벤트 스폰서십 설계」, 스포츠사회학연구, 31(2), 67-85.

Choi, M., & Kim, H. (2022). "Measuring Sponsorship Effectiveness: From Exposure to Engagement." International Journal of Sports Marketing and Sponsorship, 23(4), 55-73.

Park, S., & Lee, J. (2023). "Strategic ROI Analysis in Community-Based Sports Sponsorship." International Journal of Sport Business, 11(1), 18-36.

제3절 공공기관 및 민간기업의 참여 유치 전략

1. 공공기관과의 공동 가치(CSV) 창출 전략

공공기관의 참여를 이끌어내기 위해서는 단순한 '지원 요청'이 아니라, 공공성과 지역사회 기여를 강조하는 공동 가치(Creating Shared Value, CSV) 전략이 필요하다.

파크골프는 고령자 건강 증진, 가족 단위 여가 활성화, 지역 공동체 강화 등 공공기관의 주요 정책 목표와 일치하는 부분이 많다. 따라서 이러한 가치를 명확히 제시하여 공공기관이 자신의 사회적 책임을 이행하는 수단으로 파크골프 지원을 인식하게 만들어야 한다.

예를 들어, 보건소와는 고령자 건강 프로그램 연계, 복지관과는 소외계층 대상 파크골프 체험 프로그램 기획, 지방자치단체와는 '생활체육 활성화' 사업의 일환으로 파크골프 대회 개최를 제안할 수 있다.

공공기관 입장에서 '사회적 가치 실현'과 '정책 목표 달성'이라는 명확한 명분을 제공하면, 예산 지원, 인프라 구축 협력, 공식 후원 확보 등이 가능해진다.

2. 민간기업 대상 맞춤형 제안서 및 참여 프로그램 개발

민간기업의 참여를 유도할 때는 기업별 특성과 니즈를 반영한 맞춤형 제안서와 차별화된 참여 프로그램을 개발하는 전략이 중요하다.

예를 들어, 건강식품 회사에는 '건강 챌린지' 프로그램 후원, 금융회사에는 '시니어 골프 페스티벌' 스폰서십 제안, 지역 특산품 기업에는 '로컬푸드 파크골프 페어' 참가 기회를 제공하는 식으로, 각 기업의 마케팅 방향성과 타깃 시장에 부합하는 기획을 제시해야 한다.

또한, 단순 후원뿐만 아니라 제품 체험 부스 운영, 공동 브랜드 캠페인, 공동 사회공헌 프로젝트(예: 취약계층 무료 강습) 등 다양한 참여 방식을 마련하여 기업이 브랜드 홍보와 사회적 책임 이행을 동시에 달성할 수 있도록 설계해야 한다.

민간기업 입장에서는 투자 대비 브랜드 가치 제고 가능성이 높고, 사회적 책임(CSR) 활동 실적도 확보할 수 있다면, 보다 적극적으로 참여할 유인이 생긴다.

3. 장기 파트너십 기반 협력 모델 구축

공공기관과 민간기업 모두 단기적 이벤트성 참여보다는 장기 파트너십 기반의 협력 모델을 선호한다. 이를 위해서는 초기 제안 단계부터 5년, 10년 단위의 장기적 비전과 단계별 발전 계획을 제시해야 한다.

예를 들어,

- 1년 차에는 대회 후원 및 인지도 확보,
- 2~3년 차에는 지역 커뮤니티 프로그램 공동 운영,
- 4~5년 차에는 공동 브랜드 캠페인 론칭 및 전국 대회 공동 개최

와 같은 점진적 확장 계획을 수립할 수 있다.

또한, 매년 성과를 공유하고, 파트너십 활동의 사회적·경제적 성과를 평가하는 '공동 성과보고서'를 제작하여 투명성과 신뢰를 높이는 것도 중요하다.
장기적 협력 관계를 구축하면, 파크골프장은 안정적인 지원 기반을 확보하고, 기업과 기관은 지속 가능한 사회공헌 및 마케팅 플랫폼을 확보하는 지속가능성 중심의 상생 구조를 만들 수 있다.

4. 참여 기관·기업에 대한 인센티브와 인정 체계 구축

공공기관 및 민간기업의 지속적 참여를 유도하기 위해서는 명확한 인센티브와 인정 체계를 마련하는 것도 매우 중요하다.

예를 들어, 참여 기관 및 기업에는

- 파크골프장 내 공식 후원 명패 설치,
- 대회 공식 명칭에 기업명 삽입(예: '○○기업배 파크골프 대회'),
- 지역 언론 및 SNS를 통한 후원사 홍보,
- 연간 기부금 명세 공개를 통한 사회공헌 인증서 발급 등 다양한 형태로 가시적 보상을

제공할 수 있다.

또한, 매년 '최우수 파크골프 파트너상'을 시상하거나, 우수 사례를 모아 백서를 발간하여 후원 참여의 사회적 가치를 적극 알리는 것도 좋은 방법이다.

참여 기관과 기업은 이를 통해 브랜드 이미지 제고, 사회적 신뢰 확보, 내부 조직원의 자긍심 고취라는 다양한 긍정적 효과를 얻을 수 있다.

인센티브와 인정 체계를 체계적으로 운영하는 것은 공공기관 및 민간기업이 파크골프 활성화에 지속적으로 동참하도록 만드는 핵심 장치가 된다.

※ 요약정리

구분	내용
공공기관과의 공동 가치(CSV) 창출 전략	• 고령자 건강, 가족 여가, 지역 공동체 강화 등 공공기관 정책 목표와 파크골프 연계 • 보건소, 복지관, 지자체 등과 사회적 가치 중심 협력 모색
민간기업 대상 맞춤형 제안서 및 참여 프로그램 개발	• 기업별 니즈에 맞춘 후원 제안 • 제품 체험 부스, 공동 캠페인, 사회공헌 프로그램 설계 • 브랜드 홍보와 사회적 책임 동시 달성 유도
장기 파트너십 기반 협력 모델 구축	• 5~10년 장기 비전 제시 • 단계별 확장 계획과 공동 성과보고 체계 구축 • 안정적 지원 확보와 지속가능한 상생 구조 형성
참여 기관·기업에 대한 인센티브와 인정 체계 구축	• 명패 설치, 공식 명칭 삽입, 홍보 지원, 사회공헌 인증서 발급 등 인센티브 제공 • 최우수 파트너상 시상 및 백서 발간을 통한 후원 가치 확산

함께 생각해 봅시다

1. 공공기관 참여를 유도할 때 파크골프가 제공할 수 있는 가장 큰 공동 가치는 무엇인가?
2. 민간기업에 파크골프 후원을 제안할 때 가장 효과적인 제안 방식은 무엇인가?
3. 장기 파트너십 구축을 위해 필요한 필수 조건은 무엇이며, 어떻게 유지해야 하는가?
4. 참여 기관과 기업에 대한 인센티브를 제공할 때 고려해야 할 핵심 포인트는 무엇인가?
5. 공공기관과 민간기업 참여 유치 전략이 실패할 경우, 이를 극복하기 위한 대안은 무엇인가?

참고문헌

이경은, 김대성 (2023). 「공공기관과 스포츠 커뮤니티 협력 전략 연구」, 지방체육정책연구, 15(1), 47-65.

박준형, 송다혜 (2022). 「생활스포츠 후원 유치 방안과 기업 참여 사례 분석」, 스포츠경영학연구, 40(3), 71-90.

김수아, 정성훈 (2021). 「스포츠 사회공헌(CSR) 프로그램 설계와 효과 분석」, 사회체육학회지, 28(2), 55-74.

오현석, 박미영 (2022). 「지역 스포츠 파트너십 모델 구축을 위한 정책 연구」, 지역사회체육학회지, 36(1), 81-99.

강민수, 최수진 (2023). 「스포츠 참여 유도 전략과 장기적 파트너십 구축 방안」, 스포츠마케팅커뮤니케이션연구, 8(2), 59-77.

Choi, S., & Park, H. (2023). "Public-Private Partnerships in Community Sports Development." International Journal of Sport and Community Management, 7(1), 14-31.

Lee, J., & Kim, Y. (2022). "Corporate Social Responsibility through Sports Sponsorship: A Long-Term Engagement Approach." Journal of Sport Business and Social Innovation, 5(2), 22-41.

부록

◇ 파크골프 용어집

용어	쉬운설명	예시
파크골프	공원에서 즐기는 간단한 골프. 클럽하나와 큰 공하나로 코스를 돌며 즐기는 스포츠예요.	우리 동네 공원에 파크골프장이 생겼어요.
클럽	공을 치는 막대예요. 파크골프에서는 하나의 클럽만 사용해요.	클럽은 무겁지 않고 사용하기 쉬워요.
공(볼)	플라스틱으로 만든 큰 공이에요. 일반 골프공보다 크고 색깔도 다양해요.	나는 핑크색 공을 써요.
티(Tee)	공을 처음 놓고 치는 출발 지점이에요. 각 코스마다 티가 있어요.	티에서 첫 번째 샷을 쳐요.
홀(Hole)	공을 넣어야 하는 목표 구멍이에요. 깃발이 꽂혀 있어서 멀리서도 보여요.	공이 구멍에 쏙 들어가면 성공이에요!
파(Par)	이 홀에서 보통 몇 번만에 공을 넣는 게 적당한지 나타내는 숫자예요.	파3인 홀이니까 3번 안에 넣어야 해요.
버디(Birdie)	기준보다 1번 덜 쳐서 공을 구멍에 넣었을 때예요. 잘한 거예요!	파3인데 2번 만에 넣어서 버디예요!
보기(Bogey)	기준보다 1번 더 쳐서 넣었을 때예요. 조금 아쉬운 결과예요.	파3인데 4번 쳐서 보기를 했어요.

용어	쉬운설명	예시
홀인원	공을 한 번만 쳐서 바로 구멍에 넣은 거예요. 아주 특별한 기록이에요!	첫 샷에 바로 들어가서 홀인원이었어요!
라운드	정해진 코스를 한 바퀴 도는 걸 말해요. 9개나 18개의 홀을 도는 게 보통이에요.	오늘은 9홀 라운드를 돌았어요.
페어웨이	티와 홀 사이의 잘 정돈된 잔디 구역이에요. 주로 여기에서 공을 굴려요.	페어웨이로 잘 굴러가면 쉽게 칠 수 있어요.
러프	잔디가 길고 울퉁불퉁한 바깥쪽 지역이에요. 공이 여기에 빠지면 치기 어려워요.	공이 러프로 가서 쳐내기 힘들었어요.
OB	코스 바깥으로 공이 나갔을 때예요. 이럴 땐 벌점이 있어요.	공이 OB로 나가서 2벌타 받았어요.
벌타	규칙을 어겼거나 OB가 나왔을 때 받는 추가 점수예요. 보통 2타를 더해요.	OB 때문에 벌타 2타가 추가 됐어요.
스코어카드	각 홀에서 몇 번 쳤는지 기록하는 카드예요. 나중에 점수를 계산할 때 사용해요.	스코어 카드에 점수를 잘 적어야 해요.
순서 (플레이순서)	보통 티에서는 정한 순서대로 치고, 다음 홀부터는 가장 점수가 적은 사람이 먼저 쳐요.	저번 홀에서 잘했으니까 이번에 제가 먼저예요.
매너	함께 즐기기 위한 예절이어요. 시끄럽게 하지 않기, 순서 지키기, 공 칠 때 조심하기 등이 있어요.	치기 전 조용히 기다려야 해요.
핀(Pin)	구멍(홀)에 꽂힌 깃대예요. 멀리서도 어디가 홀인지 알 수 있어요.	깃발 보고 방향을 맞췄어요.
스트로크	공을 한 번 치는 걸 말해요. 몇 번 스트로크 했는지가 점수가 돼요.	이번 홀은 3번 스트로크로 마쳤어요.

◇ 파크골프 규칙

1. 경기의 목적과 기본 구조

파크골프의 기본적인 목적은 각 홀마다 가능한 적은 타수로 공을 홀컵에 넣는 것입니다. 일반적으로 9홀 또는 18홀을 구성하며, 각 홀의 길이는 짧게는 30m에서 길게는 100m까지 다양합니다. 클럽은 하나만 사용하며, 공은 골프공보다 크고 가벼운 플라스틱 재질입니다.

2. 경기 도구

- 클럽
  - 하나의 전용 클럽만 사용합니다. 일반적으로 목재로 되어 있으며, 길이는 86cm 이하, 무게는 600g 이하입니다.
- 공
  - 파크골프용 공은 직경 약 6cm, 무게 약 80\~95g의 플라스틱으로 되어 있습니다.
- 티잉 그라운드
  - 각 홀의 출발 지점으로, 지정된 곳에서 반드시 티샷을 해야 합니다.

3. 경기 진행 방법

① 출발(티샷)
각 홀의 티잉 그라운드에서 순서대로 첫 번째 샷을 칩니다. 순서는 제비뽑기나 사전 합의로 정하며, 그다음 홀부터는 전 홀에서 가장 적은 타수를 기록한 사람이 먼저 칩니다.

② 플레이 순서
한 홀 내에서는 공이 홀컵에서 가장 먼 사람부터 차례로 플레이합니다.

③ 홀 아웃
이 홀컵 안에 완전히 들어가야 한 홀의 플레이가 종료됩니다. 공이 컵 가장자리에 걸쳐 있거나 튀어나온 경우는 들어간 것으로 보지 않습니다.

4. 득점 및 승리

- 각 홀마다 친 타수를 모두 합산하여 총 타수가 가장 적은 사람이 승리합니다.
- 동점일 경우에는 마지막 홀부터 역순으로 타수를 비교하거나, 사전에 정한 방식으로 순위를 결정합니다.

5. 벌타 규정

경기 중 특정한 상황이 발생하면 벌타가 부과됩니다. 주요 벌타 규정은 다음과 같습니다.

1) OB(Out of Bounds)

공이 경기 구역 밖으로 나가면 OB로 판정되며, 2벌타가 부과됩니다.
OB 발생 시, 공이 나가는 지점에서 홀컵과 멀리 2클럽 이내에서 재시작합니다.

2) 해저드(연못, 도랑 등)

공이 연못, 물길 등 해저드에 빠졌을 경우 1벌타가 부과됩니다.
해저드 구역 바깥의 가장 가까운 위치에 공을 드롭하고 플레이를 계속합니다.

3) 기타 상황

- 다른 사람의 공을 고의로 방해하거나 치는 경우
- 타인의 플레이를 심각하게 지연시키는 경우
- 공을 교체할 수 없는 상황에서 임의로 바꾸는 경우

이러한 행위에 대해서는 심판 또는 경기 관리자 판단에 따라 벌타나 실격이 될 수 있습니다.

6. 공 이동 및 플레이 재개

공이 바람 또는 외부 요인에 의해 움직인 경우, 그 원인이 명백하게 외부에 있다면 원위치로 복구합니다.
공을 치기 위해 자연을 훼손하거나 장애물을 인위적으로 제거해서는 안 됩니다.
공이 움직이기 전에 클럽이 공에 닿은 경우는 타수로 계산되지 않지만, 스윙 도중 공을 치지 못했더라도 시도한 경우는 1타로 계산됩니다.

7. 에티켓과 안전

- 경기 중 다른 사람의 플레이에 방해가 되지 않도록 정숙을 유지합니다.
- 클럽을 던지거나 난폭한 행동은 절대 금지됩니다.
- 앞 팀과의 거리를 충분히 유지한 후 플레이를 진행합니다.
- 경기장 내 식물, 구조물, 환경 등을 훼손하지 않도록 주의합니다.

※ 내용 요약

구분	내용
경기방식	9홀 또는 18홀, 타수 합산 스트로크 방식
장비	클럽 1개, 플라스틱 공 1개
OB	경기 구역 밖으로 나간 경우, 2벌타
해저드	연못 등 빠질 경우, 2벌타
타순	홀컵에서 먼 사람부터 진행
승리조건	가장 적은 총 타수
공 교체	손상 시에만 가능
금지사항	고의 방해, 클럽 던지기, 에티켓 위반 등

(사)대한파크골프협회

파크골프 경기 규칙

(사)대한파크골프협회

파크골프 경기 규칙

제정 2008. 12. 05.
개정 2018. 06. 15.
개정 2019. 01. 30.
개정 2021. 09. 15.
개정 2024. 01. 22.
개정 2024. 02. 05.

제1장 에티켓

제1조 파크골프 경기의 기본정신 파크골프 경기는 다른 경기자들을 배려하고 스스로 규칙을 준수하는 경기자의 성실성 여하에 달려 있다. 따라서 모든 경기자는 경기하는 방법에 관계없이 언제나 규칙에 따라 스스로 절제된 태도로 공정한 행동을 하고 동반자에게 예의를 지켜야 한다. 이것이 파크골프 경기의 기본정신이다.

제2조 안전 확인
1. 경기자는 스윙 전에 스윙 반경내 다른 경기자가 근접해 있는가를 확인하고 안전거리를 확보하여야 한다.
2. 동반자 전원이 샷을 끝낼 때까지 먼저 앞으로 나가서는 안 된다.
3. 경기자는 공을 잘못 쳐서 동반자 또는 국외자가 공에 맞을 위험이 있는 경우는 큰소리로 신속히 경고를 하여야 한다.
4. 다른 홀로 공이 넘어가서 경기자가 다른 홀로 진입시는 그 홀의 경기자의 경기 진행여부를 사전 확인 후 양해를 받아 진입하여야 한다.

제3조 다른 경기자에 대한 배려
1. 경기 방해의 금지
   가. 경기자는 항상 코스에서 동반자를 배려하여야 하며, 움직이거나 말하는 등 불필요한

잡음을 내서 경기를 방해하여서는 안 된다.
　나. 휴대폰의 소음 등으로 경기를 혼란시키지 않도록 하여야 한다.
　다. 경기자가 샷을 준비하면 동반자는 정숙하여야 한다.
　라. 경기에 참가하고 있는 선수에게 경기에 영향을 줄 수 있는 조언을 하여서는 안 된다. 단, 포섬 경기시는 팀원끼리 조언이 가능하다
　바. 경기자끼리 감정을 상하게 하는 말과 행동을 하여서는 안 된다.
2. 그린 위에서
　가. 경기자는 동반자의 퍼팅 라인을 밟아서는 안 된다.
　나. 경기자가 퍼팅을 할 경우 동반자가 움직이거나 경기자의 퍼팅라인에 동반자의 그림자를 만들어서는 안 된다.
　다. 조원 모두가 컵인으로 홀 아웃 할 때까지 그린 주변에 대기한다. 〈개정 2024.01.22.〉
3. 스코어 기록
　가. 샷을 하기 전에 "이름과 타수"를 말하여 기록에 착오가 없도록 한다.
　나. 조원 모두가 홀 아웃하게 되면 후속조에게 수신호를 주고 다음 홀로 신속히 이동하여 스코어 카드를 기록하며, 상호 확인하여야 한다. 〈개정 2024.02.05.〉
4. 파크골프 용어 사용
　가. 경기자는 경기를 하면서 상황에 맞는 파크골프 용어를 사용하도록 한다. 〈개정 2024.02.05.〉
　나. 파크골프 용어는 "부록 1"을 참조한다.

제4조 경기 속도

1. 약간 빠른 속도 유지
　가. 앞 조와 속도를 맞추는 것은 조원 모두의 책임으로 경기자는 샷을 한 다음에 약간 빠르게 이동을 하여 다음 경기를 준비하여야 한다.
　나. 1개 홀이 비어 있지만 초보자 등으로 지연되는 경우에 후속 조가 먼저 경기를 할 수 있도록 양보한다. 〈개정 2024.01.22.〉
　다. 임의로 비어 있는 홀로 진입하여 경기진행을 방해하거나 경기속도를 지연하여서는 안 된다.
2. 경기할 준비

가. 경기자는 샷 순서에 따라 바로 경기에 임할 수 있도록 항시 준비를 하여야 한다.
나. 1개조 인원은 3~4명으로 편성하여 경기를 한다. 〈개정 2024.01.22.〉

제5조 코스 보호
1. 잔디 보호를 위해 운동화, 골프화를 착용하며 잔디에 손상을 주는 등산화, 구두, 부츠 등을 착용하여서는 안 된다.
2. 샷으로 인하여 잔디가 패이거나 클럽으로 내리쳐서 잔디가 손상되지 않도록 주의한다.
3. 샷으로 인하여 잔디가 패였을 경우는 잔디를 보수하여야 한다.
4. 코스 내에서는 금연하고 껌과 침을 뱉는 행위를 금한다.
5. 코스 내에서는 음식물 섭취는 금하며, 쓰레기를 버리지 않는다.

제6조 에티켓 위반시 조치
1. 경기자가 에티켓을 준수하지 않아 벌타를 부여 받는 경우는 없으나 에티켓을 준수하게 되면 더 즐거운 경기를 하게 될 것이다. 경기자가 동반자의 경기를 방해하거나 기물 파손 등의 중대한 에티켓을 위반한 경우 대회위원(회)은 퇴장 조치 또는 대회에서 경기실격을 시킬 수 있다.
2. 경기자가 이 규칙을 무시하고 동반자의 경기를 방해하거나 기물 파손의 피해 정도에 따라 필요한 경우 스포츠공정위원회에 제소한다. 〈개정 2024.01.22., 2024.02.05.〉

제2장 경기 규칙

제7조 스트로크 경기 총칙
1. 파크골프는 경기자가 1개의 클럽과 1개의 공으로 첫 번째 홀의 티잉 그라운드에서 1회 이상의 스트로크로 경기가 이루어진다. 〈개정 2024.01.22.〉
2. 별도의 규칙이 있는 경우를 제외하고 스트로크를 한 자신의 공을 집어들고 원래 위치에 되돌아가서 다시 경기를 할 수 없다. 〈개정 2024.01.22.〉
3. 홀컵과 가깝지 않게 2클럽 이내의 지역 정의 〈개정 2024.01.22.〉
  가. 홀컵과 가깝지 않게 2클럽 이내의 지역이란 공을 집어들고 처치할 경우에 OB라인을 벗어난 지점에서 깃대를 보고 수직방향으로 서서 양팔을 벌려 좌·우측으로 2클럽 내의

후방 반원이다. 〈개정 2024.01.22.〉

나. 〈삭제 2024.01.22.〉

나. OB의 경우는 2개 OB말뚝(라인) 연장선 외측을 벗어난 지점, 그리고 언플레이어블의 경우는 공이 정지되어 있는 지점에서 깃대를 보고 수직방향으로 서서 양팔을 벌려 좌·우측으로 2클럽 이내의 후방으로 반원지역내 샷이 가능한 지점이다. 〈개정 2024.01.22., 2024.02.05.〉

다. 앞의 각호를 위반시에는 2벌타를 부여한다.

4. 코스의 비정상정인 상태(수리지. 캐주얼 워터, 배수구, 예비 홀컵, 스프링 쿨러)에 놓인 공과 분실구 등의 가까운 지점으로 처치 방법 〈개정 2024.01.22., 2024.02.05.〉

가. 예비 홀컵 위 또는 걸쳐 있는 경우의 공은 클럽헤드 2개 길이만큼 그리고 캐주얼 워터, 수리지, 배수구, 스프링 쿨러에서는 페어웨이 좌·우측 가까운 방향으로 처치할 경계선에서 홀컵에 가깝지 않게 2클럽 이내로 이동하여 공을 놓는다. 〈개정 2024.01.22., 2024.02.05.〉

나. 분실구는 분실되었다고 추정되는 지점에서 가장 가까운 지점으로 선정하는데 스탠스와 스트로크가 가능한 위치에서 홀컵과 가깝지 않게 2클럽 이내로 이동하여 공을 놓는다. 〈개정 2024.01.22., 2024.02.05.〉

다. 앞의 각호를 위반시에는 2벌타를 부여한다.

제8조 파크골프 벌타

1. 모든 벌타는 2타를 부여한다.

제9조 스트로크 경기

1. 한 홀마다 타수를 누계하여 코스별로 합산한 총 타수로 순위를 정하는 경기방법이다.
2. 합의의 반칙
   - 경기자는 규칙의 적용을 배제하거나 부여받은 벌타를 면제하기로 합의하여서는 안 된다. 이를 위반하였을 경우에는 해당자 모두를 경기 실격으로 처리한다.

제10조 용구

1. 경기자가 사용하는 클럽에다 경기에 영향을 주는 부속물을 장착하여서는 안 된다.

2. 경기자는 1개 클럽과 공으로 정해진 코스를 경기하여야 한다. 경기자의 클럽이 통상적인 경기 진행 중에 손상되었거나 혹은 분실하였을 경우는 다른 클럽으로 교체할 수 있다. 다만, 이후 분실된 클럽이 발견된 경우에는 이것을 다시 사용할 수 있으며, 어느 경우라도 동반자의 확인 또는 대회 본부의 재검사를 받아야 한다. 〈개정 2024.01.22.〉
3. 앞의 각항을 위반시에는 경기 실격으로 처리한다.

제11조 경기에 적합하지 않은 공

1. 공에 잔금이 있거나 찌그러졌거나 갈라진 것이 보이면 그 공은 경기에 부적합한 공이다. 경기 중인 자신의 공이 경기에 부적합하다고 판단할 경우에 경기자는 그 홀의 경기 중에 벌타 없이 동반자에게 공을 확인시킬 의사를 밝히고 볼 마커로 마크한 후 공을 집어 들어야 한다. 〈개정 2024.02.05.〉
2. 이때, 그 공이 경기에 적합하지 않다고 동반자의 확인을 받았을 경우 경기자는 예비 공으로 교체하여 마크한 지점에 공을 놓고 경기를 한다. 만약, 확인을 얻지 못한 경우의 공은 마크한 지점에 다시 내려놓고 경기를 한다. 〈개정 2024.01.22., 2024.02.05.〉
3. 스트로크를 한 결과, 공이 2개 이상으로 분리 되었거나 분리되기 직전의 상태인 경우는 그 스트로크를 취소하고 경기자는 예비 공을 사용하여 스트로크를 하였다고 추정되는 지점에서 벌타 없이 경기를 한다.

제12조 경기자의 책임 경기자는 경기 진행에 필요한 아래 조건을 숙지하여야 한다.

1. 용구
   - 용구의 관리 책임은 경기자 자신에게 있으므로 식별할 수 있는 표시를 한다.
2. 스코어카드 기록관리
   가. 경기자는 홀아웃시마다 조원끼리 타수를 확인하고 자신의 스코어카드에는 동반자 전원의 타수를 기록한다. 만약, 심판(홀 진행요원)이 있는 경우는 경기자 모두의 타수를 기록하며, 경기자는 홀마다 자신의 타수를 확인하여야 한다. 단, 전자기기(PAD, LED전광판 등)를 사용하는 대회에서는 타수 기록, 관리하는 방법을 달리할 수 있다. 〈개정 2024.01.22., 2024.02.05.〉
   나. 경기가 종료되면 경기자는 조원끼리 각 홀의 타수와 합계 결과를 확인하고 경기자 모두가 서명을 하여 신속하게 대회본부에 스코어카드를 제출하여야 한다. 이때, 카드

미제출 및 서명 누락자는 경기 실격으로 처리한다.
　다. 본인 서명 후 제출한 스코어카드는 그 기재 내용의 변경을 인정하지 않는다.
　라. 경기자가 특정 홀의 타수와 합산을 실제 타수보다 적게 기록하여 제출한 경우는 경기 실격으로 처리한다. 반대로 경기자가 실제 타수보다 더 많은 타수를 기록하여 제출하였을 경우 그 타수는 그대로 처리한다. 〈개정 2024.02.05.〉
3. 지연 경기
　가. 경기자는 경기속도를 고의로 지연시켜서는 안되며, 1개 홀의 경기가 종료되면 신속히 다음 홀로 이동하여 스코어카드를 기록한다. 〈개정 2024.02.05.〉
　나. 경기자는 앞 조와의 간격이 2개홀 이상 뒤처지지 않도록 해야 하는데 발생 시 사유에 따라 대회본부에서 해당 조원 모두에게 2벌타를 부여한다. 〈개정 2024.01.22.〉

제13조 연습 스트로크
1. 경기자는 경기 당일 코스 내에서 공을 치는 연습 스트로크를 하여서는 안 된다. 〈개정 2024.01.22., 2024.02.05.〉
2. 경기 중에도 공을 치는 연습 스트로크를 하여서는 안 된다. 〈개정 2024.01.22.〉
3. 앞의 각항을 위반시에는 경기 실격으로 처리한다. 〈신설 2024.01.22.〉

제14조 경기 순서
1. 홀에서 제일 먼저 경기할 권리를 부여 받은 사람을 오너라고 말한다. 경기 시작 홀에서 티 샷 순서는 순서 뽑기 또는 가위 바위 보로 이긴 자 순으로 한다. 다음 홀부터는 전 홀의 최저타수의 경기자가 오너가 되고, 적은 타수 순으로 경기를 한다. 만약, 전 홀의 타수가 같은 경우에는 그 이전의 홀의 타수를 비교하고 순서를 정하여 경기를 한다.
2. 티 샷 후 다음 샷 순서는 깃대에서 가장 먼 공의 경기자가 먼저 경기를 하여야 한다. 2개 이상의 공이 깃대에서 비슷한 거리에 있을 경우는 경기자끼리 순서를 정하여도 좋으나 결정하기 어려운 경우는 이전의 샷 순서대로 경기를 한다. 〈개정 2024.01.22.〉
3. 개인전 또는 단체전 팀간 샷 하는 순서를 지키지 않은 경우에는 에티켓 위반으로 무벌타 처리한다.
　　단, 단체전 중 일반 포섬(팀별로 공 1개씩 경기)은 시작하는 홀의 티 샷 부터 경기가 종료할 때까지 위반 시 해당 팀에게 2벌타씩을 부여하며, 베스트 볼을 적용하는 포섬(팀별로 공

2개씩 경기)은 홀마다 모두 티 샷 하고서 선택한 공으로 세컨드 샷부터 홀아웃할 때까지 위반시 해당 팀에게 2벌타씩을 부여한다. 〈신설 2024.01.22.〉

제15조 티잉 그라운드

제15-1조 티잉 그라운드의 티업

1. 홀 마다 티 샷은 티 위에 공을 올려놓고 샷을 하여야 한다. 〈개정 2024.01.22.〉
2. 경기자는 지정된 티잉 그라운드 이외 장소에서 티 샷을 할 수 없다.
3. 경기자는 티잉 그라운드 내에서 티 샷을 하는데 발이 일부분이라도 티잉 그라운드 밖으로 벗어나서 스트로크를 하여서는 안 된다.
4. 방향을 정하는 표시물을 공 앞에 놓고 티 샷을 하여서는 안 된다.
5. 앞의 각 항을 위반할 경우는 2벌타를 부여한다
6. 티잉 그라운드에서 스트로크에 의하지 않고 무의식적으로 클럽이 공에 접촉하여 공이 티에서 떨어진 경우에는 1타를 가산하지 않고 다시 티 샷을 한다. 〈개정 2024.01.22.〉
7. 티 샷을 하였으나 1회 이상 공을 맞히지 못한 경우는 스트로크를 하지 않은 것으로 간주하며, 이는 매너 위반 행위이다. 〈개정 2024.01.22.〉

제15-2조 티업한 공이 떨어진 경우

1. 경기자가 스윙을 하지 않았는데 공이 티에서 떨어졌을 경우 벌타 없이 다시 티 샷을 할 수 있다.
2. 티 샷을 한 결과, 공이 티잉 그라운드에 놓인 경우 연속하여 세컨드 샷을 하여야 한다.
3. 티 샷을 하였는데 공이 클럽 헤드에 살짝 맞거나 바람 영향을 받아 티에서 떨어진 경우는 스트로크를 한 것으로 간주한다. 〈개정 2024.01.22.〉
4. 티 샷을 포함하여 샷을 하기 전에 연습스윙은 필요시 1회만 실시하며, 이때 공을 맞춘 경우는 스트로크를 한 것으로 간주하고 정지한 지점에서 다음 경기를 한다.
5. 티 샷을 한 공이 장애물을 맞고 티잉 그라운드 후면에 정지된 경우는 OB로 판정하고 처치는 공이 티잉 그라운드 후면 경계선을 벗어난 지점에서 깃대를 보고 수직방향으로 서서 양팔을 벌려 좌·우측으로 2클럽이내에 샷이 가능한 지점에 공을 놓고 다음 경기를 한다.

제15-3조 홀을 잘못 진입한 경우

1. 다른 홀로 진입하여 티잉 그라운드에서 1명 이상 티 샷을 하였을 경우 조원 모두는 그 홀을 홀아웃하고 원래 순서의 홀로 되돌아가서 경기를 하여야 한다. 이 경우에는 잘못 진행한 1개 홀에 대한 2벌타를 부여한다. 〈가정 2024.01.22.〉
2. 또한, 다른 홀로 진입하여 연속된 경기를 하게 되면 원래 순서의 홀에서 조원 모두에게 잘못 진행한 모든 홀의 수에 2벌타씩 부여하여 기록한다. 이때, 원래 순서의 홀에서 타수 기록시 더블파를 적용하지 않는다. (르컬룰 해당이 안 됨)

제16조 공은 있는 그대로의 상태에서 경기

1. 별도의 규칙이 있을 경우를 제외하고 공은 있는 그대로의 상태에서 경기를 하여야 한다. 이때, 경기자에 의해 무의식적으로 움직인 공은 무벌타로 구제한다.
2. 경기자는 스트로크 중인 경우를 제외하고 수목, 긴 풀 등의 생장물에 접촉하거나 움직일 수 없는 장애물을 정리하여 자신의 공 주변 상황을 개선하여서는 안 된다.
3. 클럽 헤드는 어드레스하는 경우에만 공 뒤쪽 지면에 닿을 수 있다. 이때, 목표 방향쪽으로 표시물을 놓거나 클럽 헤드가 지면에 닿아서는 안 된다. 〈개정 2024.01.22.〉
4. 경기자는 스탠스를 취하는 경우 양발을 지면에 두면서 임의로 스탠스 장소를 만들어서는 안 된다. 단, 벙커에서는 예외로 한다. 〈개정 2024.01.22.〉
5. 앞의 각 항을 위반시에는 2벌타를 부여한다.

제17조 어드레스와 스트로크

1. 티 샷 후 다음 샷을 위해 경기자가 어드레스를 하면서 클럽헤드가 공에 접촉하여 공이 움직이면 스트로크로 간주하고 1타를 가산한다. 〈개정 2024.01.22., 2024.02.05.〉
2. 경기자가 스트로크를 할 경우에 클럽 헤드가 공에 접촉하기 전에 스윙을 정지하거나 또는 스트로크의 의사가 있어도 헛 스윙이 되어 공이 움직이지 않으면 스트로크를 하지 않은 것으로 간주한다. 다만, 헛 스윙이 되어 공이 움직인 경우에는 스트로크를 한 것으로 간주한다. 〈개정 2024.01.22.〉
3. 경기자가 클럽 헤드가 아닌 샤프트, 그립 끝으로 공을 쳐서는 안 된다. 〈개정 2024.01.22.〉
4. 정상적인 스윙으로 공을 쳐야 하는데 백 스윙 없이 밀어내기, 당기기, 퍼올리기 등을 하여서는 안 된다.

5. 경기자는 1회의 스트로크 중, 클럽에 2회 이상 공이 접촉되어서는 안 된다. 〈개정 2024.01.22.〉
6. 경기자는 자신의 공이 움직이고 있는 중에 스트로크를 하여서는 안 된다.
7. 제3항, 제4항, 제5항, 제6항을 위반을 하였을 경우 그 경기는 스트로크로 간주하여 1타를 가산하며, 또한 부정타로 인정하여 2벌타를 부여한다.
8. 경기자가 스트로크한 공이 움직이고 있는 중에는 다음 순서의 경기자가 스트로크를 하지 않아야 한다.

제18조 뒤 바뀐 공, 교체한 공
1. 경기자가 동반자의 공으로 스트로크를 한 경우에 타수는 가산하지 않고 동반자의 공을 원위치하며, 자신의 공 위치에서 2벌타를 부여하고 다음 경기를 하여야 한다. 만약, 뒤바뀐 공의 해당자 모두가 스트로크를 한 후에 알았을 경우는 그 홀을 홀 아웃할 때까지 바뀐 공으로 진행하고 해당자 모두에게 2벌타를 부여한다.
2. 다만, 1번 홀에서 공의 거치대에 있는 다른 경기자의 공으로 티 샷을 한 경우는 무벌타이며, 그 공을 회수하고 자신의 공으로 다시 경기를 한다.
3. 경기자가 1개의 코스 내에서 공의 교체를 원할 경우 다음 코스 1번 홀에서만 가능하다. 이를 위반시는 2벌타를 부여한다. 다만, 다른 공으로 교체하는 것이 허용되는 경우는 예외로 한다. 〈개정 2024.01.22. 2024.02.05.〉

제19조 그린 위의 깃대
홀 컵에 세워진 깃대는 뽑지 않고 경기를 하여야 한다. 이를 위반시는 벌타를 부여한다. 〈개정 2024.01.22.〉

제19-1조 그린 위의 공
1. 그린 위의 공이 홀컵에서 2클럽 이내인 경우 경기자는 동반자에게 통보하고 우선해서 마크하거나 컵인을 실시하며, 필요시 그대로 둘 수가 있다. 〈개정 2024.01.22., 2024.02.05.〉
2. 컵인을 하지 않고 다음 홀에서 티 샷을 한 경우는 해당 홀에서 실격 처리를 한다.(로컬룰을 적용한 경우에는 실격이 아닌 로컬룰에 따른다.〈개정 2024.01.22.〉
3. 공의 일부가 홀컵 주변에 걸려있는 경우는 그 상황 시점부터 10초내 홀 컵에 들어가면

컵인으로 인정한다.

제20조 공이 움직이거나, 방향이 변경되거나, 정지된 경우 경기자의 스윙에 의하지 않고 공이 정지된 위치에서 다른 위치로 이동하여 정지된 경우 그 공은 움직인 것으로 간주한다.

제20-1조 정지된 공이 움직인 경우
1. 정지된 공이 국외자 및 동반자에 의해 움직이게 된 경우 그 공은 움직이기 전에 있었다고 추정되는 지점에서 경기를 하여야 한다.
2. 경기자가 스트로크를 하기 전에 경기자의 동작에 의하지 않고 공이 움직인 경우에는 그 스윙을 중지하고 그 공이 정지된 지점에서 경기를 하여야 한다. 이 경우에 스트로크는 하지 않은 것으로 간주한다. 〈개정 2024.01.22.〉
3. 경기 중인 공은 경기자가 임의로 공을 집어 올리거나 건드리면 벌타를 부여하고 원래 있었다고 추정되는 위치에 놓고 경기를 하여야 한다. 〈개정 2024.01.22.〉
4. 경기자가 움직일 수 있는 장애물을 제거하는 과정에서 공이 움직인 경우는 벌타 없이 그 공을 원래 있었다고 추정되는 지점에 놓고 경기를 하여야 한다.
5. 정지되어 있는 동반자의 공이 경기자의 공에 의해 움직인 경우에는 누구에게도 벌타는 없고 경기자의 공은 정지된 지점에서, 동반자의 공은 추정되는 원래 지점으로 경기자가 원 위치를 해야 하는데, 필요시 다른 동반자가 해주어 다음 경기를 하여야 한다. 〈개정 2024.01.22.〉
6. 앞의 각 항을 위반시에는 2벌타를 부여한다.

제20-2조 움직이고 있는 공이 방향을 변경하거나 정지된 경우
1. 움직이고 있는 공이 국외자 또는 동반자에 의해 방향을 변경하거나 정지하였을 경우는 벌타는 없으며, 그 공은 최종 정지된 지점에서 경기를 하여야 한다. 이때, 동반자가 고의적으로 경기자의 공을 멈추게 하거나 움직인 경우는 동반자에게 벌타를 부여한다. 〈개정 2024.01.22., 2024.02.05.〉
2. 경기자의 공이 움직이고 있는 중에 자신에 의해 방향을 변경하거나 정지된 경우는 경기자에게 벌타를 부여하고 공이 멈춰진 위치에서 경기를 하여야 한다.
3. 경기자가 스트로크한 공이 움직이고 있는 중에 다음 순서인 동반자가 스트로크를 하여

경기자의 공과 충돌하여서는 안 된다. 만약, 충돌한 경우에 2개 공은 정지된 위치에서(OB 시에는 OB처치) 다음 경기를 하여야 하며, 동반자에게 벌타를 부여한다. 〈개정 2024.02.05.〉

4. 앞의 각 항을 위반시에는 2벌타를 부여한다.

제21조 처치 〈개정 2024.02.05.〉

제21-1조 공을 집어올림

1. 세컨드 샷 부터 집어 올린 공은 원 위치에 놓아야 하므로 사전에 그 공의 위치를 마크하여야 한다. 만약, 마크를 하지 않고 집어든 공은 원래 있었다고 추정되는 지점에 놓고 경기를 하여야 한다.
2. 마크를 요구 받았을 경우는 홀 컵을 바라보고 볼 마커를 공 뒤에 놓고 공을 집어 올려야 한다. 이때, 마크를 하는 중에 공을 건드려서 움직이면 벌타 없이 공을 원위치하며, 필요시 다른 동반자가 마크를 해줄 수 있다. 〈개정 2024.0122.〉
3. 세컨드 샷부터 볼 마커가 동반자의 경기에 방해가 될 경우는 클럽헤드 2개 길이까지 좌·우측으로 이동할 수 있다. 이때, 볼 마커를 이동하는 순서와 원 위치하는 방법을 준수하여야 한다. 〈개정 2024.01.22.〉
4. 앞의 각 항을 위반시에는 2벌타를 부여한다.

제21-2조 공을 원위치에 놓음 (리플레이스)

1. 마크한 공은 경기자 자신이 원 위치한다.
2. 볼 마커를 못 찾았거나 옮겨져서 원 위치를 확정할 수 없는 경우는 그 공이 정지되어 있었다고 추정되는 지점에 놓아야 한다. 이를 위반시에는 2벌타를 부여한다.

제21-3조 공을 놓음 (플레이스)

1. 공을 놓을 경우는 경기자 자신이 놓아야 한다. 경기자에 의하여 움직여진 동반자의 공은 원래 있었다고 추정되는 지점으로 경기자(필요시 다른 동반자)가 이동시켜야 한다. 〈개정 2024.01.22.〉
2. 움직여진 공의 위치를 확정할 수 없을 경우는 그 공이 정지되어 있었다고 추정되는 지점에 놓아야 한다.

3. 공을 놓았는데 공이 계속 움직일 경우는 깃대에 가깝지 않게 공이 정지될 수 있는 가까운 지점에 놓아야 한다.

제21-4조 경기에 방해되는 공

1. 경기자는 동반자로부터 자신의 공을 마크하도록 요구 받았을 경우는 마크를 하거나 동반자의 동의하에 먼저 샷을 할 수 있다. 이 경우에 집어 올린 공은 원 위치하여야 한다. 〈개정 2024.02.05.〉
2. 티 샷을 할 경우는 마크 요구를 할 수가 없으며, 세컨드 샷부터는 20m이내의 공에 대하여 할 수 있다. 〈개정 2024.02.05.〉
3. 앞의 1항을 위반시에는 2벌타를 부여한다. 〈개정 2024.02.05.〉

제22조 장애물 구제 〈개정 2024.02.05.〉

제22-1조 움직일 수 있는 장애물

1. 경기자는 움직일 수 있는 장애물에서 다음과 같은 구제를 받을 수 있다.
   가. 공이 움직일 수 있는 장애물에 의허 스탠스나 스트로크의 방해가 될 경우는 그 장애물을 제거 할 수 있다. 장애물을 제거하는 도중에 공이 움직인 경우는 벌타 없이 움직인 공을 원래 있었다고 추정되는 지점에 놓아야 한다.
   나. 공이 움직일 수 있는 장애물 안 또는 위에 있을 경우는 벌타 없이 그 공을 집어 올린 다음 장애물을 제거할 수 있다. 이 경우 집어 올린 공은 원 위치 한다.
   다. 정해진 위치에 거치된 모래 고르게, 공 회수용 뜰채를 경기자가 사용 후 원 위치하지 않은 경우 다음 경기자가 샷에 방해가 되면 이동시킬 수 있다. 〈개정 2024.01.22., 2024.02.05.〉

제22-2조 움직일 수 없는 장애물

1. 움직일 수 없는 장애물 안 또는 위에 공이 있는 경우이거나 공이 이것에 근접해 있기 때문에 경기자의 스탠스 또는 스트로크의 방해가 될 경우는 움직일 수 없는 장애물에 의해 장애가 생긴 것으로 간주한다.
2. 코스내에 수리지, 캐주얼 워터, 배수구, 스프링 쿨러, 예비 홀컵 위에 공이 놓여있거나 걸쳐있을 경우는 무벌타로 홀컵과 가깝지 않게 규칙에 따른 길이 만큼과 처치방법으로

구제를 받고 다음 경기를 한다. 〈개정 2024.01.22.〉
3. 샷을 하는 목표방향에 움직일 수 없는 장애물이 있는 경우는 구제 없이 경기를 하여야 한다.
4. 1항의 장애에 따라 공을 스트로크를 할 수 없는 경우에 이를 구제할 수는 없다. 이 경우에는 경기자가 언플레이어블을 선언하고 처치하여야 한다. 이를 위반시에는 2벌타를 부여한다. 〈개정 2024.02.05.〉
5. 움직일 수 없는 장애물에 공이 정지한 경우에 이를 훼손하면서 스트로크를 하면 2벌타를 부여한다. 〈개정 2024.01.22.〉

제22-3조 벙커

1. 벙커에서는 모래에 묻혀 있는 공을 치기 쉽도록 클럽헤드 밑 부분으로 모래를 누르는 경우, 공 주위 모래를 클럽이나 발로 고르는 경우, 백스윙없이 밀어내듯이 또는 퍼 올리는 샷을 하는 경우, 샷을 한 공이 벙커 턱을 맞고 되돌아오는 공을 무의식적으로 막은 경우는 모두 2벌타를 부여한다.
2. 공을 맞히지는 못하고 주변의 모래를 친 경우는 스트로크를 하지 않은 것으로 간주한다.

제22-4조 캐주얼 워터

1. 일시적인 물웅덩이 속에 공이 있거나 스탠스를 취해야 할 경우 또는 공과 스탠스의 일부가 물에 걸쳐질 경우에 경기자는 그 공을 있는 그대로의 상태로 경기를 하거나 캐주얼 워터로 구제를 받을 경우는 그 상태를 동반자의 확인을 받아 처리할 수 있다. 단 눈이나 얼음(이슬, 서리는 제외)은 경기자의 선택에 따라 캐주얼 워터 또는 움직일 수 있는 장애물로써 처리할 수 있다.
2. 경기자가 전 항의 규칙에 따라 구제를 받을 경우는 다음의 처치를 하여야 한다.
   가. 페어웨이의 경우
   - 해당 캐주얼 워터에서 좌·우측 가까운 쪽으로 공을 빼내어 경계선에서 깃대를 보고 수직방향으로 서서 홀컵에 가깝지 않게 스탠스와 스트로크가 가능한 2클럽 이내의 지점에 벌타 없이 공을 놓고 다음 경기를 한다. 〈개정 2024.01.22.〉
   나. 벙커 내의 경우
   - 공을 집어 올려서 다음과 같은 지점에 공을 놓고 경기를 한다.

a. 벙커 내에서 해당 캐주얼 워터를 피할 수 있도록 하기 위하여 홀컵에 가깝지 않고 공이 정지되어 있던 지점에서 스탠스와 스트로크가 가능한 벙커내에 가까운 지점
  b. 벙커내에 공을 놓을 장소가 없는 경우는 해당 캐주얼 워터를 피하여 홀컵에 가깝지 않고 공이 정지되어 있던 지점에서 스탠스와 스트로크가 가능한 벙커 밖의 가까운 지점
 3. 앞의 각 항을 위반시에는 2벌타를 부여한다.

제22-5조 수리지

1. 수리지 내에 공 또는 경기자의 스탠스의 일부가 수리지에 걸쳐 있을 경우는 구제를 받을 수 있다.
2. 경기자가 전 항에 따라 구제를 받을 경우는 좌·우측 가까운 쪽으로 빼내어 수리지역 경계선에서 깃대를 보고 수직방향으로 서서 양팔을 벌려 스탠스와 스트로크가 가능한 2클럽이내의 홀컵과 가깝지 않은 지점에 공을 놓고 경기를 하여야 한다. 〈개정 2024.01.22.〉
3. 앞의 각 항을 위반시에는 2벌타를 부여한다.

제22-6조 워터 해저드

1. 워터 해저드에 공이 들어가면 구제는 받을 수 없고 있는 그대로의 상태로 경기를 하여야 한다.
2. 이때, 워터 해저드 내에서의 경기가 안 될 경우에는 경기자는 언플레이어블을 선언하고 2벌타를 부여하여 워터 해저드에 공이 떠 있는 위치에서 좌·우측 가까운 쪽으로 2클럽이내의 홀컵에 가깝지 않은 지점에 공을 놓거나 별도의 표식(OB 티)에서 경기를 하여야 한다. 이때, 워터해저드에 있는 공을 들어 올린 경우에 언플레이어블을 선언하였다고 간주한다. 〈개정 2024.01.22.〉
3. 앞의 각 항을 위반시에는 2벌타를 부여한다.

제23조 분실 또는 OB의 공

1. 분실한 공을 찾는 시간은 3분이내로 하여 경기속도를 지연시키지 않도록 하고 예비공이 없어 경기진행이 안될 경우는 경기실격으로 처리한다.
2. 공을 분실한 경우는 2벌타를 부여하고 분실하였다고 추정되는 지점에서 깃대를 보고

수직방향으로 서서 양팔을 벌려 홀 컵에 가깝지 않게 2클럽이내의 지점에서 예비공을 놓고 경기를 한다. 다만, 분실구로 처리하고 스트로크를 한 후에 공을 찾았더라도 그 공은 분실구로 처리한다.

3. OB판정은 공이 놓인 지점에서 공의 수직 상방에서 내려보아서 OB 라인 또는 2개의 OB 말뚝 외측 연장선에서 벗어난 경우에 OB로 판정한다. 특히, OB 경계선 근처에서 OB여부의 판정은 경기자 본인이 먼저 판단하고 동반자 모두의 확인을 받아야 하며, 이때, 의견이 다른 경우에 심판의 판정에 따른다. 만약, 동반자의 확인을 받지 않고 임의로 경기를 하였을 경우는 OB로 간주하며, 그 위치가 경계선 밖이라고 확인되면 OB처치 방법 위반의 2벌타를 추가로 부여한다. 〈개정 2024.01.22.〉

4. 그린 주변에 OB 라인과 OB 말뚝이 동시에 설치된 경우는 OB 라인을 우선하여 정지한 공의 수직 상방에서 내려다보아 경계선에서 벗어났을 시 OB로 판정한다. 〈개정 2024.01.22.〉

5. 공이 OB가 난 경우 처치는 마지막 OB 말뚝 또는 OB 라인을 벗어났다고 추정되는 지점에서 깃대를 보고 수직으로 서서 양팔을 벌려 좌·우측에 2클럽이내의 홀컵과 가깝지 않은 지점에 공을 놓고 다음 경기를 한다. 이때, 공을 놓을 지점이 없는 경우는 별도의 표식(OB 티)에서 경기를 할 수 있다. 〈개정 2024.01.22.〉

6. 그린 주변에 OB 말뚝이 있는 홀에서 OB가 난 경우의 처치는 첫 번째 OB 말뚝과 두 번째 OB 말뚝 연장선을 기준하여 공이 벗어난 지점에서 깃대를 바라보고 양팔을 벌려 좌·우측으로 2클럽이내의 깃대에 가깝지 않게 공을 놓고 경기를 하는데 깃대를 향해 직접공략이 가능하다. 〈개정 2024.01.22.〉

7. 도그레그 홀에서 적색 OB말뚝을 설치한 경우 말뚝 안쪽인 페어웨이로 샷을 하여야 한다. 〈신설 2024.01.22.〉

8. 앞의 각 항을 위반시에는 2벌타를 부여한다.

제24조 언플레이어블의 공

1. 경기자는 코스내 어디에 있더라도 자신의 공을 칠 수 없을 경우는 언플레이어블을 선언하여야 한다.
2. 언플레이어블을 선언하게 되는 경우 2벌타를 부여하며, 그 위치에서 깃대를 바라보고 수직방향으로 양팔을 벌려 좌, 우측에서 2클럽이내에 깃대에 가깝지 않은 지점에 공을

놓고 다음 경기를 한다. 이때, 샷이 가능한 지점이 없을 경우는 추가 벌타 없이 이전 샷을 한 방향으로 이동하면서 샷이 가능한 지점에서 다음 경기를 한다. 〈개정 2024.01.22.〉

제25조 대회본부 운영 〈개정 2024.01.22.〉

대회본부는 경기 실시에 관해 필요한 인원으로 구성하여 다음과 같은 사항을 조치한다.

1. 대회 준비 및 진행 〈개정 2024.01.22.〉
   가. 코스 정비 및 OB 구역, 수리지의 경계 등을 명확히 표시하고 모든 설치물의 상태를 확인한다. 〈개정 2024.01.22.〉
   나. 경기 당일에 경기자가 코스에서의 사전 연습 행위를 금지하고 이에 관해서는 대회요강 등에 공지한다. 〈개정 2024.01.22.〉
   다. 천재지변 등의 사유로 경기가 불가능한 상태라고 인정한 경우 경기의 중지를 결정할 수 있고 경기의 일부 또는 전부를 무효로 하여 스코어를 취소할 수 있다. 만약, 경기가 잠정 중단되어 다시 재개될 경우는 중지된 위치에서 다시 경기를 진행시켜야 한다. 〈개정 2024.01.22.〉
   라. 대회 기간 중 발생한 사안에 따라 정당한 개인사유가 인정되는 경우에 경기실격 대상에서 제외한다. 〈개정 2024.01.22.〉

2. 로컬룰

본 협회의 규정에 위배되지 않는 범위에서 파크골프장별 특성에 필요한 최소한의 로컬룰을 대회 당일에 공지하여야 한다. 〈개정 2024.01.22.〉
   가. 곡선의 통로(자전거 도로, 보행도로 포함)에서 홀이 구분되어 있을 경우 통로를 홀의 OB지역 경계로 구분하여야 하는데 OB말뚝으로 표시가 곤란한 경우에 말뚝 없이도 통로의 홀쪽내측 라인을 OB경계선으로 할 수 있다. 〈개정 2024.01.22.〉
   나. 임시 장애물(본부석, 방송기재 등)에 의한 장애물에서의 구제 방법을 마련하여야 한다. 〈개정 2024.01.22.〉
   다. 코스의 보호를 해야 하는 특정 구역(잔디육성지, 식수지, 재배지 등)을 경기 금지구역인 수리지로 표지한다.
   라. 도그 레그(Dog leg)홀은 안전 또는 난이도를 고려하여 직접 공략을 못 하게 할 수 있다. 〈개정 2024.01.22.〉

3. 별도의 표식(OB 티)

- 위원회는 워터 해저드와 그린주변에서 OB난 공을 처치함에 있어서 공을 놓을 장소가 없을 경우에는 해당 근접 지점의 좌, 우측에 별도의 표식(OB 티)을 할 수 있으며, 이를 경기자에게 공지하여야 한다.

4. 순위 결정
   - 위원회는 대회에서 경기방식, 홀 진입방법을 포함하여 동일 스코어의 순위를 결정하는 방법 등을 경기자에게 공지하여야 한다.

5. 규칙에 없는 사항
   - 분쟁의 쟁점이 본 규칙에 명시되어 있지 않은 경우에는 형평의 원칙에 따라 처리하고 이후 추가로 제정한다.

부 칙(2008.12.05.)

제1조 시행일 본 규칙은 공포한 날로 부터 시행한다.

부 칙(2018.06.15.)

제1조 시행일 본 규칙은 공포한 날로 부터 시행한다.

부 칙(2019.01.30.)

제1조 시행일 본 규칙은 공포한 날로 부터 시행한다.

부 칙(2021.09.15.)

제1조 시행일 본 규칙은 공포한 날로 부터 시행한다.

부 칙(2024.01.22.)

제1조 시행일 본 규칙은 공포한 날로 부터 시행한다.

부 칙(2024.02.05.)

제1조 시행일 본 규칙은 공포한 날로 부터 시행한다.

부칙 1. 상황별 경기 규칙 <개정 2024.01.22., 2024.02.05.>

상 황 및 행 동	적 용
1. 티업 하기 전	
가. 경기 당일 코스 내에서 연습 스트로크를 하는 경우	실격
나. 경기 중에 동반자에게 조언하는 경우	에티켓 위반
다. 경기 시작 후 도착한 경우	실격
2. 샷 동작	
가. 샷을 하였으나 헛스윙이 된 경우	1타
나. 클럽의 샤프트, 그립 끝으로 공을 친 경우	가산 안 함
다. 백스윙 없이 밀어내기, 퍼올리기, 당기기 행위	2벌타
라. 클럽에 공이 2회 이상 연속하여 접촉하는 경우	2벌타
3. 티잉 그라운드	
가. 티잉 그라운드에서 발이 일부분이라도 벗어나서 티 샷을 한 경우	2벌타
나. 연습 스윙 시 클럽헤드에 공이 맞아 티에서 떨어진 경우	1타 가산
다. 티잉 그라운드 이외의 위치에서 공을 놓고 티 샷을 한 경우	2벌타
라. 티 샷시 클럽헤드에 맞거나 바람 영향으로 공이 티에서 떨어진 경우	1타 가산
마. 티 위에 공을 놓지 않고서 티 샷을 한 경우	2벌타
바. 방향을 정하는 표시물을 목표 방향 쪽에 놓고 티 샷을 한 경우	2벌타
사. 티 샷을 한 공이 티잉 그라운드를 벗어나 후면에 정지한 경우	2벌타
아. 티 샷을 하기 전에 연습 스윙을 2회 이상 실시한 경우	매너 위반
4. 정지된 공	
가. 놓인 공 주위의 잔디, 모래 등을 클럽, 볼 등을 이용하여 고르거나 샷을 하기 좋게 개선하는 경우	2벌타
나. 공 주변의 옮길 수 없는 장애물을 이동하는 경우	2벌타
다. 나뭇가지를 꺾거나 발로 걷어 올리는 경우	2벌타
라. 옮길 수 없는 장애물로 샷이 불가능한 경우에 언플레이어블을 선언하지 않고 샷을 한 경우	2벌타
마. 나무 밑동에 놓인 공을 백스윙 없이 클럽으로 끌어당기는 경우	2벌타
바. 긴 풀에 파묻힌 공을 건드려서 자신의 공인 지를 확인하는 경우	2벌타
사. 공에 접근하면서 고의로 공을 움직인 경우	2벌타
아. 공에 접근하여 무심결에 공을 밟은 경우	무벌타
자. 공 앞쪽 목표방향에 표시물을 놓거나 클럽헤드가 지면에 닿은 경우	2벌타

상 황 및 행 동	적 용
5. 움직이는 공	
가. 경기자의 공이 움직이는 중에 다음 순서의 경기자가 샷을 하여 충돌한 경우	2벌타
나. 샷을 한 공이 장애물을 맞고서 자신의 몸에 맞은 경우	2벌타
다. 어드레스 이후 백스윙 도중에 공이 움직여서 백스윙을 중지한 경우	무벌타
라. 경사면에서 움직이는 자신의 공을 클럽 또는 발로 막은 경우	2벌타
마. 움직이는 경기자의 공이 동반자의 클럽, 발 등에 의하 멈춘 경우	무벌타
바. 움직이는 경기자의 공을 동반자가 고의적으로 공을 멈추게 한 경우	2벌타
사. 충돌로 움직여진 자신의 공을 원 위치 안 하고 샷을 한 경우	2벌타
이때, 필요시 다른 동반자가 원 위치한 경우	무벌타(가능)
6. 공 교체	
가. 1개 코스 내에서 경기 중에 임의로 공을 교체한 경우	2벌타
7. 뒤바뀐 공	
가. 세컨드 샷부터 동반자의 공으로 샷을 한 경우	2벌타
나. 1번 홀의 공 거치대에서 다른 경기자의 공으로 샷을 한 경우	무벌타
8. 공 손상	
가. 공에 금이 가서 동반자에게 통보하고 교체한 경우	무벌타
나. 공이 2개로 분리된 경우	무벌타
9. 마크	
가. 마크 요구가 없는데 공을 임의로 집어 올려 이물질을 제거한 경우	2벌타
나. 공을 먼저 집어 올린 후에 마크한 경우	2벌타
다. 마크한 뒤에 볼 마커를 먼저 집어든 후에 공을 놓은 경우	2벌타
라. 마크할 때 홀컵과 가깝게 공 앞 또는 옆에다 마크한 경우	2벌타
마. 장애물이 방해된다고 공을 임의로 좌·우로 이동한 경우	2벌타
바. 볼 마커를 좌·우로 이동한 후에 원위치하지 않고 샷을 한 경우	2벌타
사. 마크하는 도중에 공을 건드린 경우	무벌타
아. 티 샷을 하기 전에 동반자의 공에 대해 마크를 요구한 경우	요구 불가
자. 20m 이상 떨어진 동반자의 공에 대해 마크를 요구한 경우	요구 불가
차. 경기자가 마크를 요구하였는데 이에 불응한 경우	매너 위반
이때, 필요시 다른 동반자가 마크해 주는 경우	무벌타 (가능)

상 황 및 행 동	적 용
10. 움직일 수 있는 장애물	
가. 공 주변의 낙엽, 작은 돌, 나뭇가지, 비닐봉지 등을 치운 경우	무벌타
나. 움직일 수 있는 장애물을 치우다가 공을 건드린 경우	무벌타
11. 움직일 수 없는 장애물	
가. OB 말뚝(라인)을 제거하고 샷을 한 경우	2벌타
나. 나뭇가지 등에 공이 걸려 샷을 할 수 없는 경우 또는 장애물을 훼손하면서 샷을 한 경우	2벌타
다. 어드레스 하면서 안전망을 신체의 일부분으로 걷어 올리는 등의 행위	2벌타
라. 안전망 뒤에서 망을 먼저 가격하면서 공을 친 경우	2벌타
마. 백스윙 도중에 안전망을 건드린 경우	무벌타
바. 깊은 러프에서 공 주변의 긴 풀을 정리한 경우	2벌타
사. 수리지, 캐주얼 워터, 배수구, 스프링 쿨러, 예비 홀컵 위에 또는 걸쳐 있는 경우	구제 가능
아. 샷을 하는 목표방향에 고정 장애물이 있는 경우	구제 불가
12. OB난 공 또는 OB난 공의 처치	
가. OB경계선을 벗어난 지점에서 홀컵에 가깝게 2클럽 이상 공을 놓은 경우	2벌타
나. OB여부가 확인되지 않은 지점에서 동반자 또는 심판의 판정 없이 임의로 샷을 한 경우	2벌타
다. OB선이 지면에서 떠 있어서 샷에 지장이 있어 밟고 샷을 한 경우	무벌타
라. OB가 난 공을 규칙대로 처치하지 않고 다음 경기를 한 경우	2벌타
13. 언플레이어블	
가. 언플레이어블 상황에서 공을 집어 올린 경우	2벌타
나. 언플레이어블 선언 후에 공이 있던 지점에서 홀 컵과 가깝게 2클럽 이상의 위치에 공을 놓은 경우	2벌타
다. 2클럽 이내로 처치 시 샷을 할 지점이 없을 경우에 이전 샷을 한 지점의 방향으로 이동하여 샷이 가능한 지점에 공을 놓은 경우	추가 벌타 없음
14. 분실한 공	
가. 경기 도중 공을 못 찾아서 분실구가 발생한 경우	2벌타
나. OB난 공이 분실된 경우	2벌타
다. 분실구 등으로 경기 지연 행위 (3분 이상) 및 앞 조와의 간격이 2개 홀 이상 뒤쳐진 경우	2벌타
15. 그린	
가. 퍼팅 라이를 개선하기 위하여 잔디 등을 클럽으로 고르는 경우	2벌타
나. 홀컵에서 2클럽 이상의 거리에 있는 자신의 공을 임의로 마크한 경우	2벌타
다. 홀컵에 가까이 있는 공을 컵인을 하지 않고 집어올린 경우	2벌타

상 황 및 행 동	적 용
라. 홀컵에 가까이 있는 공을 한 손으로 퍼팅을 한 경우	매너 위반
마. 깃대를 뽑고 퍼팅을 한 경우	2벌타
바. 컵인으로 홀아웃을 하지 않고 다음 홀로 이동하여 경기를 한 경우	실격
사. 공이 홀컵 주변에 걸쳐있어 10초를 초과하여 기다린 경우	매너 위반
16. 벙커	
가. 공을 백스윙 없이 밀어내거나 퍼올리는 경우	2벌타
나. 공 주변의 모래를 고르거나 눌러서 라이를 개선하는 경우	2벌타
17. 캐주얼 워터	
가. 일시적인 물웅덩이에 공, 스탠스가 걸치므로 2클럽 이상인 지점 또는 홀컵에 가깝게 공을 놓은 경우	2벌타
나. 벙커 내 작은 물웅덩이에 공, 스탠스가 걸쳐있어 벙커 밖으로 공을 꺼낸 경우	2벌타
18. 워터 해저드	
가. 워터 해저드에 공이 빠져서 샷을 할 수 없는 경우	2벌타
나. 수로에 빠져 움직이는 공을 쳐내는 경우	2벌타
다. 처치 시 2클럽을 초과한 지점 또는 홀컵에 가깝게 공을 놓은 경우	2벌타
19. 수리지, 배수구, 스프링 쿨러	
가. 처치 시 2클럽을 초과한 지점 또는 홀컵에 가깝게 공을 놓은 경우	2벌타
20. 홀을 잘못 진입	
가. 다른 홀로 진입하여 1개 홀을 경기한 경우	2벌타(전원)
나. 다른 홀로 진입하여 2개 홀을 경기한 경우	4벌타(전원)
21. 별도의 표식(OB티)	
가. 그린 주변에서 OB난 공을 처치 시 공을 놓을 장소가 없을 경우에 해당 근접 지점의 좌·우측에 별도의 표식(OB 티) 가능 여부	가능
나. 워터 해저드 주변 좌·우측에 별도의 표식(OB티) 가능 여부	가능
22. 기타	
가. 스코어카드에 실제 타수보다 적게 기록한 경우	실격(해당자)
나. 규칙 적용을 배제하거나 부여받은 벌타를 면제하기로 합의한 경우	실격(전원)

◇ 2025 전국 파크골프장 현황

연번	지역	지역번호	파크골프장명	주소	홀수
1	강원특별자치도	1	양양남대천파크골프장	강원특별자치도 양양군 양양읍 송암리 540	45
2	강원특별자치도	2	녹송파크골프장	강원특별자치도 정선군 정선읍 봉양리 37-3	18
3	강원특별자치도	3	북평파크골프장	강원특별자치도 정선군 북평면 북평리 149-1	18
4	강원특별자치도	4	횡성파크골프장	강원특별자치도 횡성군 횡성읍 앞들동2로 45-19	18
5	강원특별자치도	5	둔내파크골프장	강원특별자치도 횡성군 둔내면 둔방내리 563-3	9
6	강원특별자치도	6	둔내우용파크골프장	강원특별자치도 횡성군 둔내면 우용리 395-1	9
7	강원특별자치도	7	청일파크골프장	강원특별자치도 횡성군 청일면 유평리 613-1	18
8	강원특별자치도	8	화천 생활체육공원파크골프장	강원특별자치도 화천군 하남면 춘화로 3225-56	18
9	강원특별자치도	9	화천 산천어파크골프장(1구장)	강원특별자치도 화천군 하남면 춘화로 3061-17	18
10	강원특별자치도	10	화천 산천어파크골프장(2구장)	강원특별자치도 화천군 하남면 춘화로 3061-17	18
11	강원특별자치도	11	강릉파크골프장	강원특별자치도 강릉시 입암동 572-3	18
12	강원특별자치도	12	주문진 신리파크골프장	강원특별자치도 강릉시 주문진읍 신리천	9
13	강원특별자치도	13	철원군파크골프장	강원특별자치도 철원군 갈말읍 군탄리 869	36
14	강원특별자치도	14	홍천강변파크골프장	강원특별자치도 홍천군 홍천읍 갈마곡리 267-10	18

연번	지역	지역번호	파크골프장명	주소	홀수
15	강원특별자치도	15	영월파크골프장	강원특별자치도 영월군 영월읍 팔괴로7-15	9
16	강원특별자치도	16	태백파크골프장	강원특별자치도 태백시 백두대간로 179 태백스포츠파크 내	18
17	강원특별자치도	17	평창 파크골프장	강원특별자치도 평창군 평창읍 제방길 101	18
18	강원특별자치도	18	대화 파크골프장	강원특별자치도 평창군 대화면 하원동길 25	18
19	강원특별자치도	19	용평 파크골프장	강원특별자치도 평창군 용평면 갈정지길 55-35	9
20	강원특별자치도	20	봉평 파크골프장	강원특별자치도 평창군 봉평면 기운동길 12	18
21	강원특별자치도	21	고성군파크골프장	강원특별자치도 고성군 토성면 도원리 115-27	18
22	강원특별자치도	22	한반도섬 파크골프장	강원특별자치도 양구군 양구읍 파라호로 855번길	27
23	강원특별자치도	23	속초시파크골프장	강원특별자치도 속초시 관광로 363번길92	18
24	강원특별자치도	24	속초 경동대 파크골드장	강원특별자치도 속초시 도리원길 5	9
25	강원특별자치도	25	행구수변공원파크골프장	강원특별자치도 원주시 행구동 1029번지	9
26	강원특별자치도	26	문막파크골프장	강원특별자치도 원주시 문막면 문막리 1071-17	18
27	강원특별자치도	27	태장파크골프장	강원특별자치도 원주시 태장동1346-16 둔치	18
28	강원특별자치도	28	간현파크골프장	강원특별자치도 원주시 지정면 간현리 1116-36번지	18
29	강원특별자치도	29	학성파크골프장	강원특별자치도 원주시 학성동 36번지	18

연번	지역	지역번호	파크골프장명	주소	홀수
30	강원특별자치도	30	취병파크골프장	강원특별자치도 원주시 문막읍 취병리 438-37번지	18
31	강원특별자치도	31	삼척시미로파크골프장	강원특별자치도 삼척시미로면 강변 고수부지	9
32	강원특별자치도	32	춘천 서면파크골프장	강원특별자치도 춘천시 서면 박서로800	18
33	강원특별자치도	33	춘천 소양강파크골프장	강원특별자치도 춘천시 장학리 459-11	18
34	강원특별자치도	34	동해시파크골프장	강원특별자치도 동해시 동해대로6314 망상컨멘션센타 옆	27
35	강원특별자치도	35	동해무릉파크골프장	강원특별자치도 동해시 삼화동 34-27	27
36	강원특별자치도	36	인제군파크골프장	강원특별자치도 인제군 인제읍 남북리 살구미길 27-5	27
37	강원특별자치도	37	현리근린공원파크골프장	강원특별자치도 인제군 기린면 현리 785 근린공원	9
38	경기도	1	청심빌리지파크골프장	경기도 가평군 설악면 송산리711 청심빌리지	9
39	경기도	2	가평파크골프장	경기도 가평군 청평면 대성리 388-13	36
40	경기도	3	화정파크골프장	경기도 고양시 덕양구 은빛로77	9
41	경기도	4	정발파크골프장	경기도 고양시 일산동구 마두동819 정발산배수지	9
42	경기도	5	중산파크골프장	경기도 고양시 일산동구 중산로217 중산공원	9
43	경기도	6	성저파크골프장	경기도 고양시 일산서구 대화동2325	18
44	경기도	7	광주시파크골프장	경기도 광주시 경안동 청석공원 내 파크골프장	18

연번	지역	지역번호	파크골프장명	주소	홀수
45	경기도	8	구리시파크골프장	경기도 구리시 수택동 왕숙천 구리시환경사무소	9
46	경기도	9	양촌파크골프장	경기도 김포시 양촌읍 학운리 3084-4	9
47	경기도	10	남양주파크골프장	경기도 남양주시 다산동739 다산근린공원 앞 왕숙천	18
48	경기도	11	남양주장애인파크골프장	경기도 남양주시 별내동910	9
49	경기도	12	동두천파크골프장	경기도 동두천시 동두천로27 송내주공5단지	9
50	경기도	13	성남시파크골프장	경기도 성남시 분당구 수내동 탄천변	9
51	경기도	14	수원시파크골프장	경기도 수원시 권선구 서수원로 577번길 171(서수원칠보체육관)	9
52	경기도	15	시흥파크골프장	경기도 시흥시 목감동 신도시 내	9
53	경기도	16	시흥시청파크골프장	경기도 시흥시 장현동 300 시흥시청 옆	9
54	경기도	17	안산신길파크골프장	경기도 안산시 단원구 신길동1748	18
55	경기도	18	나리공원파크골프장	경기도 양주시 광사동 나리공원 내	18
56	경기도	19	장애인파크골프장	경기도 남양주시 진건읍 송능2리 (광해군묘)	9
57	경기도	20	양평파크골프장	경기도 양평군 강상면 교평리419	81
58	경기도	21	양평장애인파크골프장	경기도 양평군 강상면 교평리419	18
59	경기도	22	서종파크골프장	경기도 양평군 서종면 문호리922-4 서종문화체육공원 내	9
60	경기도	23	여주파크골프장	경기도 여주시 현암동 616-3	36
61	경기도	24	연천파크골프장	경기도 연천군 군남면 군남대교옆	36

연번	지역	지역번호	파크골프장명	주소	홀수
62	경기도	25	연천재인폭포 오토캠핑장파크골프장	경기도 연천군 연천읍 고문리130-1	9
63	경기도	26	죽전파크골프장	경기도 용인시 수지구 죽전동555-4 죽전체육공원(하수처리장)	9
64	경기도	27	양지파인리조트 파크골프장	경기도 용인시 처인구 양지면 남평로112 양지파인리조트	9
65	경기도	28	용인파크골프장	경기도 용인시 포곡읍 용인애버랜드 옆(체육공원내)	9
66	경기도	29	의정부파크골프장	경기도 의정부시 장암동 146-10 (호장교 밑)	18
67	경기도	30	장호원파크골프장	경기도 이천시 장호원읍 오남리 304-5(청미천 둔치)	18
68	경기도	31	운정호수공원파크골프장	경기도 파주시 소리천로91	9
69	경기도	32	파주파크골프장	경기도 파주시 교하로577 (심학산배수지입구)	18
70	경기도	33	파주금강산랜드 파크골프장	경기도 파주시 월롱면 위전리89	9
71	경기도	34	평택파크골프장	경기도 평택시 비전동 1005-1	9
72	경기도	35	일동파크골프장	경기도 포천시 일동면 새낭로267	18
73	경기도	36	하남시파크골프장	경기도 하남시 미사대로505 미사경정공원 내	18
74	경기도	37	미사리파크골프장	경기도 하남시 미사동608 하남나무고아원	9
75	경기도	38	동탄제2신도시 파크골프장	경기도 화성시 동탄면 방교동789	18
76	경기도	39	이천시파크골프장	경기도 이천시 안흥동 33번지	18
77	경기도	40	동두천파크골프장	경기도 동두천시 송내동 696	18

연번	지역	지역번호	파크골프장명	주소	홀수
78	경기도	41	하남시파크골프장	경기도 하남시 미사대로 505	36
79	경기도	42	포천시파크골프장	경기도 포천시 일동면 사직리 913-4	36
80	경기도	43	군포시파크골프장	경기도 군포시 수변공원내	9
81	경상남도	1	거창군 파크골프장	경상남도 거창군 거창읍 심소정길 39-36	36
82	경상남도	2	강변파크골프장	경상남도 거창군 거창읍 대평리 강변	9
83	경상남도	3	거창파크골프장(제4구장)	경상남도 거창군 거창읍 심소정길 강변	9
84	경상남도	4	가조파크골프장	경상남도 거창군 가조면 일부리 1121-1	9
85	경상남도	5	조만강파크골프장	경상남도 김해시 장유면 칠산로 127-25	18
86	경상남도	6	조만강 장애인 파크골프장	경상남도 김해시 장유면 칠산로 127-25	18
87	경상남도	7	술뫼파크골프장	경상남도 김해시 한림면 시산리 495-2	72
88	경상남도	8	밀양파크골프장	경상남도 밀양시 삼문동 631번지	45
89	경상남도	9	가곡파크골프장	경상남도 밀양시 가곡동 743-2	9
90	경상남도	10	삼량진파크골프장	경상남도 밀양시 삼량진읍 송지리 456-6	18
91	경상남도	11	무안파크골프장	경상남도 밀양시 무안면 신법리 262-2	9
92	경상남도	12	하남파크골프장	경상남도 밀양시 하남읍 수산리 418-5	9
93	경상남도	13	가산수변공원 파크골프장	경상남도 양산시 동면 가산리807	36

연번	지역	지역번호	파크골프장명	주소	홀수
94	경상남도	14	황산공원 파크골프장	경상남도 양산시 물금읍 증산리 967-1	36
95	경상남도	15	원동 가야진사 파크골프장	경상남도 양산시 원동면 용당들길 43-62	9
96	경상남도	16	웅상파크골프장	경상남도 양산시 웅상읍 소주동 소남교 둔치	18
97	경상남도	17	삼신교통부지 파크골프장	경상남도 양산시 삼신교통부지	9
98	경상남도	18	칠암파크골프장	경상남도 진주시 칠암동 남강둔치9	
99	경상남도	19	송백지구 파크골프장	경상남도 진주시 금산면 송백리 663	36
100	경상남도	20	진주종합경기장 파크골프장	경상남도 진주시 동진로 415 진주종합경기장내	9
101	경상남도	21	정촌파크골프장	경상남도 진주시 정촌면	9
102	경상남도	22	하대지구 파크골프장	경상남도 진주시 하대동	9
103	경상남도	23	지수면 파크골프장	경상남도 진주시 지수면	6
104	경상남도	24	평거지구 파크골프장	경상남도 진주시 평거동	18
105	경상남도	25	동부5개면파크골프장	경상남도 진주시 사봉면 사군로 583	18
106	경상남도	26	대원레포츠공원 파크골프장	경상남도 창원시 의창구 두대로 46 (대상공원내)	9
107	경상남도	27	풍호공원 파크골프장	경상남도 창원시 진해구 풍호동 26-1	9
108	경상남도	28	광석골파크골프장	경상남도 창원시 진해구 장천동 765번지	6
109	경상남도	29	장천파크골프장	경상남도 창원시 진해구 진해대로 1099번길 149 생태숲가는길중간지점	18

연번	지역	지역번호	파크골프장명	주소	홀수
110	경상남도	30	대산파크골프장	경상남도 창원시 의창구 대산면 북부리 195-3	90
111	경상남도	31	호계리 파크골프장	경상남도 창원시 마산회원구 내서읍 호계 본동로 59-1	18
112	경상남도	32	북면 장애인 파크골드장	경상남도 창원시 의창구 북면 외산리 42-2	18
113	경상남도	33	용원동 파크골프장	경상남도 창원시 용원동 1347-7	18
114	경상남도	34	가포체육공원 파크골프장	경상남도 창원시 마산합포구 가포신항남로 37	9
115	경상남도	35	마전비치파크골프장	경상남도 창원시 마산합포구 구산면 해양관광로 722-69	18
116	경상남도	36	하동군파크골프장	경상남도 하동군 진교면 구 고속도로 934	36
117	경상남도	37	고전파크골프장	경상남도 하동군 고전면 전도리 882-3	18
118	경상남도	38	횡천파크골프장	경상남도 하동군 횡천면 횡천리 639-3	18
119	경상남도	39	함안샛담파크골프장	경상남도 함안군 함안면 샛담길 35-15	18
120	경상남도	40	함안파크골프장	경상남도 함안군 법수면 법정로 200-39	18
121	경상남도	41	칠서강나루파크골프장	경상남도 함안군 칠서면 이룡리 998	12
122	경상남도	42	군북파크골프장	경상남도 함안군 군북면 함안산단7길 70	36
123	경상남도	43	함양파크골프장	경상남도 함양군 함양읍 하림강변길 131 하림공원 내	18
124	경상남도	44	용주파크골프장	경상남도 합천군 용주면 성산리 1085-1	18

연번	지역	지역번호	파크골프장명	주소	홀수
125	경상남도	45	합천군파크골프장	경상남도 합천군 합천읍 합천리 20-2	36
126	경상남도	46	북부권파크골프장	경상남도 합천군 야로면 월광리 388-1	18
127	경상남도	47	동부권파크골프장	경상남도 적중면 상부리242	18
128	경상남도	48	율곡파크골프장	경상남도 합천군 율곡면 영전리 786-1	18
129	경상남도	49	쌍백파크골프장	경상남도 합천군 쌍백면 중앙로63	9
130	경상남도	50	봉산파크골프장	경상남도 합천군 봉산면 서부로 4344-11	9
131	경상남도	51	유어파크골프장	경상남도 창녕군 유어면 미구리 588	18
132	경상남도	52	이방파크골프장	경상남도 창녕군 이방면 장천리 950	15
133	경상남도	53	도천파크골프장	경상남도 창녕군 도천면 도천리 770	18
134	경상남도	54	남해스포츠 파크골프장	경상남도 남해군 서면 스포츠파크길 15 남해스포츠파크 내	18
135	경상남도	55	시천(덕산)파크골프장	경상남도 산청군 시천면 사리 900-48	18
136	경상남도	56	생비량파크골프장	경상남도 산청군 생비량면 가계리 939-2 생활체육공원내	9
137	경상남도	57	단성(묵곡) 파크골프장	경상남도 산청군 단성면 성철로 93번길(겁외사 옆)	18
138	경상남도	58	신안파크골프장	경상남도 산청군 신안면 중촌갈전로 228-35	18
139	경상남도	59	산청(모고)파크골프장	경상남도 산청군 산청읍 모고리	9
140	경상남도	60	오부파크골프장	경상남도 산청군 오부면 오잔리	9

연번	지역	지역번호	파크골프장명	주소	홀수
141	경상남도	61	송정파크골프장	경상남도 산청군 생초면 어서리	9
142	경상남도	62	차황파크골프장	경상남도 산청군 차황면 친환경로 3581	9
143	경상남도	63	금서파크골프장	경상남도 산청군 금서면 동의보감로 645	9
144	경상남도	64	거제파크골프장	경상남도 거제시 거제면 스포츠파크 내	27
145	경상남도	65	마전비치파크골프장	경상남도 창원시 마산합포구 구산면 해양관광로 722-69	18
146	경상남도	66	우주항공파크골프장	경상남도 사천시 정동면 예수리 420	9
147	경상북도	1	경산파크골프장	경상북도 경산시 강변동로 369	18
148	경상북도	2	하양파크골프장	경상북도 경산시 하양읍 동서리 172-4	18
149	경상북도	3	알천파크골프장	경상북도 경주시 구황동 883-1	18
150	경상북도	4	경주파크골프장	경상북도 경주시 석장동1169-1	18
151	경상북도	5	건천파크골프장	경상북도 경주시 건천읍 천포리 1112번지	9
152	경상북도	6	다산파크골프장	경상북도 고령군 다산면 사문나루1길 30	27
153	경상북도	7	대가야파크골프장	경상북도 고령군 대가야읍 장기리 320-1	36
154	경상북도	8	해평파크골프장	경상북도 구미시 해평면 낙산리 1095-34	18
155	경상북도	9	고아파크골프장	경상북도 구미시 고아읍 예강리 695-1	36
156	경상북도	10	선산파크골프장	경상북도 구미시 선산읍 원리 1057-26	36

연번	지역	지역번호	파크골프장명	주소	홀수
157	경상북도	11	도개파크골프장	경상북도 구미시 도개면 궁기리 829-1	36
158	경상북도	12	어울림파크골프장	경상북도 구미시 신평동 구미시산업로193-105	18
159	경상북도	13	양포파크구미교육원	경상북도 구미시 거양길 280(양호동 607-2)	18
160	경상북도	14	구미파크골프장	경상북도 구미시 낙동제방길 200 낙동강체육공원 내	54
161	경상북도	15	동락파크골프장	경상북도 구미시 진평동 880	36
162	경상북도	16	김천파크골프장	경상북도 김천시 지좌동157-1	27
163	경상북도	17	문경파크골프장	경상북도 문경시 창리강길45	45
164	경상북도	18	봉화파크골프장	경상북도 봉화군 봉화읍 내성리 내성천 둔치	18
165	경상북도	19	상주파크골프장	경상북도 상주시 병성천2길44	36
166	경상북도	20	선남면파크골프장	경상북도 성주군 선남면 관화리 714 체육공원 내	18
167	경상북도	21	벽진면파크골프장	경상북도 성주군 벽진면 체육공원	9
168	경상북도	22	성주읍파크골프장	경상북도 성주군 성주읍 경산리 경산교 일대 (성밖숲 건너편)	9
169	경상북도	23	병곡파크골프장	경상북도 영덕군 병곡면 송천리 434-1	36
170	경상북도	24	영해파크골프장	경상북도 영덕군 영해면 영덕로1582 영해생활체육공원 내	9
171	경상북도	25	영덕파크골프장	경상북도 영덕군 천전길364-5	18
172	경상북도	26	영양군 파크골프장	경상북도 영양군 영양읍 삼지리 200 삼지수변공원 내	27

연번	지역	지역번호	파크골프장명	주소	홀수
173	경상북도	27	영주파크골프장(1구장)	경상북도 영주시 가흥동 1382 영주교 밑	36
174	경상북도	28	영주파크골프장(2구장)	경상북도 영주시 가흥동 46 가흥제1교 밑	18
175	경상북도	29	풍기파크골프장	경상북도 영주시 풍기읍 창락리 303-1 남원천변	18
176	경상북도	30	오수파크골프장	경상북도 영천시 오수5길 75	36
177	경상북도	31	영천조교파크골프장	경상북도 영천시 조교동 51-1	36
178	경상북도	32	예천파크골프장	경상북도 예천군 예천읍 왕신길 84-9	36
179	경상북도	33	청도파크골프장	경상북도 청도군 청도읍 사기점길 24	27
180	경상북도	34	금천파크골프장	경상북도 청도군 금천면 동곡리 새들보옆	18
181	경상북도	35	각북파크골프장	경상북도 청도군 각북면 낙산1길 산들팬션앞	18
182	경상북도	36	매전파크골프장	경상북도 청도군 매전면 온장길 123 장연생태공원	18
183	경상북도	37	청송파크골프장	경상북도 청송군 청송읍 송생리 784-1	18
184	경상북도	38	석적파크골프장	경상북도 칠곡군 석적읍 남율리 403	36
185	경상북도	39	덕산파크골프장	경상북도 칠곡군 약목면 덕산리 348-7	9
186	경상북도	40	왜관파크골프장	경상북도 칠곡군 왜관읍 왜관리 1282	18
187	경상북도	41	북삼파크골프장	경상북도 칠곡군 북삼읍 어로리 743=1	18
188	경상북도	42	가산파크골프장	경상북도 칠곡군 가산면 송학리 268	9

연번	지역	지역번호	파크골프장명	주소	홀수
189	경상북도	43	형산파크골프장	경상북도 포항시 남구 해도동 119-1 형산둔치 형산강변체육공원 내	36
190	경상북도	44	형산장애인전용 파크골프장	경상북도 포항시 남구 형산강북로 371	18
191	경상북도	45	지곡파크골프장	경상북도 포항시 남구 효곡동	18
192	경상북도	46	곡강천파크골프장	경상북도 포항시 남구 효곡동	36
193	경상북도	47	의성군파크골프장	경상북도 의성군 비안면 동부리 162-1	36
194	경상북도	48	점곡사촌문화골프장	경상북도 의성군 점곡면 점곡길 53	9
195	경상북도	49	사곡파크골프장	경상북도 의성군 사곡면 의성사곡로 995-9	9
196	경상북도	50	금성파크골프장	경상북도 의성군 금성면 탑운길 99	9
197	경상북도	51	비안파크골프장	경상북도 의성군 비안면 이두리 이두교	18
198	경상북도	52	서의성파크골프장	경상북도 의성군 안계면 소보안계로 1907	54
199	경상북도	53	다인문암파크골프장	경상북도 의성군 다인면 삼분2길 259	18
200	경상북도	54	단북파크골프장	경상북도 의성군 단북면 단북다인로 168	9
201	경상북도	55	강남파크골프장	경상북도 안동시 정상동 779	36
202	경상북도	56	계평파크골프장	경상북도 안동시 계평리 717	27
203	경상북도	57	금소파크골프장	경상북도 안동시 임하면 금소리 생태공원	18
204	경상북도	58	용상파크골프장	경상북도 안동시 용상동 구 안동병원앞	9

연번	지역	지역번호	파크골프장명	주소	홀수
205	경상북도	59	철우파크골프장	경상북도 안동시 운흥동 구 안동역내	9
206	경상북도	60	옥동파크골프장	경상북도 안동시 옥동 1381-15	18
207	경상북도	61	왕피천파크골프장	경상북도 울진군 근남면 수산리 364-3	36
208	경상북도	62	남대천파크골프장	경상북도 울진군 평해읍 평해리 538-4	9
209	광주광역시	1	대상파크골프장	광주광역시 북구 월출동 968	18
210	광주광역시	2	효령파크골프장	광주광역시 북구 하서로 950	9
211	광주광역시	3	염주파크골프장	광주광역시 서구 금화로 278	9
212	광주광역시	4	광산구 서봉파크골프장	광주광역시 광산구 서봉동 205-6	36
213	광주광역시	5	첨단체육공원 파크골프장	광주광역시 광산구 쌍암동 695-3 첨단생활체육공원 내	9
214	광주광역시	6	덕흥파크골프장	광주광역시 서구 덕흥동 157	9
215	광주광역시	7	무등산파크골프장	광주광역시 동구 남문로 418-13	9
216	광주광역시	8	승촌파크골프장	광주광역시 남구 승촌동 588-47번지 일원(승촌공원 내)	36
217	광주광역시	9	북구파크골프장	광주광역시 북구 연제동 730번지(북구종합운동장내)	18
218	대구광역시	1	고로파크골프장	대구광역시 군위군 삼국유사면 석산리 560	18
219	대구광역시	2	군위파크골프장	대구광역시 군위군 군위읍 내량길 28-60	36
220	대구광역시	3	효령파크골프장	대구광역시 군위군 효령면 장기리 116	9
221	대구광역시	4	소보파크골프장	대구광역시 군위군 봉황리	18

연번	지역	지역번호	파크골프장명	주소	홀수
222	대구광역시	5	우보파크골프장	대구광역시 군위군 미성리	9
223	대구광역시	6	의흥파크골프장	대구광역시 군위군 의흥면 수서리	9
224	대구광역시	7	동구 봉무동 파크골프장	대구광역시 동구 봉무동 1097-5 빗물펌프장(금호강변) 인근	36
225	대구광역시	8	동구도평파크골프장	대구광역시 동구 도동	9
226	대구광역시	9	불로파크골프장	대구광역시 동구 불로동 866-2	27
227	대구광역시	10	비산파크골프장A-E	대구광역시 서구 비산동 2127 (매천대교 밑)	18
228	대구광역시	11	비산파크골프장C-D	대구광역시 서구 비산동 2127 (매천대교 밑)	18
229	대구광역시	12	남구파크글프장	대구광역시 남구 봉덕동 산128-1	9
230	대구광역시	13	강변파크골프장	대구광역시 북구 서변동 1506 강변축구장 옆	45
231	대구광역시	14	무태파크골프장	대구광역시 북구 서변동 산격대교 밑	18
232	대구광역시	15	북구 검단파크골프장	대구광역시 북구 검단동 276	27
233	대구광역시	16	수성파크골프장	대구광역시 수성구 고모동 6-2	27
234	대구광역시	17	수성팔현파크골프장	대구광역시 수성구 고모동 20-3 수성패미리파크	27
235	대구광역시	18	수림지파크골프장	대구광역시 달서구 대천동699	18
236	대구광역시	19	달서 강창파크골프장	대구광역시 달서구 파호동 401-2	27
237	대구광역시	20	다사파크골프장	대구광역시 달성군 다사읍 매곡리 354-1 금호강변 세천교 밑	36
238	대구광역시	21	진천파크골프장	대구광역시 달성군 화원읍 구라리 1400	18

연번	지역	지역번호	파크골프장명	주소	홀수
239	대구광역시	22	서재파크골프장	대구광역시 달성군 다사읍 다사로 822(방천리 환경자원사업소)	18
240	대구광역시	23	구지평촌파크골프장	대구광역시 달성군 구지면 평촌리 1-10	18
241	대구광역시	24	가창파크골프장	대구광역시 달성군 가창면 옥분리 788-1	18
242	대구광역시	25	강창파크골프장	대구광역시 달성군 다사읍 매곡리 91	18
243	대구광역시	26	성서5차산업단지 파크골프장	대구광역시 달성군 다사읍 세천리 1691	9
244	대구광역시	27	하빈파크골프장	대구광역시 달성군 하빈면 봉촌리 1200-3	27
245	대구광역시	28	달성보파크골프장	대구광역시 달성군 논공읍 남리 6-5 (달성보 하류)	18
246	대구광역시	29	원오교파크골프장	대구광역시 달성군 현풍면 원교리 889-2 원오교	18
247	대구광역시	30	화원 진천파크골드장	대구광역시 화원읍 구라리 1400번지 일원	18
248	대구광역시	31	구지1호근린공원 파크골프장	대구광역시 달성군 구지면 내리 840 산업단지1호근린공원	18
249	대구광역시	32	과학관공원 파크골프장	대구광역시 달성군 유가읍 상리 916-1	9
250	대구광역시	33	유가한정파크골프장	대구광역시 달성군 유가읍 한정리 596-1 (차천변)	18
251	대구광역시	34	논공 위천파크골프장	대구광역시 달성군 논공읍 위천리 646	36
252	대전광역시	1	유성구 갑천파크골프장	대전광역시 유성구 탑립동 211-2	36
253	대전광역시	2	을미기파크골프장	대전광역시 대덕구 대덕대로 1448번길 120 을미기공원 내	18

연번	지역	지역번호	파크골프장명	주소	홀수
254	대전광역시	3	태평-버드네파크골프장	대전광역시 중구 태평동515-2 (가장교-태평교)	18
255	대전광역시	4	유등파크골프장	대전광역시 서구 만년동 424	27
256	부산광역시	1	삼락다이나믹파크골프장	부산광역시 사상구 삼락동 29-42	36
257	부산광역시	2	삼락18파크골프장	부산광역시 사상구 삼락동 658-2	18
258	부산광역시	3	화명파크골프장	부산광역시 북구 화명동 1718-14 화명생태공원 내	54
259	부산광역시	4	대저생태공원파크골프장	부산광역시 강서구 대저1동 1-5 대저생태공원 내	54
260	부산광역시	5	기장파크골프장	부산광역시 기장군 정관읍 모전리677 물빛공원 내	6
261	부산광역시	6	사암파크글프장	부산광역시 강서구 신호공단	18
262	부산광역시	7	삼락9&9파크골프장	부산광역시 사상구 삼락동 658-1	18
263	부산광역시	8	범밤파크골프장	부산광역시 강서구 범방동 1998	18
264	부산광역시	9	강변파크골프장	부산광역시 사하구 을숙도대로 466	9
265	부산광역시	10	오륜파크골프장	부산광역시 금정구 오륜동 657-2	9
266	부산광역시	11	신호파크골프장	부산광역시 강서구 신호산단로 72번길 46	9
267	서울특별시	1	월드컵공원 파크골프장	서울특별시 마포구 상암동 478-1번지 일대	18
268	서울특별시	2	서남물재생센터 파크골프장	서울특별시 강서구 양천로201	9
269	서울특별시	3	잠실운동장 파크골프장	서울특별시 송파구 올림픽로25번지	9
270	서울특별시	4	안양천 파크골프장	서울특별시 양천구 목동411일대	18

연번	지역	지역번호	파크골프장명	주소	홀수
271	서울특별시	5	안양천 파크골프장	서울특별시 구로구 신도림동 271-64번지 일대	9
272	서울특별시	6	안양천 파크골프장	서울특별시 구로구 고척동60-1번지 일대	18
273	서울특별시	7	안양천 파크골프장	서울특별시 금천구 가산동557-3	18
274	서울특별시	8	안양천 파크골프장	서울특별시 영등포구 양화동4-1일대	18
275	서울특별시	9	중랑천 파크골프장	서울특별시 노원구 월계동230-10	9
276	서울특별시	10	중랑천 파크골프장	서울특별시 동대문구 장안동204번지 일대	9
277	서울특별시	11	녹천교 파크골프장	서울특별시 도봉구 창동796	6
278	서울특별시	12	중랑천 파크골프장	서울특별시 광진구 중곡동 455-9번지 일대	9
279	서울특별시	13	중랑구립파크골프장	서울특별시 중랑구 묵동 361-5 일대	9
280	서울특별시	14	다락원 파크골프장	서울특별시 도봉구 도봉동1-28일대	9
281	서울특별시	15	탄천 파크골프장	서울특별시 세곡동2-5일대	27
282	서울특별시	16	중랑물재생센터 파크골프장	서울특별시 성동구 자동차시장3길 64	9
283	서울특별시	17	살곶이공원 파크글프장	서울특별시 성동구 사근동 104	2
284	서울특별시	18	망원유수지 파크골프장	서울특별시 마포구 망원동 450-3	9
285	서울특별시	19	중랑천파크골프장	서울특별시 노원구 상계동 754-14	9
286	서울특별시	20	난지천공원 파크골프장연습장	서울특별시 마포구 상암동 1538	6
287	서울특별시	21	동작 파크골프장	서울특별시 동작구 동작동 327	9
288	서울특별시	22	안양천 파크골프장	서울특별시 양천구 목동411 일대	9

연번	지역	지역번호	파크골프장명	주소	홀수
289	서울특별시	23	잠실파크골프장	서울특별시 잠실동 306(잠실 유수지)	9
290	서울특별시	24	여의도한강공원	서울특별시 영등포구 여의도동 70-1	9
291	서울특별시	25	관악 파크골프장	서울특별시 관악구 신림동 산108-10	9
292	세종특별자치시	1	오가낭파크골프장	세종특별자치시 한누리대로651	9
293	세종특별자치시	2	한솔파크골프장	세종특별자치시 가람동 765	9
294	세종특별자치시	3	조천파크골프장	세종특별자치시 조치원읍 새내22길 (서창천교 옆)	9
295	세종특별자치시	4	부강파크골프장	세종특별자치시 부강면 금호리 82 부강생활체육공원내	16
296	세종특별자치시	5	중앙공원파크골프장	세종특별자치시 연기면 세종동 1204	9
297	세종특별자치시	6	대평파크골프장	세종특별자치시 대평동 578-12	9
298	세종특별자치시	7	금강파크골프장	세종특별자치시 세종동 747-321	36
299	울산광역시	1	동천 파크골프장	울산광역시 중구 남외동 508-1	27
300	울산광역시	2	진장 파크골프장	울산광역시 북구 진장동 400	27
301	울산광역시	3	쇠평파크골프장	울산광역시 동구 남목3동 산153	18
302	울산광역시	4	남구 태화강 파크골프장	울산광역시 남구 신정동 391	36
303	울산광역시	5	남구 대공원 파크골프장	울산광역시 남구 대공원로 94	18
304	울산광역시	6	울주군 청량 파크골프장	울산광역시 울주군 청량읍 덕하리 979-63	18
305	울산광역시	7	울주군 범서 파크골프장	울산광역시 울주군 범서읍 천상리 1041-77번지	18
306	인천광역시	1	장수파크골프장	인천광역시 남동구 만수동 668	18

연번	지역	지역번호	파크골프장명	주소	홀수
307	인천광역시	2	영종파크골프장	인천광역시 중구 중산동 1878-2	9
308	인천광역시	3	선학파크골프장	인천광역시 연수구 경원대로 526	9
309	인천광역시	4	공촌유수지파크골프장	인천광역시 서구 첨단서로 130 공촌유수지체육시설	18
310	인천광역시	5	인천송도파크골프장	인천광역시 연수구 송도동 1번지 달빛공원 내	18
311	전라남도	1	부주산국제파크골프장	전라남도 목포시 부주로 159	27
312	전라남도	2	삼학도파크골프장	전라남도 목포시 산정동 삼하도	9
313	전라남도	3	서해파크골프장	전라남도 목포시 연산동	9
314	전라남도	4	상동파크골프장	전라남도 목포시 상동 연동건널목 석현동 산거리	9
315	전라남도	5	남해파크골프장	전라남도 목포시 연산동 864	9
316	전라남도	6	실내체육관파크골프장	전라남도 목포시 상동 349-1	9
317	전라남도	7	북항파크골프장	전라남도 목포시 북항 하수종말처리장	9
318	전라남도	8	서면파크골프장	전라남도 순천시 서면 강청리 828	9
319	전라남도	9	상사파크골프장	전라남도 순천시 상사면 응령리 678-7	13
320	전라남도	10	혁신도시파크골프장	전라남도 나주시 빛가람동 4-346	9
321	전라남도	11	영산포체육공원 파크골프장	전라남도 나주시 삼영동 131-1	18
322	전라남도	12	송월동파크골프장	전라남도 나주시 성북동 100	9
323	전라남도	13	광양시파크골프장	전라남도 광양시 강변동길 216	18

연번	지역	지역번호	파크골프장명	주소	홀수
324	전라남도	14	담양제1파크골프장	전라남도 담양군 담양읍 양각샛길 207	36
325	전라남도	15	담양제2파크골프장	전라남도 담양군 담양읍 양각리 348	18
326	전라남도	16	곡성동악파크골프장	전라남도 곡성군 죽동리 체육공원내	18
327	전라남도	17	오곡파크골프장	전라남도 곡성군 오곡천변내	9
328	전라남도	18	구례군파크골프장	전라남도 구례군 서시천로 106	9
329	전라남도	19	보성미니파크골프장	전라남도 보성군 보성읍 용문길 36-16	9
330	전라남도	20	복내파크골프장	전라남도 보성군 복내리 536-16	18
331	전라남도	21	장흥파크골프장	전라남도 장흥군 관산읍 옥당리 535-16	9
332	전라남도	22	산이파크골프장	전라남도 해남군 산이면 초두길 10-14	18
333	전라남도	23	해남파크골프장)	전라남도 해남군 삼산면 봉학리 154-7	18
334	전라남도	24	영암파크골프장	전라남도 영암군 영암읍 영운재로 272	18
335	전라남도	25	시종마한파크골프장	전라남도 영암군 시종면 남해당로 65	18
336	전라남도	26	삼호대불파크골프장	전라남도 영암군 삼호읍 종합공원길 11	36
337	전라남도	27	무안파크골프장	전라남도 무안군 무안읍 성동리 1086-3	18
338	전라남도	28	남악파크골프장	전라남도 무안군 심향읍 남악리 2597	18
339	전라남도	29	함평군파크골프장	전라남도 함평군 함평읍 곤재로 83	36

연번	지역	지역번호	파크골프장명	주소	홀수
340	전라남도	30	한빛원자력파크골프장	전라남도 영광군 홍농읍 성산리 494	36
341	전라남도	31	불갑파크골프장	전라남도 영광군 불갑면 방마리	18
342	전라남도	32	장성군 A파크골프장	전라남도 장성군 황룡면 월평리 590-1	9
343	전라남도	33	장성군 B파크골프장	전라남도 장성군 황룡면 신호리 53-1	9
344	전라남도	34	고금파크골프장	전라남도 완도군 고금면 농산리 759-1	9
345	전라남도	35	운림삼별초파크골프장	전라남도 진도군 의신면 사천길 15-21	18
346	전북특별자치도	1	마전교파크골프장	전북특별자치도 전주시 완산구 서신동 738-7	18
347	전북특별자치도	2	온고을파크골프장	전북특별자치도 전주시 덕진구 화전동 969-6 만경강하천	18
348	전북특별자치도	3	군산파크골프장	전북특별자치도 군산시 수송동로 58	18
349	전북특별자치도	4	어울림파크골프장	전북특별자치도 익산시 함영읍 칠복리 북부권	18
350	전북특별자치도	5	익산파크골프장	전북특별자치도 익산시 오산면 목천리 967-1	18
351	전북특별자치도	6	생강골파크골프장	전북특별자치도 완주군 봉동읍 낙평리 795	36
352	전북특별자치도	7	둔산파크골프장	전북특별자치도 완주군 봉동읍 둔산리 881	18
353	전북특별자치도	8	상관파크골프장	전북특별자치도 완주군 상관면 신리 916	18
354	전북특별자치도	9	이서파크골프장	전북특별자치도 완주군 이서면 용서리 777-2 지사울공원	27

연번	지역	지역번호	파크골프장명	주소	홀수
355	전북특별자치도	10	비봉파크골프장	전북특별자치도 완주군 비봉면 소농리454 비봉면체육공원 내	18
356	전북특별자치도	11	고산파크골프장	전북특별자치도 완주군 고산면 읍내리 902 고산체육공원 내	18
357	전북특별자치도	12	줄포파크골프장	전북특별자치도 부안군 줄포면 생태공원로 170 부안자연생태공원 내	18
358	전북특별자치도	13	부귀파크골프장	전북특별자치도 진안군 부귀면 귀상로 652-41	18
359	전북특별자치도	14	진안파크골프장	전북특별자치도 진안군 진안읍 운산리 76	18
360	전북특별자치도	15	임실파크골프장	전북특별자치도 임실군 오수면 오수리 3	27
361	전북특별자치도	16	고창파크골프장	전북특별자치도 고창군 고창읍 월암리 407-2 (고창스포츠타운내)	18
362	전북특별자치도	17	청하파크골프장	전북특별자치도 김제시 청하면 강변로151 근처	18
363	전북특별자치도	18	무주파크골프장	전북특별자치도 무주군 설천면 상평지길 20 무주복지공원 내	
364	전북특별자치도	19	비비정파크골프장	전북특별자치도 완주군 삼례읍 후정리142-1 비비정공원 내	18
365	전북특별자치도	20	신태인파크골프장	전북특별자치도 정읍시 신태인읍 신용리 881	36
366	전북특별자치도	21	순창군파크골프장	전북특별자치도 순창군 유등면 왜이리 555-2	18
367	전북특별자치도	22	남원파크골프장	전북특별자치도 남원시 춘향골 체육공원내	18
368	제주특별자치도	1	회천파크골프장	제주특별자치도 제주시 와흘전1길 32 제주시생활체육공원 내	18

연번	지역	지역번호	파크골프장명	주소	홀수
369	제주특별자치도	2	렛츠런파크골프장	제주특별자치도 제주시 애월읍 유수암리 1206	18
370	제주특별자치도	3	강창학파크골프장	제주특별자치도 서귀포시 강정동 1353	18
371	제주특별자치도	4	칠십리파크골프장	제주특별자치도 서귀포시 서홍동 663-2	18
372	제주특별자치도	5	월라봉파크골프장	제주특별자치도 서귀포시 신효동 1188-5	9
373	제주특별자치도	6	남원파크골프장	제주특별자치도 서귀포시 남원읍 수망리 산 158-1	18
374	충청남도	1	홍성군파크골프장	충청남도 홍성군 홍성읍 충서로1707번길 150	18
375	충청남도	2	천안도솔파크골프장	충청남도 천안시 동남구 천안대로 844 도솔광장 내	18
376	충청남도	3	천안한들파크골프장	충청남도 천안시 서북구 음봉로 861-50	18
377	충청남도	4	천안풍세파크골프장	충청남도 천안시 동남구 풍세면 용정리 971 풍세산단 내 공원	18
378	충청남도	5	천안풍세천파크글프장	충청남도 천안시 풍세면 풍서천	18
379	충청남도	6	천안백석골프장	충청남도 천안시 서북구 유봉로	36
380	충청남도	7	서천군노인복지관 파크골프장	충청남도 서천군 종천면 충서로302번길 88-26	18
381	충청남도	8	무한천파크골프장	충청남도 예산군 예산읍 주교리 460	36
382	충청남도	9	부여파크골프장	충청남도 부여군 부여읍 군수리 268-3	54
383	충청남도	10	계룡시파크골프장	충청남도 계룡시 신도안면 정장리 6	36

연번	지역	지역번호	파크골드장명	주소	홀수
384	충청남도	11	당진해나루Ⅱ-크골프장	충청남도 당진시 석문면 통정리 1349	36
385	충청남도	12	상록파크골프구장	충청남도 당진시 송악읍 두곡공단로	18
386	충청남도	13	한진파크골프구장	충청남도 당진시 송악읍 신복운로 5	9
387	충청남도	14	삽교파크골프구장	충청남도 당진시 신평면 삽교호 호수공원내	9
388	충청남도	15	곰나루파크골프장	충청남도 공주시 웅진동 722	36
389	충청남도	16	전원파크골프장	충청남도 서산시 대산읍 운산리	18
390	충청남도	17	서산시파크골프장	충청남도 서산시 양대동 753-4	36
391	충청남도	18	서산나이스파크골프장	충청남도 서산시 음암면 바위백이길 12	18
392	충청남도	19	백세파크골그장	충청남도 청양군 청양읍 은천동길 16-6 백세공원 내	36
393	충청남도	20	금산군파크골프장	충청남도 금산군 제원면 수당리 986-1	36
394	충청남도	21	곡교천파크골프장	충청남도 아산시 권곡동 331-1	18
395	충청남도	22	둔포파크골드장	충청남도 아산시 둔포면 석곡리 1480	9
396	충청남도	23	이순신파크골프장	충청남도 아산시 염치읍 석정리 536-16	36
397	충청남도	24	도고파크골프장	충청남도 아산시 도고면 신언리 826	9
398	충청남도	25	태안파크골프장	충청남도 태안군 태안읍 기업도시로 443	36
399	충청남도	26	논산시(신규)파크골프장	충청남도 논산시 성동면 원봉리 718-7	36

연번	지역	지역번호	파크골프장명	주소	홀수
400	충청남도	27	논산시파크골프장	충청남도 논산시 대교동 319-39번지	27
401	충청남도	28	강경파크골프장	충청남도 논산시 강경읍 금백로 45	27
402	충청남도	29	연산파크골프장	충청남도 논산시 연산면 표정리 249-2	9
403	충청남도	30	가야곡파크골프장	충청남도 논산시 가야곡면 덕은로 365	9
404	충청남도	31	탑정파크골프장	충청남도 논산시 부적면 탑정리 475-79	18
405	충청남도	32	보령파크골프구장	충청남도 보령시 웅천읍 오천리 534-1	18
406	충청북도	1	청주 미호강 파크골프장	충청북도 청주시 흥덕구 미호로 99	36
407	충청북도	2	청주 장애인 파크골프장	충청북도 청주시 흥덕구 미호로 99	18
408	충청북도	3	청주 오송 파크골프장	충청북도 청주시 흥덕구 오송읍 생명과학단지 공원 내	9
409	충청북도	4	청주 호미골 파크골프장	충청북도 청주시 상당구 용정동 25	9
410	충청북도	5	충주호 파크골프장	충청북도 충주시 목행동 749-3	54
411	충청북도	6	충주 단월 파크골프장	충청북도 충주시 단월동 635-4	18
412	충청북도	7	증평 파크골프장	충청북도 증평군 증평읍 환경개선사업소 내	9
413	충청북도	8	수안보온천 파크골프장	충청북도 충주시 수안보생활체육공원 내	27
414	충청북도	9	대소원 파크골프장	충청북도 충주시 대소원면 새터2길 29-15	18
415	충청북도	10	충주 장애인 파크골프장	충청북도 충주시 창현로 1400(용관동)	9

연번	지역	지역번호	파크골프장명	주소	홀수
416	충청북도	11	음성 생극 P-크골프장	충청북도 음성군 생극면 신양리 793-2	18
417	충청북도	12	제천 청풍호파크골프장	충청북도 제천시 금성면 신담길 213	18
418	충청북도	13	단양 파크골프장	충청북도 단양군 단양읍 별곡리 생태공원 내	18
419	충청북도	14	괴산파크글프장	충청북도 괴산군 괴산읍 임꺽정로222	18
420	충청북도	15	진천파크골프장	충청북도 진천군 진천읍 장관리	18
421	충청북도	16	음성 금왕파크골프장	충청북도 음성군 금왕읍 오산리 산 2-4	18
422	충청북도	17	음성 맹동파크골프장	충청북도 음성군 맹동면 동성리 6	9
423	충청북도	18	오송KTX파크골프장	충청북도 청주시 흥덕구 오송읍 오송리 358-3	36

◇ 자격증 취득 절차

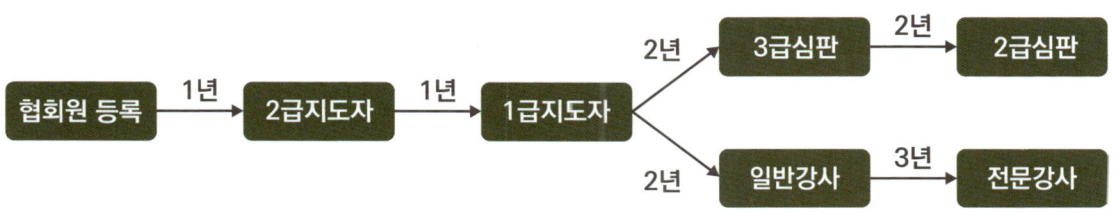

구분	내용	비고
협회원 등록	• 각 시도파크골프협회 통해 회원등록 신청	협회원 자격 유지 자격증 자격 유지
2급 지도자	• 본 협회 회원 등록 후 1년 이상 활동한 자	
1급 지도자	• 본 협회 회원 최초 가입 후 1년 이상 활동한 자로서 아래 항목 중 어느 하나에 해당한 자 1) 본 협회 2급 지도자 자격 취득 후 1년 이상 경과한 자 2) 스포츠 지도사(문체부장관 발행/모든 종목 가능) 자격 취득 후 1년 이상 경과한 자 3) 체육계열 대학 졸업(예정)자 *졸업(예정) 증명서 필수 제출 4) 위의 해당자 외에 이사회 의결로 결정된 자 - 2023년 제3차 임시이사회(2023.07.28.) 의결 예외 자격자: 대학에서 파크골프를 학점으로 인정받는 경우 2학점 이상 수료하고 대학교 학과장이나 총장이 추천한 자	
3급 심판	• 본 협회 회원으로서 아래 항목 중 하나에 해당한 자 1) 본 협회 1급 지도자 취득 후 2년 이상 경과한 자(1급 지도자 취득 후 4년 도래 시 보수교육 이수자) 2) 파크골프 종목으로 스포츠 지도사(문체부 장관 발행) 자격 취득 후 2년 이상 경과한 자	
2급 심판	• 본 협회 회원으로서 아래 항목 중 모두 해당되는 자 1) 본 협회 3급 심판 취득 후 2년 이상 정상적인 심판 활동한 자 2) 심판 보수교육 이수자로서 심판위원회 2년 평가 A등급 이상인 자	

구분	내용	비고
일반강사	• 본 협회 회원으로서 아래 항목 중 어느 하나에 해당한 자 1) 본 협회 1급 지도자 취득 후 2년 이상 활동한 자 2) 파크골프 종목으로 스포츠 지도사(문체부 장관 발행) 자격증과 본 협회 1급 지도자 자격증을 모두 취득한 자 3) 대한 파크골프협회장이 추천한 자	
전문강사	• 본 협회 회원으로서 아래 항목 중 어느 하나에 해당한 자 1) 일반 강사 자격 취득 후 3년 이상 활동한 자 2) 파크골프 관련 학사학위 이상 취득자	